oDELATOR

Allan de Abreu & Carlos Petrocilo

oDELATOR

1ª edição

EDITORA RECORD
RIO DE JANEIRO • SÃO PAULO
2018

CIP-BRASIL. CATALOGAÇÃO NA PUBLICAÇÃO
SINDICATO NACIONAL DOS EDITORES DE LIVROS, RJ

A145d

Abreu, Allan de
O delator: a história de J. Hawilla, o corruptor devorado pela corrupção no futebol / Allan de Abreu, Carlos Petrocilo. – 1ª ed. – Rio de Janeiro: Record, 2018.
:il.

Inclui bibliografia
ISBN 978-85-01-09562-6

1. Hawilla, José, 1943-. 2. Federação Internacional de Futebol Associado (FIFA). 3. Futebol – Corrupção. 4. Delação – Futebol. 5. Reportagem investigativa. I. Petrocilo, Carlos. II. Título.

18-48570

CDD: 796.33406
CDU: 796.332:061.2

Meri Gleice Rodrigues de Souza – Bibliotecária CRB-7/6439

Copyright © Allan de Abreu e Carlos Petrocilo, 2018

Todos os direitos reservados. Proibida a reprodução, armazenamento ou transmissão de partes deste livro, através de quaisquer meios, sem prévia autorização por escrito.

Texto revisado segundo o novo Acordo Ortográfico da Língua Portuguesa.

Direitos exclusivos desta edição reservados pela
EDITORA RECORD LTDA.
Rua Argentina, 171 – Rio de Janeiro, RJ – 20921-380 – Tel.: (21) 2585-2000.

Impresso no Brasil

ISBN 978-85-01-09562-6

Seja um leitor preferencial Record.
Cadastre-se em www.record.com.br
e receba informações sobre nossos
lançamentos e nossas promoções.

Atendimento e venda direta ao leitor:
mdireto@record.com.br ou (21) 2585-2002.

EDITORA AFILIADA

A Simone, Eduardo, Márcia e Gabriel.
Nada valeria a pena sem vocês.

"Em futebol, o pior cego é o que só vê a bola."

Nelson Rodrigues

Sumário

Prefácio: A traição revelada, por Juca Kfouri		11
Introdução: Fim da "omertà"		13
1.	Glória e ruína	23
2.	Zeca Turco	39
3.	Rivellino na frigideira	51
4.	O império Traffic	65
5.	O sócio Ricardo Teixeira	81
6.	Conmebol, o bunker da corrupção	103
7.	Pelé abre a boca	121
8.	Vende-se uma seleção de futebol	139
9.	O mundo é o limite	165
10.	A relação com a Globo	187
11.	Novas/velhas práticas	207
12.	Nas garras do FBI	229
Epílogo: Diante do júri		251
Agradecimentos		261
Bibliografia e fontes consultadas		263

Prefácio

A traição revelada

Juca Kfouri

Juro que não vou tomar seu tempo antes que você mergulhe não exatamente na biografia de J. Hawilla, mas na radiografia, dos pés à cabeça, de mais um "empreendedor" brasileiro que ficou bilionário à custa de corrupção desenfreada e do compadrio com políticos/mídia/empresários.

Que dizem uma coisa e praticam outra.

Hawilla aparece aqui nu, objeto de um raio X preciso feito por dois repórteres que honram o jornalismo.

Allan de Abreu e Carlos Petrocilo dedicaram dois anos para escrever a magnífica folha corrida de um corruptor que virou delator, dedo-duro, alcaguete, traidor, assim como grande parte de seus parceiros, todos pegos, todos caídos em desgraça, alguns ainda à espera, esperamos, de punição.

Se a competente dupla de repórteres tivesse se limitado a reunir tudo que se sabe sobre a atuação de Hawilla e seus sócios, este *O delator* já seria digno de palmas.

Só que é bem mais que isso, pelo número de informações exclusivas, detalhes até então desconhecidos, contratos explosivos revelados minuciosamente, propinas de todos os tipos.

Já no primeiro parágrafo da introdução o leitor é surpreendido, como foi o prefaciador, com informação inédita, espetacular.

Mais para o fim do livro, conhecerá em pormenores como se deu a surpresa e, como se fosse num filme, viverá o primeiro tenso encontro do farsante com a polícia americana.

O trabalho de Abreu e Petrocilo tem apenas um defeito: você começa a ler e não consegue parar.

Portanto, caso você não possa dedicar algumas horas agora para a leitura, feche o livro, se planeje e volte em seguida.

Aposto que não se arrependerá.

Introdução

Fim da "omertà"

— *My name is José Hawilla.*

O empresário mal disfarçava o desconforto daquele momento constrangedor e humilhante. Tinha os lábios retesados e os olhos, naturalmente marcantes, mais abertos do que o normal. Cercado, de um lado, por quatro procuradores do Departamento de Justiça dos Estados Unidos, e, de outro, por seus quatro advogados, contratados a peso de ouro, J. Hawilla estava diante do juiz Raymond Joseph Dearie, titular do Distrito Leste de Nova York, no Brooklyn, para formalizar a quebra de um silêncio de mais de três décadas, após detalhar ao FBI, por dezenove longos meses, o seu protagonismo em um megaesquema de corrupção no marketing do futebol que lhe garantiu fortuna e impunidade. Não havia sido fácil ferir de morte a "omertà",[1] implodindo a máfia da cartolagem à qual fora umbilicalmente ligado durante tanto tempo. Mas um acordo com a Justiça norte-americana, o chamado "plea bargain", era o único meio de escapar da cadeia, já que o FBI tinha contra ele provas robustas de formação de quadrilha, obstrução de Justiça, lavagem de dinheiro e fraude bancária de milhões de dólares em contratos de marketing no futebol nas Américas do Sul, Central e do Norte. Somadas, as penas

---

[1] Voto de silêncio empregado pelos membros das organizações mafiosas da Itália.

poderiam chegar a oitenta anos de prisão.[2] Àquela altura, Hawilla sabia bem a angústia de ficar atrás das grades. Ele, que nunca havia sido sequer indiciado criminalmente no Brasil, ficara algumas horas confinado em um presídio do Brooklyn, antes de negociar sua delação com a Procuradoria norte-americana.

Na parede da sala ampla, o relógio marcava dez e meia de uma manhã muito fria na maior cidade dos Estados Unidos — lá fora, os termômetros indicavam apenas 3 graus. Era 12 de dezembro de 2014, uma sexta-feira. Todo o prédio do Fórum, um edifício imponente, com fachada de vidro e concreto, em frente ao Candman Plaza Park, havia sido esvaziado a pedido do governo norte-americano para que fosse preservado o total sigilo daquela audiência judicial — tanto que, na ação penal, Hawilla aparecia como John Doe, algo como João--Ninguém, exatamente para não ser identificado. Aqueles corredores silenciosos e vazios, somados ao frio, faziam o ambiente ainda mais opressor. Só reforçava em Hawilla sua falta de apreço por Nova York — sempre preferiu os dias ensolarados da Flórida, como dez entre dez milionários brasileiros. O único refrigério era a educação extrema do juiz Dearie, apenas um ano mais novo do que o brasileiro, com sua fala pausada e suaves expressões de simpatia, sobretudo quando espremia seus olhos profundamente azuis, em contraste com o preto fosco da toga — justamente a cor que aterrorizava o supersticioso empresário. O magistrado explicou pacientemente a Hawilla a primeira acusação, por conspiração ("racketeering"). Em seguida, perguntou ao réu o que entendia ser aquele crime. A explanação do brasileiro rendeu uma piada sutil do juiz:

— Correto. Você ganha uma nota A por isso. É um acordo, puro e simples, com pelo menos uma pessoa, como o senhor notou, para fazer algo que viola a lei.

Hawilla não sorriu. O empresário vivia seu maior inferno astral. Além da prisão e da iminente derrocada nos negócios com marketing

---

[2] Ação penal 1:2014-cr-00609, Eastern District of New York (EUA).

O DELATOR

esportivo, queixava-se da saudade do Brasil, onde não pisava desde maio de 2013, e, aos 71 anos, encarava sérios problemas de saúde. Além de uma hipertensão pulmonar, que o obrigava a tomar uma bateria de medicamentos, a dormir com o auxílio de um tubo de oxigênio e a fazer sessões diárias de fisioterapia, meses antes tivera um câncer debaixo da língua. Uma possível herança dos tempos de tabagismo, já que fumara até os 30 anos e não dispensava um bom charuto cubano. Foram seis sessões de quimioterapia e 33 de radioterapia que debilitaram sua saúde: perdeu mais alguns dos poucos cabelos que lhe restaram e emagreceu.

— Bom, com certeza já é suficiente para um homem — disse o juiz, buscando novamente amainar a tensão.

Hawilla não respondeu. Afinal, vencera o tumor e o risco de morte, mas não escapara do FBI. Naquele dia, era chegado o momento de formalizar o acerto de contas com o seu passado obscuro, que nem os mais íntimos conheciam completamente.

O empresário compreende bem o inglês, mas tem alguma dificuldade na fala. Por isso, contava com o auxílio de um intérprete, Theodore Fink, um ex-funcionário da Ford que havia morado no Brasil.

— Qual sua declaração para a acusação um das informações? — perguntou o juiz, referindo-se ao crime de formação de quadrilha.

— Culpado.

— E para a acusação dois [fraude eletrônica]?

— Culpado.

— E para a acusação três [lavagem de dinheiro]?

— Culpado.

— E, por fim, para a acusação quatro [obstrução de Justiça]?

— Culpado.

— Você faz essas declarações de modo voluntário e de livre e espontânea vontade?

— Sim.

Em seguida, Hawilla voltou os olhos para uma folha de papel sobre a mesa.

— Vossa Excelência, nosso cliente preparou uma declaração e gostaria de ler — solicitou Lewis Liman, um dos advogados do empresário.

— Com certeza — assentiu o juiz.

Com a voz grave e limpa, herança dos tempos de radialista, Hawilla leu sua declaração, não sem constrangimento:

— Desde aproximadamente 1980 eu comecei a desenvolver um projeto de marketing esportivo com a minha empresa Traffic. Comprei os direitos de eventos de jogos de futebol e comecei a promovê-los de modo legítimo em todo o mundo. Mas, em 1991, quando fui renovar um contrato com um desses eventos, a Copa América, um agente associado da Fifa e sua federação Conmebol me pediu propina para assinar o contrato. Eu precisava daquele contrato porque já tinha assumido compromissos e, mesmo não querendo, concordei em pagar a propina ao agente. Depois disso e até 2013, os agentes de futebol [cartolas] vinham até mim e até aqueles com quem eu havia me associado nos negócios para pedir propinas para assinar ou renovar os contratos. Eu concordei que pagamentos secretos de propina seriam feitos àqueles agentes para contratos por direitos de marketing em vários campeonatos e outros direitos associados ao futebol. Concordei em pagar propina e suborno que seriam secretos para contratos com a Copa América, a Copa Ouro, a Copa do Brasil e o patrocínio para a Seleção Nacional Brasileira. [...] Sei que essa conduta foi errada. Eu me arrependo muito e peço desculpas pelo que fiz.

Ao encerrar a leitura, Hawilla parecia absorto, petrificado. Tinha a moral em frangalhos. Justo ele, que atribuía o enriquecimento meteórico ao "trabalho duro" e limpo, conforme entrevista de agosto de 2000:[3]

— Fui o primeiro a chegar [ao marketing esportivo] e sempre trabalhei honestamente.

---

[3] Cartolas, placas e cia. *Carta Capital*, n. 128, 2 ago. 2000.

O DELATOR

Além da confissão dolorosa, ainda havia mais castigos: para se livrar da condenação quase certa, teria de pagar ao Departamento de Justiça dos Estados Unidos US$ 151,7 milhões, quantia que, segundo o FBI, a Traffic pagara em propinas apenas em contratos assinados entre 2012 e 2015. Desse valor, US$ 25 milhões foram quitados naquele dia 12 de dezembro. Esse, no entanto, não parecia um obstáculo intransponível, longe disso. Afinal, Hawilla era um empresário bilionário, com um patrimônio pessoal líquido estimado por ele mesmo ao FBI em US$ 500 milhões (ou R$ 1,6 bilhão, na cotação de dezembro de 2017).[4] Seus bens incluíam, além das Traffics brasileira e norte-americana, uma rede de afiliadas da TV Globo no interior paulista, suntuosos empreendimentos imobiliários e fazendas com gado no Mato Grosso, entre outros negócios menores. Sem contar dezenas de holdings, uma empresa de táxi-aéreo dona de um jatinho avaliado em US$ 7 milhões e uma rede de *offshores* espalhadas pelo Caribe. Algo invejável para um neto de libaneses que nasceu em uma típica família de classe média de São José do Rio Preto (SP). Ainda adolescente, foi atraído pelo rádio e pelas peladas nos campos de várzea. Decidiu aliar as duas paixões tornando-se repórter de campo em partidas de futebol. No microfone, José Hawilla (pronuncia-se \ *rauíla*\), ou Zeca Turco para os mais íntimos, metamorfoseou-se em "Jota Ávila" e fez seu nome no jornalismo esportivo, primeiro no interior, depois na capital paulista.

Seria só sua primeira transformação.

Ao conhecer sua mulher, Eliani, Hawilla enfrentou forte preconceito do sogro fazendeiro, por ser radialista, pobre e mulherengo. Talvez por isso tenha buscado enriquecer a todo custo às margens do jornalismo, primeiro com carrinhos de cachorro-quente, sem sucesso, depois comprando e vendendo placas de publicidade na beira do gramado em estádios de futebol. Fundou assim o moderno marketing esportivo no Brasil, com suas virtudes e seus graves vícios. Dali

---

[4] Ação penal 1:2015-cr-00252, Eastern District of New York (EUA).

em diante, ganhou dinheiro em escala geométrica, valendo-se do talento nato para o empreendedorismo e da capacidade de "jogar o jogo", aliando-se cegamente à ala mais podre da cartolagem que historicamente administra o futebol nas Américas.

Hawilla está para o futebol assim como Marcelo Odebrecht para a construção civil. Ambos prosperaram em um ambiente de privilégios e pouquíssima transparência. Apostaram no velho capitalismo de laços — ou *crony capitalism*[5] — que rechaça a concorrência e o livre mercado, substituído pelo compadrio que, não raro, deságua em pura corrupção. Conscientemente, transformaram-se em engrenagens a serviço de interesses escusos, o primeiro da cartolagem, o segundo dos políticos em geral. No casamento de interesses com Ricardo Teixeira, Hawilla ajudou a sequestrar, da sociedade brasileira, a gestão daquilo que ela tanto ama: o futebol, patrimônio nacional. Odebrecht fez o mesmo, desviando para o próprio bolso e o de deputados, senadores e presidentes de vários matizes ideológicos o dinheiro fruto dos impostos pagos pelos brasileiros de bem. Quando acossados pela polícia, dos Estados Unidos e do Brasil, ambos optaram por implodir o esquema para escapar de um longo período atrás das grades. Tornaram-se homens-bomba.

Escrutinar a trajetória de Hawilla é entender as raízes do subdesenvolvimento do nosso futebol, pródigo em talentos individuais e indigente em gestão e profissionalismo, subordinado a interesses nem sempre legítimos. Quando, na manhã do dia 27 de maio de 2015, o FBI decidiu deflagrar a espetacular operação que invadiu o suntuoso hotel Baur au Lac em Zurique, na Suíça, e prendeu sete dirigentes, entre eles o ex-presidente da Confederação Brasileira de Futebol (CBF) José Maria Marin, os brasileiros se deram conta, tardiamente, dos estragos que corruptores como Hawilla e corruptos como Teixeira, Marin e Del Nero fizeram no esporte mais adorado

---

[5] BUCCI, Eugênio. Corrupção é um sintoma, não a causa do desastre. *O Estado de S. Paulo*, 20 jul. 2017.

O DELATOR 19

pelos brasileiros. No que foi batizado pela mídia de FIFAgate, o governo e o Judiciário norte-americanos evidenciaram aquilo que as autoridades brasileiras sempre se negaram ou foram incompetentes em enxergar.

Naquele mesmo dia 27, uma quarta-feira, os autores deste livro pactuaram uma reportagem especial sobre Hawilla para a edição dominical seguinte do jornal *Diário da Região*, em Rio Preto. Em apenas três dias de apuração intensa, produzimos um robusto perfil do empresário na reportagem "J. Hawilla, do cachorro-quente ao império". O texto já dava indicações de que a complexa vida de Jotinha, apelido dele entre os mais íntimos, exigiria a profundidade de um livro. Por isso, no final de 2015, nos impusemos o desafio de escarafunchar a trajetória profissional de Hawilla. Seria uma missão difícil, por três motivos principais: primeiro porque o Departamento de Justiça dos Estados Unidos mantém em sigilo detalhes dos bastidores da delação de Hawilla antes de sua sentença judicial; segundo porque a família, antes *habitué* das colunas sociais paulistanas, fechou-se em copas após o escândalo do FIFAgate vir à tona; e terceiro porque, apesar de profundamente chamuscado pelas acusações de corrupção, Hawilla ainda é um homem muito temido, sobretudo no meio futebolístico, devido ao longo alcance de suas relações sociais e profissionais no esporte. Os poucos que o defendem abertamente, também empresários do meio esportivo, argumentam que o deslize de Hawilla foi apenas o de alargar os limites da interpretação da lei. Certamente um eufemismo para graves crimes de colarinho-branco.

Ainda assim, apesar das dificuldades, obtivemos, em dois anos de intensa investigação jornalística, mais de setenta entrevistas com cartolas, promotores de Justiça, políticos, jornalistas e empresários ligados à TV e ao marketing esportivo no Brasil, Argentina e Paraguai. Justamente pelo temor a Hawilla, a maioria só concordou em falar sob a condição do anonimato, o que em jornalismo se denomina *off the record* (literalmente, "com o gravador desligado"). Sabemos que esse recurso é útil e, ao mesmo tempo, controverso: por ele é possível obter informações que, de outro modo, permaneceriam no anonimato; paradoxalmente, a proteção da fonte também pode expor o jornalista a distorções da verdade. Por isso, sempre que possível, tentamos corroborar as informações em *off* mais sensíveis deste livro com ao menos uma segunda fonte, humana ou documental, deixando de lado histórias que não se sustentaram na apuração. Procuramos Hawilla por meio de sua assessoria de imprensa em São Paulo no início de 2016. No primeiro contato, disse estar impedido pela Procuradoria norte-americana de conceder entrevistas antes de sua sentença, mas mesmo assim prometeu colaborar com a produção deste livro. Porém, em junho de 2016, afirmou não ter gostado do teor das perguntas que enviamos por e-mail a uma ex-funcionária da Traffic no Brasil e recuou. Sua única frase com interesse jornalístico nessa última conversa não passou de uma obviedade:

— O futebol é sujo.

Além das entrevistas, reunimos nesse período de investigação cerca de 26,5 mil páginas de documentos, parte deles inéditos, tanto em arquivos do Congresso Nacional e órgãos de fiscalização do mercado, como o Conselho Administrativo de Defesa Econômica, quanto em juntas comerciais e cartórios pelo Brasil, sem contar papéis dos Poderes Executivo, Legislativo e Judiciário dos Estados Unidos, Argentina, Paraguai, Uruguai e Portugal, além de juntas comerciais da Flórida (EUA), Curaçao, Ilhas Cayman e Ilhas Virgens Britânicas, uma vez que o empreendedorismo de Hawilla se espalha por boa parte do globo terrestre.

O resultado desse esforço jornalístico é o retrato de um ser humano complexo. Pai devotado à família, educado, de gosto refinado e sempre generoso com os amigos. Direto nas palavras, de raciocínio agudo e perspicaz. Ousado e pragmático nos negócios, obcecado pela pontualidade. Pregava honestidade nos negócios como receita de sucesso enquanto nas sombras de suas *offshores* despejava milhões de dólares em subornos para a cartolagem de norte a sul. Agnóstico, mas afogado em superstições de toda ordem. Um jornalista esportivo promissor que decidiu enriquecer passando para o outro lado do balcão, como empresário-sócio de Ricardo Teixeira e companhia. Conquistou seus objetivos mais ambiciosos, mas pagou um preço altíssimo por suas escolhas.

José Hawilla, Zeca Turco, J. Ávila, Jotinha. O empresário que reinou sozinho durante décadas no marketing do futebol brasileiro e que fez da bola seu pote de ouro se tornou, na velhice, um homem radioativo.

1

Glória e ruína

Bem ao seu estilo, Galvão Bueno, microfone a tiracolo, caprichava no tom das palavras e no discurso repleto de deferências ao grande amigo Jotinha.

— Hawilla, você não precisa mais de dinheiro — disse o locutor, virando-se para o protagonista da festa com um sorriso largo.

— Preciso, sim — pontuou o empresário.

Explodiu no ambiente uma sonora gargalhada geral.

O empresário inaugurava naquela tarde quente de 10 de março de 2009 um moderníssimo centro de treinamento em Porto Feliz (SP), de números superlativos: 156 mil metros quadrados, alojamento para 144 jogadores, salas de fisioterapia, musculação, fisiologia, piscina e refeitório para servir até oitocentas refeições por dia. Com um investimento de R$ 18 milhões, o CT seria uma grande incubadora de atletas nas categorias de base para o Desportivo Brasil, clube-empresa de Hawilla.[1] A ideia era construir outros dez CTs semelhantes pelo país, para a descoberta de craques em potencial.

— Nasce aqui o primeiro clube essencialmente empresa do Brasil. Acho que vamos ser um modelo [...], porque o futuro pede a profissionalização do futebol — discursou o empresário.

---

[1] ARRUDA, Eduardo; OHATA, Eduardo. Só clubes destoam em exaltação a mecenas da bola. *Folha de S.Paulo*, 11 mar. 2009.

Para tudo isso, Hawilla recorreu ao então consultor Carlos Alberto Parreira. "O Hawilla sempre foi muito caprichoso. Quando fazia as coisas, fazia muito bem-feito. Foi um centro de treinamento muito bem-montado", disse Parreira, técnico da Seleção na conquista da Copa do Mundo de 1994 e que, no comando da África do Sul no Mundial de 2010, refugiou sua equipe por duas semanas em Porto Feliz.

Hawilla vivia o apogeu de sua fortuna e prestígio. Em maio de 2008, a revista inglesa *World Soccer* o colocou na 56ª posição dos homens mais influentes do mundo do futebol.[2] Dois anos depois, a revista *Placar* fez um ranking dos "poderosos chefões" do futebol brasileiro. Ele ficou em segundo lugar, atrás apenas do então presidente da CBF Ricardo Teixeira. "Nenhum personagem pode influenciar em tantos setores do futebol brasileiro como J. Hawilla. Sua atuação vai dos vestiários aos corredores da Fifa, passando por redações de meios de comunicação. É um dos poucos que Ricardo Teixeira ouve antes de tomar decisões", escreveram os repórteres Ricardo Perrone e Bernardo Itri.[3]

A Traffic era, de longe, a maior empresa de marketing esportivo do Brasil, com faturamento médio anual de R$ 100 milhões, mas que não raro superava os R$ 300 milhões. Com filiais nos Estados Unidos e na Holanda e clientes na Europa, Ásia e nas três Américas, a empresa vendia os direitos de transmissão de trezentos jogos por ano, de torneios como as eliminatórias da Copa do Mundo, a Libertadores e a Copa América. Hawilla era dono do Desportivo Brasil, do Miami FC, na Flórida, e do Estoril Praia, clube da segunda divisão do futebol português. Atuava no projeto da nova arena do Palmeiras e, ao lado do grupo Sonda, sua Traffic era a maior investidora do futebol brasileiro, administrando um fundo de R$ 40 milhões. Números estimados, já que a empresa, de capital fechado, nunca divulgou seus balanços financeiros anuais.

---

[2] NEGREIROS, Adriana. O dono da bola. *Playboy*, mar. 2009.

[3] PERRONE, Ricardo; ITRI, Bernardo. Os poderosos chefões. *Placar*, ago. 2010.

— Quanto a Traffic faturou em 2002? — perguntou o repórter José Roberto Caetano, da revista *Exame*.[4]

— Não posso falar.

— Quanto pagou pelas três afiliadas da TV Globo no interior de São Paulo?

— Estou impedido de falar por uma cláusula contratual.

— Com quem o senhor acaba de fechar um contrato de marketing esportivo?

— Não posso contar.

Hawilla dava expediente diário na sede da Traffic, um prédio suntuoso de design moderno no Jardim Paulistano, bairro nobre de São Paulo, a poucos metros do Parque do Ibirapuera. A área de 1,4 mil metros quadrados, que soma três lotes, foi adquirida em 1998 do banco Itaú por R$ 1,2 milhão (R$ 5,2 milhões, em valores corrigidos). Dois anos depois, quando a empresa completou 20 anos, o empresário encomendou um projeto arquitetônico sob medida à empreiteira JHSF, que tem no seu portfólio prédios imponentes na capital paulista, como a sede do antigo banco Santos. A casa que hospedava a empresa de marketing esportivo foi derrubada para dar lugar a um edifício com pórtico de mármore, salões amplos com pé-direito alto e fachada de vidro que dão luminosidade ao ambiente. Quadros temáticos relacionados ao futebol, como o do artista plástico Gustavo Rosa, logo na entrada à direita, e sofás muito amplos completam o cenário. Na sala de Hawilla, chama atenção uma bola usada na Copa do Mundo de 1962, assinada pelos jogadores da Seleção Brasileira da época.

Para espantar o "olho gordo", o supersticioso empresário fez questão de colocar, próximo à porta de entrada da sede, um arranjo com sete raízes de plantas e muito sal grosso.[5] Meses mais tarde,

---

[4] CAETANO, José Roberto. O dono da bola é J. Hawilla, dono da Traffic. *Exame*, 8 nov. 2003.

[5] Olho gordo. *Folha de S.Paulo*, 14 mar. 2001.

26 ALLAN DE ABREU E CARLOS PETROCILO

Hawilla comprou o terreno vizinho e, no mesmo estilo arquitetônico da Traffic, construiu uma produtora de vídeo, a TV 7, um investimento de R$ 10 milhões, em valores da época.

Havia dinheiro de sobra. Graças a ele, Hawilla seria aceito pelo grupo muito seleto da grã-finagem de São Paulo. Em julho de 2011, foi um dos seiscentos convidados VIP para o almoço de inauguração do novo hotel Fasano, grife de altíssimo luxo da culinária paulistana, na fazenda Boa Vista, na mesma Porto Feliz do centro de treinamento da Traffic. No cardápio, picadinho, arroz com castanha e ovo poché, preparados pelo chef francês Laurent Suaudeau, regado a taças de vinho, champanhe, caipirinha e clericot.[6]

Nos negócios, o empresário aproveitava-se da penúria financeira dos clubes para avançar sobre a gestão das equipes. A Traffic FC administrava o futebol no Palmeiras (a parceria durou de 2008 a 2011) e Ituano (entre janeiro de 2008 e maio de 2009), e detinha jogadores no Flamengo, Corinthians, Fluminense, São Paulo e Vitória,[7] com lucros altíssimos: em 2008, por exemplo, a empresa pagaria US$ 1,5 milhão pelo passe do meia Everton e, dois anos depois, venderia o jogador por US$ 10 milhões a um clube mexicano — um lucro de 650%.[8] Em 2011, mantinha negócios com todos os clubes de futebol da primeira divisão do Campeonato Brasileiro,[9] o que gerava inevitáveis questionamentos éticos. Um exemplo concreto viria no fim do Brasileirão de 2008, quando o Vitória enfrentou o Palmeiras, clube parceiro da Traffic. Dois jogadores do time baiano, Williams e Marquinhos, já sabiam que no ano seguinte estariam no clube paulista e que, se vencessem aquele jogo, desclassifica-

---

[6] Glamurama conta tudo do lançamento do novo Fasano. *Glamurama*, 21 ago. 2011. Disponível em: <https://glamurama.uol.com.br/poder-79469/>.

[7] PERRONE, Ricardo; BIANCCONI, Giuliana. Dono da Traffic agora defende esporte do país. *Folha de S.Paulo*, 6 jan. 2009.

[8] RODRIGUES, Jorge Luiz; FONSECA, Maurício. Panorama esportivo. *O Globo*, 9 jan. 2010.

[9] PRADO, Renato Maurício. "Garoto bom de bola, aos 14 anos, já tem empresário". *O Globo*, 30 jan. 2011.

O DELATOR

riam a futura equipe para a Libertadores no ano seguinte. O jogo terminou 0 a 0.

Mas Hawilla dava de ombros às críticas da imprensa esportiva. Costumava atribuí-las à inveja de jornalistas de sua geração que, diferentemente dele, não haviam enriquecido com o futebol.

— Mesmo que você trabalhe honestamente, com transparência e dignidade, como sempre foi feito aqui, eles falam. Uma meia dúzia de jornalistas esportivos. Acho que é mais inveja e rancor, porque, no fundo, eles querem profissionalização e sabem que trabalhamos bem — disse certa vez.[10]

O empresário havia sido bombardeado pela mídia três meses antes, quando fora nomeado pelo então ministro do Esporte, Orlando Silva, membro do Conselho Nacional de Esporte, ligado à pasta. Silva, filiado ao Partido Comunista do Brasil, o PCdoB, aproximara-se recentemente da Traffic — em junho de 2008, ele foi um dos convidados para a festa de aniversário do ministro, em São Paulo. Hawilla ingressou no órgão como "representante do desporto nacional". Como conselheiro, o empresário poderia, com os outros 21 membros, propor prioridades na aplicação de verbas ministeriais, emitir pareceres sobre questões esportivas nacionais e aprovar mudanças nos códigos de Justiça Desportiva. Além de atuar diretamente na organização da Copa de 2014, onde Hawilla fatalmente teria negócios (como de fato teve). Uma raposa tomando conta do galinheiro? Em entrevista para este livro, o então ministro não vê dessa forma. "Tínhamos a representação de atletas, árbitros, técnicos. Faltava o olhar do empresário. Ele enriqueceria o debate." Na época, a presença de Hawilla foi criticada pelo Sindicato dos Atletas Profissionais de São Paulo e por membros do Superior Tribunal de Justiça Desportiva (STJD).

---

[10] SCOFIELD JR., Gilberto. J. Hawilla, o dono do nosso futebol. *O Globo*, 4 jun. 2010.

— Não acho que o conselho precise de empresários ligados a negócios esportivos. Precisa de gente que entenda de esporte — disse o então presidente do sindicato, Ricardo Martorelli.[11]

A nomeação seria revogada em maio de 2009. Mas a amizade de Hawilla e o "comunista" Orlando Silva permaneceu. O ministro estava em Porto Feliz, na inauguração do CT da Traffic, em março daquele ano, assim como o então governador José Serra e a nata da cartolagem brasileira: Ricardo Teixeira, Marco Polo Del Nero, então presidente da Federação Paulista de Futebol (FPF), e seu vice, Reinaldo Carneiro Bastos.

Aliás, o empresário convivia bem com gente de todos os espectros ideológicos, embora nunca tenha se envolvido diretamente com a política, nem mesmo como financiador de campanha, ao menos em registros oficiais, com exceção de uma pequena doação à campanha bem-sucedida do deputado federal Edinho Araújo à Prefeitura de Rio Preto, sua terra natal. Em 2010, ele cedeu seu camarote no Morumbi para o ex-ministro José Dirceu assistir a um show de Paul McCartney,[12] relevando o fato de o petista haver criticado os negócios da Traffic nos tempos em que era deputado. No entanto, era evidente a simpatia de Hawilla pela grã-tucanagem paulista, especialmente o conterrâneo Aloysio Nunes Ferreira e José Serra, Geraldo Alckmin, Julio Semeghini, Vaz de Lima e Barros Munhoz, sem contar aliados do PSDB, como Gilberto Kassab. Na campanha à presidência da República de 2006, a rede de jornais *Bom Dia*, de Hawilla, estampou editorial na capa de suas quatro edições pelo interior paulista pregando voto em Alckmin contra Lula. O petista acabou reeleito.

* * *

---

[11] PERRONE, Ricardo; BIANCCONI, Giuliana. Dono da Traffic agora defende esporte do país. *Folha de S.Paulo*, 6 jan. 2009.

[12] BERGAMO, Mônica. Na pista 2. *Folha de S.Paulo*, 23 nov. 2010.

O DELATOR

A estreita convivência permitiu uma profunda sintonia entre Teixeira e seu sócio oculto Hawilla, embora tivessem personalidades bem distintas: o primeiro, explosivo, não raro grosseiro, enquanto o segundo prezava as boas maneiras e a diplomacia. Água e óleo que, para desconfiança de muitos, se misturavam em meio a interesses financeiros comuns — ambos se entendiam apenas pela troca de olhares, de acordo com mais de um dirigente ouvido para este livro. Teixeira era um operador do mercado financeiro que, mesmo sem muito interesse por futebol (seu esporte preferido é o turfe), chegou ao comando da CBF pelas mãos do sogro, o poderoso presidente da Federação Internacional de Futebol (Fifa), João Havelange, que entregou a entidade à sanha do marketing esportivo e a transformou em uma máquina de fazer dinheiro — para a entidade e para si próprio. Deu tão certo que decidiu fazer o mesmo no Brasil por meio do genro, casado aos 19 anos de idade com sua filha Lucia, um mineiro criado na zona sul do Rio com hábitos de playboy na juventude. Teixeira, que não havia passado de um lateral direito esforçado no futebol de areia e que nunca administrara um clube de futebol sequer, de repente se via no comando da CBF. A dupla Teixeira-Havelange personifica graves vícios que mancharam a imagem da administração do futebol brasileiro, como se lerá nas páginas seguintes deste livro. É do poderoso chefão da Fifa uma das melhores definições do genro, que chegou a alimentar o desejo de assumir o comando da entidade com sede na Suíça, novamente com o auxílio prestimoso de Havelange, o "rei sol". "Se a senhora um dia tivesse que definir a malandragem, no bom sentido", disse à jornalista Daniela Pinheiro, "ela se chamaria Ricardo Teixeira."[13]

Dita em 2011, a frase parece premonitória da tempestade que acometeria Teixeira e Havelange meses mais tarde.

Mas, na noite de 17 de maio de 2010, uma segunda-feira, nada disso interessava. Hawilla gastou milhões em uma noite de gala

---

[13] PINHEIRO, Daniela. O presidente. *Piauí*, jul. 2011.

no hotel Unique, um dos mais sofisticados de São Paulo, para comemorar os 30 anos da Traffic. A lista de convidados era a melhor prova do poder do empresário: além do onipresente Teixeira, Galvão Bueno, Andrés Sanchez, Luciano Huck, Pelé, Ronaldo Fenômeno. Na política, os tucanos Aloysio Nunes, Geraldo Alckmin, Vaz de Lima e Barros Munhoz, o cacique do PMDB Orestes Quércia, a petista Marta Suplicy e o então deputado Protógenes Queiroz, do PCdoB. Em meio a tantos amigos ilustres, Hawilla, sempre gentil, esforçava-se para dar atenção a todos, entre o bombardeio de flashes das colunas sociais. Pelé, alvo natural da mídia, deixara de ser inimigo da máfia do futebol, e naquela noite lamentava não ter cursado marketing esportivo em vez de educação física:

— Se tivesse feito, talvez estivesse trabalhando com ele [Hawilla] — disse.[14]

Entre muitas doses de uísque e alguns canapés, os convidados assistiram ao show de um cover de Michael Jackson e, em seguida, a uma apresentação intimista de Lulu Santos, um dos cantores brasileiros preferidos de Hawilla.

O momento era de confraternização, mas nem assim o dono da Traffic perdia a oportunidade de fazer lobby pelos seus desejos e interesses. Aproveitou a presença do ministro do Esporte e de Kassab, prefeito de São Paulo, para pressionar este último a desistir do projeto de reforma do estádio do Morumbi para a Copa de 2014. Para o empresário, a cidade deveria investir em um novo estádio para o Mundial, mesmo pensamento de Teixeira — o próprio Hawilla havia intermediado um encontro semanas antes entre ambos para tratar do assunto na fazenda do presidente da CBF, no Rio, segundo a *Folha de S.Paulo.*

Hawilla negou a conversa. Mas aproveitou a festa para publicamente rasgar elogios ao prefeito paulistano:

---

[14] SCOFIELD JR., Gilberto. Hawilla, o dono do nosso futebol. *O Globo,* 4 jun. 2010.

O DELATOR

— O Kassab é a maior revelação da política brasileira nas últimas décadas — disse.[15]

Apenas duas semanas depois, os grandes amigos Hawilla e Teixeira conseguiriam fazer valer seus desejos. O prefeito são-paulino, até então contrário à construção de uma nova arena na cidade, subitamente mudou de opinião e o Morumbi perdeu a disputa. Com o apoio entusiasmado do corintiano Lula da Silva, já no ano seguinte, 2011, a Odebrecht iniciaria a construção da Arena Corinthians em Itaquera, zona leste da capital. A obra, orçada inicialmente em R$ 400 milhões, foi concluída com atraso, às vésperas da Copa do Mundo, a um custo total de R$ 1,2 bilhão, parte financiada com dinheiro do BNDES. O Itaquerão, como seria conhecido, entrou na mira da Lava Jato no início de 2017, quando delatores da Odebrecht disseram ter pago propina para o caixa dois de campanha de dois petistas: R$ 50 mil para Vicente Cândido e R$ 3 milhões para Andrés Sanchez, o ex-presidente do Corinthians, presença marcante no jantar dos 30 anos da Traffic — ambos negam o recebimento do suborno. O próprio Marcelo Odebrecht questionou a utilidade da obra em depoimento aos procuradores do Ministério Público Federal.

— É um absurdo. Você faz o estádio para um dia e depois tem de desmontar um bocado de coisas.[16]

As investigações da Lava Jato em relação à Arena Corinthians prosseguiam em abril de 2018.

* * *

Kleber Leite era um dos convivas mais expansivos do banquete de 30 anos da Traffic. "Não poderia perder um show intimista do meu querido amigo Lulu." Sempre simpático e sorridente, Kleber mantinha

---

[15] ARRUDA, Eduardo. Por todos os lados. *Folha de S.Paulo*, 27 mai. 2010.
[16] CARVALHO, Mario Cesar. Delação aponta fraudes em quatro obras em São Paulo e envolvem Serra e Kassab. *Folha de S.Paulo*, 17 abr. 2017.

com Hawilla uma amizade sólida que vinha do jornalismo esportivo, já que ambos haviam passado pelo rádio nos anos 1970 — Hawilla em São Paulo, Kleber no Rio — e depois migraram juntos para o marketing no futebol. O primeiro fundou a Traffic em 1980, e o segundo, a Klefer Produções e Promoções Ltda., três anos mais tarde. Em vez de concorrerem entre si, uniram forças e montaram uma sociedade: o carioca tornava-se assim uma espécie de extensão de Hawilla no Rio de Janeiro.

— Eu tenho pelo presidente da Traffic, J. Hawilla, o maior apreço possível. Eu o tenho como um amigo querido. [...] Uma pessoa não chega onde o Hawilla chegou de graça, não chega subornando as pessoas, não chega enganando as pessoas. Chega através de trabalho, de competência. Ele é, inegavelmente, um gênio na matéria — disse Kleber em depoimento à CPI da CBF/Nike, em 2001.[17]

Em março de 1985, Carlos Arthur Nuzman, presidente da Confederação Brasileira de Vôlei (CBV), que seria preso em 2017, acusado de pagar propina para garantir a escolha do Rio como sede dos Jogos Olímpicos, cedeu à Traffic "todos os direitos de organização, realização, promoção, exploração comercial e publicitária e direitos de transmissão para o Brasil e exterior de todas as competições de volley-ball nacionais e internacionais". Em troca, a Traffic pagaria à CBV 40% "do total líquido apurado em cada evento". Na cláusula 6ª, a empresa cedia à Klefer 50% dos direitos e obrigações do contrato. Mas o acordo Traffic-CBV teve vida curta: seria rescindido em outubro daquele ano[18] por falta de patrocínio — na ocasião, Nuzman declarou-se "atônito, decepcionado e chocado" com a atitude das empresas.[19] Já a dobradinha Hawilla-Kleber permaneceu sólida. Ambos se cumprimentavam com um beijo no rosto. O carioca costumava passar temporadas na mansão do amigo em São José do Rio Preto (SP) e era chamado de "tio Kleber" pelos filhos de Hawilla,

---

[17] Audiência pública à CPI da CBF/Nike em 28/3/2001.
[18] Microfilmes 195025 e 205676, 3º Ofício de Títulos e Documentos do Rio de Janeiro.
[19] Vôlei fica sem os patrocinadores do Brasileiro. *O Globo*, 22 nov. 1985.

O DELATOR 33

Stéphano, Rafael e Renata. A Kefler tinha parceria comercial com o Flamengo quando Kleber Leite assumiu a presidência do clube, em 1995. Para evitar questionamentos éticos por parte da imprensa, ele encerrou o contrato com a sua empresa, mas logo em seguida fechou parceria de marketing entre o clube rubro-negro e a Traffic.

Em 1997, também na gestão de Leite no Flamengo, a empresa de Hawilla obteve um contrato mais do que generoso para cuidar das placas de publicidade do Maracanã. Sem licitação, a Superintendência de Desportos do Estado do Rio de Janeiro (Suderj), que administrava o estádio, escolheu a dedo quatro empresas de marketing esportivo — Traffic incluída — para apresentar suas propostas no prazo de 24 horas. A empresa de Hawilla ofereceu R$ 821,7 mil anuais por dezoito placas do estádio, ou R$ 45,6 mil por painel, em valores da época. A Brilho ofertou R$ 806 mil, mas prometeu aumentar a oferta em 48 horas. A Suderj, porém, ignorou a proposta e declarou a Traffic vencedora. Apesar do valor ligeiramente maior que o da concorrente, a Traffic propôs um valor baixíssimo se comparado ao que a Suderj faturara com as outras 22 placas que negociava diretamente com os patrocinadores naquele ano: R$ 3,2 milhões.[20] Prejuízo para os cofres públicos, lucro certo para a Traffic.

Nos quatro anos em que Kleber ficou à frente do Flamengo, Hawilla se tornaria uma espécie de conselheiro informal do clube. Foi o empresário paulista que indicou o amigo em comum Vanderlei Luxemburgo como treinador da equipe, em 1995, no galáctico time rubro-negro que tinha Romário, Edmundo e Sávio, mas que ganhou apenas uma modesta Taça Guanabara. Jctinha soube retribuir a gentileza do "tio Kleber": anos depois, o parceiro do Rio seria nomeado vice-presidente da empresa paulistana. A confiança entre eles parecia inabalável. Parecia.

* * *

---

[20] MAGALHÃES, Mario. Maracanã despreza licitação de placas. *Folha de S.Paulo*, 21 dez. 1997.

A festa da Traffic seguia perfeita, exceto por um detalhe: o constrangimento pelo fato de dois dos convidados, Teixeira e Ronaldo Fenômeno, não se falarem. Estavam rompidos desde a Copa do Mundo de 2006, quando, após a eliminação da Seleção Brasileira, derrotada pela França nas quartas de final, o cartola teria criticado publicamente as farras noturnas protagonizadas pelo centroavante durante a competição na Alemanha. Três anos depois, Teixeira teria vetado a convocação do jogador para a seleção, ignorando sua ótima fase no Corinthians. Por tudo isso, não havia clima para uma reaproximação naquela noite. Acompanhado de dois seguranças e de Bia, sua então mulher, Ronaldo ignorou completamente a presença do presidente da CBF e sentou-se a uma mesa no fundo do salão, logo após o show do cover de Michael Jackson. Com uma taça de champanhe na mão, assistiu à apresentação seguinte, de Lulu Santos.

Hawilla, parceiro do ex-jogador nos torneios de golfe São Paulo Golf Club, em Santo Amaro, na capital, notou a saia-justa e o burburinho. Por isso, resolveu entrar em ação. Conversou longamente com Teixeira em um canto, depois foi até a mesa do atacante. Minutos depois, Ronaldo cruzou todo o salão, chamou o cartola e lhe deu um longo e forte abraço. Teixeira retribuiu o carinho com um beijo no rosto do jogador. Graças a Hawilla, a paz estava selada.

— Foi a imprensa que brigou "ele comigo e eu com ele" — disse o cartola, sem disfarçar os sinais de leve embriaguez. — Quando duas pessoas se abraçam e se beijam, isso quer dizer o quê? Que elas se gostam. Precisa de mais alguma coisa?[21]

Sorridentes, ambos passaram a posar para as fotos. Flashes pipocavam por todo canto. Já passava da meia-noite e a festa se encaminhava para o fim.

* * *

---

[21] VENCESLAU, Pedro. Aquele abraço. *O Estado de S. Paulo*, 19 mai. 2010.

O DELATOR

Quatro anos depois do grande baile da Traffic, a empresa ainda detinha influência no marketing esportivo, mas havia sofrido fortes abalos em contratos da Copa América e da Copa do Brasil, como se verá mais adiante. Nem por isso o acordo firmado entre Hawilla e Teixeira foi interrompido, embora já não houvesse a ampla confiança mútua de anos anteriores. Teixeira estava em sua mansão na Flórida quando seu telefone celular tocou. Era Hawilla, querendo marcar um encontro. Como havia tempos que não se viam, combinaram um jantar no Smith & Wollensky, luxuoso restaurante à beira-mar em Miami.

Teixeira, que àquela altura já havia deixado a CBF em meio a fortes suspeitas de corrupção, encontrou o Hawilla cordato de sempre, mas notou-o algo diferente, um pouco tenso. A conversa começou amena, entremeada com algumas taças de vinho. De repente, o empresário começou a rememorar episódios do passado de ambos. Hawilla falava muito de dinheiro, lícito e ilícito, que correra na relação Traffic-CBF. Uma conversa estranha para o ambiente e as circunstâncias. Enquanto o velho parceiro falava, Teixeira olhou de soslaio para as mesas no entorno. Nada anormal, exceto o movimento dos garçons, que a todo momento passavam próximos a sua mesa. Teixeira, com toda a malandragem que lhe imputava o ex-sogro Havelange, farejou a arapuca, e com razão: já delator, Hawilla era um grampo ambulante, cercado de agentes do FBI disfarçados de garçons.[22] Subitamente o rosto do ex-cartola ruborizou-se. Encarou o empresário com os olhos cheios de raiva, socou levemente a mesa e levantou-se. Dedo em riste, apontou-o para o antigo parceiro:

— Filho da puta.

E foi embora, para espanto de Hawilla. Chegara, enfim, o divórcio, antes mesmo daquele fatídico dia 27 de maio de 2015, quando o FBI deflagrou a operação que desnudaria a máfia do futebol e o Brasil

---

[22] GASPARI, Elio. Os EUA e a CBF. *Folha de S.Paulo*, 11 out. 2015; LIMA, Maurício. Em meio a palavrões, Ricardo Teixeira abandonou jantar. *Veja*, 8 jul. 2017.

assistiria, perplexo, à confissão de graves crimes pelo magnata-que--se-dizia-honesto José Hawilla.

— Ele não merecia isso —, lamentava-se Galvão Bueno a amigos, um deles ouvido pelos autores deste livro. Era o anticlímax dos tempos de Porto Feliz.

Na manhã daquele mesmo dia 27, a Polícia Federal invadiu a sede da Klefer no Rio. Cumpria mandados judiciais de busca e apreensão a pedido da Justiça norte-americana. Os agentes apreenderam computadores e coletaram milhares de páginas de documentos — parte seria remetida aos Estados Unidos. A Justiça brasileira também quebrou os sigilos bancário e fiscal de Kleber Leite, além de bloquear seus bens. Semanas depois, o empresário obteve um *habeas corpus* no Tribunal Regional Federal (TRF) da Segunda Região que anulou toda a operação policial. Mesmo assim, não perdoaria o agora ex--amigo Hawilla, até porque, assim como Teixeira, já percebera algo estranho nas intenções e nas palavras do dono da Traffic antes de o Fifagate vir à tona:

— Hawilla, me desculpa, presta atenção — disse em uma das conversas interceptadas pelo FBI. — Com base na nossa amizade, eu passei a vida toda contigo. E eu confio em você completamente. Nunca te questionei nada. Mas você tá sendo um tremendo cuzão! Como você desconfia de mim?[23]

Em depoimento à CPI do Futebol na Câmara dos Deputados, em junho de 2016, Kleber Leite soltou o verbo contra Jotinha, agora "Sr. J. Hawilla":

— O problema do senhor J. Hawilla é o seguinte: eu, se advogado fosse, e se, porventura, um dia tiver a necessidade de enfrentamento com ele, a primeira coisa que eu pediria seria um teste de sanidade

---

[23] CIMINO, James. Em conversa com Hawilla, Marin questionou propina maior a Ricardo Teixeira. *Uol*, 5 dez. 2017. Disponível em: <https://esporte.uol.com.br/futebol/ultimas-noticias/2017/12/05/em-conversa-com-hawilla-marin-questionou-propina-maior-a-ricardo-teixeira.htm>; e ação penal 1:2015-cr-00252, Eastern District of New York (EUA).

mental com relação a ele. Eu duvido que ele esteja no gozo pleno de sua sanidade mental. [...] O Sr. Hawilla é uma pessoa de duas personalidades. Ele é uma pessoa extraordinária, delicada, doce, amável, meiga, amiga, quando não há qualquer interesse financeiro envolvido. Quando há dinheiro envolvido, é outra figura completamente diferente. Eu diria que há dois Hawillas, um normal, quando não há dinheiro envolvido, e outro, quando há dinheiro envolvido, é o ser mais materialista que eu já vi na minha vida.[24]

Kleber já havia atacado o antigo parceiro em seu blog na internet: escrevera que Hawilla possuía, além do câncer, uma "doença de caráter". Procurado pelos autores deste livro, o empresário carioca não quis se manifestar, exceto para falar de Lulu Santos, como visto acima. E justificou-se: "Esta é a mais decepcionante página na minha história de vida com relação a um ser humano. Como não está em mim odiar, melhor esquecer. Em homenagem e respeito à família do seu personagem, nada tenho a declarar."

À imprensa, Ricardo Teixeira também atacaria o agora ex-amigo:

— Ele está completamente descompensado e quer solucionar o problema dele.[25]

Os Hawilla assistiram a tudo perplexos e calados. A discrição em momentos difíceis, afinal, era parte dos ensinamentos que o senhor Fuad e a Dona Jota legaram aos filhos e aos netos.

---

[24] Audiência pública da CPI da Máfia do Futebol na Câmara dos Deputados, 7 jun. 2016.
[25] RANGEL, Sérgio. Teixeira diz não ter medo de ser preso e que Hawilla está "descompensado". *Folha de S.Paulo*, 10 dez. 2017.

2

Zeca Turco

Quando Fuad regressou do Líbano ao Brasil, o mundo parecia mais aliviado. Era 1918 e acabara a Primeira Guerra Mundial, protagonizada pelos europeus, mas que reverberou em todo o planeta. O jovem de 14 anos fora aos 7 para o Oriente Médio por ordem do pai, o libanês José Elias. O objetivo era aperfeiçoar os estudos, já que o pai considerava débeis as escolas brasileiras, e aprender árabe e francês, línguas oficiais do Líbano. Ele deveria ficar três anos na terra natal dos pais, mas a guerra travou o livre trânsito dos navios. O jeito foi aguardar mais quatro anos.

Fuad era um menino tímido mas de raciocínio arguto. Tinha os lábios finos e o nariz protuberante e adunco, típico do povo árabe. Um tio materno encarregou-se de recepcioná-lo no porto de Santos (SP). O homem trazia debaixo do braço uma bola de couro escuro e brilhoso, usada no *foot-ball*, então um esporte ainda em crescimento no Brasil. Era o presente de boas-vindas ao sobrinho. Fuad agradeceu, mas daria pouquíssimos chutes naquela bola. Preferia outra, muito menor, de tênis, seu esporte predileto. A bola de capotão, símbolo máximo do futebol, só se tornaria protagonista na família Hawilla na geração seguinte.

J. Hawilla é neto de libaneses legítimos. Os avós, José Elias Hawilla e Laila Aziz, nasceram em vilarejos do interior do Líbano

— que J. Hawilla só conheceria em 2001 — e migraram ainda jovens, no final do século 19, para o Brasil, onde já tinham parentes instalados. Ambos eram de famílias cristãs maronitas e fugiam da perseguição dos turcos-muçulmanos, que dominavam o país na época por meio do Império Otomano.[1] Semanalmente, levas de imigrantes libaneses desembarcavam no porto de Santos em busca de uma vida de paz e prosperidade. Laila estava entre eles. Ela fugiu para o Brasil com o pai e um dos irmãos. Aqui, a jovem casou-se com o mascate José Elias, dez anos mais velho, que chegara ao estado de São Paulo alguns anos antes. Estabeleceram-se em Taiúva, uma cidadezinha no coração do interior paulista onde nasceu Fuad, o primeiro filho do casal, em julho de 1904. Anos mais tarde, mudaram-se para uma cidade próxima, Catanduva. Ao regressar do Líbano, Fuad seguiu a vocação do pai para o comércio. Casou-se com Georgina Atra, filha de libaneses como ele, e catorze anos mais jovem. Em Catanduva tiveram a primeira filha, Leila Sarah, nascida em 1937.

Logo após a morte de José Elias, em junho de 1940, a família mudou-se para São José do Rio Preto, onde Fuad fundaria no ano seguinte um laticínio com outros seis sócios e capital social de 140 contos de réis.[2] Nasceram então mais dois filhos: primeiro Rosemary, em 1941, depois o caçula José, batizado com o nome do avô, que veio ao mundo precisamente às sete e quinze da noite do dia 11 de junho de 1943, uma sexta-feira, conforme sua certidão de nascimento. A venda de leite não prosperou e Fuad decidiu abrir uma loja de eletrodomésticos no centro da cidade. Por fim, antes de aposentar-se, montou uma fabriqueta de lençóis. Com a renda desses negócios, a família mantinha um típico padrão de classe média. Georgina, conhecida como Dona Jota, viveria até os 82 anos; já o pai chegaria aos

---

[1] WANIEZ, Philippe; BRUSTLEIN, Violette. Os muçulmanos no Brasil: elementos para uma geografia social. *Revista Alceu*, v. 1, n. 2, jan./jul. 2001.
[2] Diário Oficial do Estado de São Paulo, 3 fev. 1942.

O DELATOR

100. Zezeca, apelido de J. Hawilla na infância, era mimado pelos pais, especialmente a mãe. Afinal, além de caçula, era o único filho homem.

O menino Zezeca era quieto e amoroso. Na sua infância, Rio Preto era uma cidade pequena, com apenas 65 mil habitantes, segundo o Censo do IBGE de 1950. A família morava no bairro Boa Vista, reduto da classe média próximo ao centro. Suas brincadeiras não fugiam ao normal da época em um município interiorano: peão, pipa, bolinhas de gude e futebol. Nas tardes livres, ele, a irmã Rosemary e a prima Zezé passavam o dia brincando em um pé de tamarindo em terreno baldio vizinho à casa dos Hawilla. Com Leila, a relação era mais distante, já que a irmã mais velha, muito bonita, era o que nos dias de hoje se convencionou chamar de "patricinha", presença constante nas colunas sociais dos jornais da cidade. Leila morreria em novembro de 2017, vítima de câncer.

O garoto era mestre na bolinha de gude e um meia habilidoso nas peladas em campos de várzea. Perfeccionista, não admitia derrotas. Apesar da inteligência acima da média, foi um aluno mediano na escola. De fato, nunca se preocupou muito em estudar, diferentemente de suas irmãs — Rosemary seguiu carreira no magistério e Leila tornou-se artista plástica. Muitos anos mais tarde, em 2003, causou polêmica ao defender a tese de que o sucesso dependia mais do talento e do faro para bons negócios do que dos estudos, durante palestra para alunos de uma faculdade particular em Jales (SP). Domingos de Freitas Filho, professor de ética empresarial na instituição, se lembra bem do episódio. "Ele começou a fazer apologia ao sucesso dele. Disse que, para ter sucesso na vida, não era preciso estudar e que ler era perda de tempo. Eu me levantei e disse que ele estava destruindo o nosso esforço em fazer com que aqueles jovens lessem e estudassem. Ele estava sendo nefasto ao ambiente acadêmico. A direção da faculdade interveio e me pediu moderação. Eu pedi a ele que retirasse o que dissera. Ele se negou. Foi uma lástima."

Fato é que Hawilla construiu sua carreira profissional sem estudar. Só muito mais tarde concluiria o curso de direito nas Faculdades

Integradas de Itapetininga (SP). É advogado inscrito regularmente na OAB paulista desde 1976, embora tenha exercido a profissão raríssimas vezes.

Na adolescência, ganhou o apelido de Zeca Turco, que passaria a detestar depois do sucesso empresarial. Três paixões o moviam na época: o futebol, as mulheres e o rádio, não necessariamente nessa ordem. Além de meia habilidoso nas peladas em campos de várzea, Zeca era torcedor fervoroso do Palmeiras e do América Futebol Clube, de Rio Preto, clube que tentaria comprar em parceria com a TAM em 1994, sem sucesso.[3] Entre uma partida de futebol e outra, as mulheres: aos 14 anos, o jovem já frequentava a zona do meretrício rio-pretense, para a fúria dos pais.

A terceira paixão de Zeca foi o rádio. Por decisão do pai, o garoto começou a trabalhar com 12 anos, entregando pão para uma padaria de Rio Preto — um suplício para quem sempre gostou de dormir tarde da noite e acordar no meio da manhã. Quando o expediente terminava, sobrava algum tempo para ir à rádio PRB-8, vizinha à casa dele, onde observava com fascínio os locutores atrás do vidro do estúdio. Em casa, Zeca simulava microfone em caixas de fósforos e transmitia jogos fictícios. Aos 15 anos de idade, decidiu superar a timidez e, mesmo temeroso com a possibilidade de um "não", procurou Rubens Muanis, locutor-chefe da rádio PRB-8. Pediu para fazer um teste, inclusive abrindo mão de qualquer recompensa financeira pelo trabalho. De cara, Rubens não colocou muita fé naquele jovem mirrado, ainda longe da vida adulta, mas permitiu que Zeca lesse um texto. Mesmo tímido, o adolescente impressionou os irmãos Muanis pela boa dicção e entonação.

— O garoto leva jeito — sentenciou Rubens ao irmão Adib, também locutor.

Zeca estava contratado.

---

[3] Diretoria do América discute venda do time para empresas Traffic e TAM. *Folha de S.Paulo*, 13 set. 1994.

O DELATOR

— Qual o seu nome completo? — perguntou o locutor.

— José "Rauíla".

— Como?

Rubens pediu para que Zeca escrevesse o nome em uma folha de papel.

— Com esse nome, você não vai a lugar nenhum. É Jota "Ávila" a partir de agora.

— "Sêo" Rubens, o meu pai não vai gostar, vai brigar comigo em casa.

— Você precisa de um nome suave, radiofônico. Se quiser, é Jota "Ávila" e pronto.

De fato, o pai Fuad demorou para aceitar o nome artístico. Fuad e Georgina sempre foram contrários ao gosto do filho pelo rádio. "Mulher, no rádio, era puta. Homem, no rádio, era marajá, malandro. Eu fui para o rádio porque precisava de dinheiro; o Zeca, não. Ele era doido por rádio", diz a prima Zezé Aziz.

A primeira função foi como locutor comercial na madrugada. Neófito, ele cometeria falhas hilárias, como na vez em que confundiu a letra "o" com o numeral zero ao anunciar a música "María de la O", um bolero interpretado pelo mexicano Jose Mojica:

— E agora, com vocês, "María de la Zero".

Aquele deslize quase lhe custou o emprego. Hawilla deixou o diretor artístico da emissora, Gonçalo de Oliveira, enfurecido.

— "María de la Zero" só se for na sua casa!

Hawilla voltaria a tropeçar na língua espanhola ao anunciar o famoso tango de Carlos Gardel, "Esta noche me emborracho [me embriago]." Na pressa, Hawilla tascou "esborracho". Nova bronca de Gonçalo:

— Se você fizer isso mais uma vez, nem quero ver a sua cara. Da forma como você entrou, você some daqui.

Mas os erros diminuíram e Hawilla ficou. Um ano depois, passou a dividir o microfone com Rubens e Alexandre Macedo no programa *A Marcha do Esporte*, diariamente às seis da tarde.

"Na verdade o programa era um pastelão, um improviso só. Na abertura do programa, o Rubens e o Alexandre anunciavam 'Está no ar *A Marcha do Esporte*, um programa...', e aí falavam o nome do patrocinador, quem apresentava, o operador, aquela coisa toda. Aí entrava uma música de fundo, daquelas de banda, e falavam as manchetes do programa. Estas manchetes eram escritas à mão pelo Rubens, que nem sempre caprichava na caligrafia. Então era uma complicação. Tinha que chegar sempre antes para ler e discutir o que estava escrito", recordaria Hawilla tempos mais tarde.[4] Nessa época, ele também começaria a atuar como repórter esportivo, sua grande paixão profissional na juventude. Jota Ávila fazia a cobertura diária dos dois clubes de futebol da cidade, o América Futebol Clube e o Rio Preto Esporte Clube, e viajava pelo interior paulista para acompanhar as partidas das duas equipes. Revelou--se um repórter competente e promissor, com voz grave e dicção segura, o que não evitaria eventuais escorregões. Escalado para um jogo do América na manhã de domingo, o jovem radialista foi para o gramado do estádio em Rio Preto ainda sob o efeito de uma balada no sábado à noite. A certa altura da partida, houve dúvidas em um lance que gerou um escanteio. Do estúdio, Rubens Muanis acionou seu repórter:

— Hawilla, o que houve aí?

O jornalista, com expressão confusa, respondeu:

— Rubens, aqui só se ouve a PRB-8.

Gargalhada geral no estúdio. Muitos anos depois, a passagem seria relembrada por Rubens Muanis em uma homenagem ao empresário em Rio Preto. Contrariado, J. Hawilla negaria a história, confirmada aos autores deste livro por mais de um entrevistado. Dizia ser "folclore".

---

[4] Depoimento ao Projeto Memória do Rádio do Conselho Municipal de Defesa do Patrimônio Histórico, Artístico, Cultural e Turístico de São José do Rio Preto, em 8 de setembro de 1990.

O DELATOR

A vida no rádio também reservaria passagens traumáticas. Entre o fim da década de 1950 e o início da seguinte, Zacharias Fernandes do Valle era, de longe, o mais famoso locutor de rádio em Rio Preto. Talentoso, imitava a voz de várias celebridades e fazia sucesso com seu personagem caipira Chico Belarmino. Zaca, como era chamado, chegou a ser convidado pelo dramaturgo Procópio Ferreira para atuar em sua companhia teatral no Rio de Janeiro. Recusou. Preferia o rádio e o interior. Zacharias foi o grande ídolo de Hawilla na adolescência, o modelo de radialista que sempre sonhou seguir. Na PRB-8, tornaram-se amigos e confidentes. Brincalhão, o radialista mais velho gostava de pregar peças em Hawilla. Enquanto o jovem lia notícias ao vivo, ele se aproximava com um garfo e fazia cócegas no amigo, que, mesmo se contorcendo, nunca ria e seguia firme na locução.

Mas a amizade terminaria de forma trágica. Na manhã do dia 14 de agosto de 1962, pouco antes das seis horas, Zacharias saía da garagem de casa para apresentar o programa *Fazendinha do Chico Belarmino* quando levou um tiro fatal no peito, disparado pelo professor universitário Paulo Nogueira de Camargo, pai de Dalila Regina. O radialista engravidara a jovem e, mesmo pressionado pelo pai dela, rejeitava casar-se. Enfurecido, Camargo planejou e executou a tocaia. Ao saber do crime, Hawilla ficou estarrecido. Ele acompanharia de perto o júri do caso, que acabou absolvendo o professor, assassino confesso.

Zacharias ensinou Hawilla a ser um radialista competente e também um exímio galanteador. A fama do rádio daria ao jovem bonito e elegante várias namoradas, nenhuma delas duradoura. No limite, faria de Zeca Turco o amante da loira mais cobiçada da cidade. Nilva era casada, mas tinha enorme prazer em despertar luxúria por onde passasse. O requebrar dos quadris largos era um ímã, atraindo os olhares masculinos na rua, inclusive o de Zeca. Impetuoso, o jovem galanteador investiu em um relacionamento com ela. A loira correspondeu e durante algum tempo passaram a ter um caso regado a sexo casual. Namoradas nunca faltaram. "As moças não o deixavam em paz", lembra o amigo Milton Homsi. A fama de mulherengo quase impediria seu casamento, anos depois.

* * *

Ao completar 18 anos, Hawilla mudou-se para Brasília a fim de prestar o serviço militar. Na capital federal, chegou a integrar por um breve período a guarda presidencial de Jânio Quadros. Ao retornar a Rio Preto, transferiu-se para a rádio Independência, que tinha uma estrutura mais profissional e organizada, e logo em seguida assumiu a direção da rádio Assunção, católica, administrada pela Diocese de Jales (SP). Foi nessa época que seus cabelos começaram a cair precocemente — ele tinha 22 anos. Logo atribuiu o problema à água do hotel onde morava. Vaidoso, passou então a lavar o cabelo apenas com água mineral. Não adiantou: aos 30, já exibia uma longa entrada que avançava da testa até a metade da cabeça.

Apesar do cargo de gerente na rádio, seu salário era baixo, mal dava para pagar suas próprias contas, situação agravada pelos gastos extras com a tal água mineral. Muitas vezes era um amigo, funcionário do departamento de esportes da prefeitura, quem pagava o lanche da tarde na padaria, invariavelmente Coca-Cola e pão com mortadela. Pegou dinheiro emprestado com um fazendeiro da região e, para quitar o valor, prometeu emplacar como centroavante no time profissional do América um peão da fazenda do credor. O futuro jogador, garantiu Hawilla, renderia um bom dinheiro ao fazendeiro e quitaria a dívida do radialista. João Avelino, então técnico do clube, foi convencido a escalar o rapaz, que até tinha bom porte físico. No primeiro jogo, porém, em um cruzamento simples, o rapaz errou fragorosamente um chute que parecia fácil. Pior: prendeu o pé de apoio no gramado e, com o movimento para o chute, quebrou a perna. Era o fim de um craque em potencial e ainda por cima um peão a menos na roça por várias semanas. Hawilla teve de pagar o

O DELATOR

empréstimo em suaves prestações. Após um ano em Jales, o contrato com a rádio católica venceu. Ele tinha a opção de renová-lo, mas não quis. "Eu pensei: se não saísse naquele momento, não saía nunca mais. E ficar lá não era o meu objetivo."[5]

Voltou à casa dos pais, em Rio Preto, para logo em seguida assumir outro desafio: ser gerente da rádio Piratininga, em Votuporanga (SP). Lá, encontrou sérias adversidades: equipamentos velhos, salários atrasados, débitos no aluguel do imóvel e nas contas de água e luz. Com tantos problemas, a rádio Piratininga ficava bem abaixo da concorrente, a rádio Clube. J. Hawilla era a última esperança dos donos para salvar o negócio.

Deu certo.

O radialista percebeu que, se não conseguiria concorrer com a Clube, faria mais com menos. Além dos jogos do Votuporanguense, o único clube de futebol profissional da cidade, a Piratininga passou a transmitir partidas de bocha e vôlei, lutas de boxe e até natação. O novo gerente também fechou parceria com a Secretaria de Esportes do município, em troca de alguma verba pública. Com as dívidas sanadas, Hawilla, nos primeiros passos de seu empreendedorismo nato, se deu ao luxo de tirar da rádio Clube o seu mais famoso nome: Fauzi Salomão Kanso. Com ele, investiria nas transmissões esportivas: Fauzi na locução, ele nos comentários. Mas a estreia da dupla seria traumática. Corriam semanas de preparação para o Campeonato Paulista de 1967 e o Votuporanguense foi à vizinha Neves Paulista fazer um amistoso com o time local, o Nevense. A cabine de imprensa era uma palafita, escorada por quatro mirrados eucaliptos. Para subir nela, os radialistas enfrentavam uma escada íngreme de madeira carregando malas com fios, microfones e outros equipamentos.

---

[5] Depoimento ao Projeto Memória do Rádio do Conselho Municipal de Defesa do Patrimônio Histórico, Artístico, Cultural e Turístico de São José do Rio Preto, em 8 de setembro de 1990.

48   ALLAN DE ABREU E CARLOS PETROCILO

Enquanto o Nevense vencia por 1 a 0, Fauzi e Hawilla puderam narrar o jogo tranquilamente. Até que Flávio, um centroavante alto, ganhou dos zagueiros na área e, de cabeça, empatou a partida. Os torcedores do Nevense, revoltados com o grito de gol e a alegria dos radialistas de Votuporanga, começaram a chacoalhar as varas de eucalipto. Em pânico, Hawilla tentou escorar-se em algo e tocou em um fio com emendas desencapadas. Tomou um choque que o fez tombar no chão, com as pernas bambas. Mesmo após a manifestação da torcida arrefecer, assustado, Hawilla não abriu mais a boca. No dia seguinte, avisaria a Fauzi que outro radialista seria contratado para comentar os jogos.[6] Fauzi voltaria tempos depois para a rádio Clube. Morreria aos 66 anos, em 2012, vítima de câncer.

No fim daquele ano de 1967, Hawilla foi procurado por Dinamérico Aguiar, então diretor de esportes da rádio Bandeirantes, em São Paulo. Aguiar prometeu ao jovem radialista um emprego como repórter de campo na capital paulista tão logo surgisse uma vaga. Hawilla voltou pela segunda vez a Rio Preto. Enquanto aguardava, trabalhou por alguns meses na rádio Difusora e conseguiu duas colunas na seção de esportes do jornal *Diário da Região*, chamadas "Ponto de vista" e "Olho vivo". Nelas, não media palavras para criticar o amadorismo dos dirigentes de futebol do interior ("técnicos que não querem perder o emprego e dirigentes com receio de rebaixamento [...] propiciam a formação e a prática de uma administração já superada em tempos atuais"),[7] exibir exagerado bairrismo ("o centroavante Mazinho fez um gol, que se é Pelé a imprensa do mundo todo falaria")[8] e atacar juízes que prejudicassem o América ("o juiz [...] é da famosa 'linha velhaca'").[9] Em alguns momentos, Hawilla

---

[6] Trecho do texto "Primeiro e último comentário de J. Hawilla", publicado no dia 11 de outubro de 2009, no portal Futebol Interior. Disponível em: <https://www.futebolinterior.com.br/print/Noticia/impressao?id_conteudo=101401>.

[7] HAWILLA, J. Medo ou burrice. *Diário da Região*, 17 jul. 1968.

[8] HAWILLA, J. Olho vivo. *Diário da Região*, 17 jul. 1968.

[9] HAWILLA, J. Olho vivo. *Diário da Região*, 4 jul. 1968.

O DELATOR

49

avançava para reflexões sobre o esporte. Uma delas destoaria de seu próprio comportamento futuro, como empresário: "Futebol é também reserva moral, patrimônio irrefutavelmente sóbrio de um clube, de uma gente, de uma cidade."[10]

A oportunidade de ir para a capital viria no fim de julho de 1968, quando finalmente surgiu a vaga na rádio Bandeirantes. Ao trocar o conforto da casa de Dona Jota pela vida agitada da terra da garoa, Hawilla deixou claro, em sua coluna de despedida no *Diário*, que a vida pacata no interior o deixara estagnado. "Vou para São Paulo com entusiasmo e vontade natural de todos que lutam no interior em busca de chance idêntica. As perspectivas são grandes, sei disso, e o desejo também de ser muita coisa, e de realizar muito, o que até hoje não me foi possível", escreveu.

Ele nem imaginava até onde aquele seu "desejo de ser muita coisa" o levaria.

O ofício de repórter deu a J. Hawilla os caminhos para, mais tarde, tornar-se um empresário empreendedor. No jornalismo esportivo, distinguiu os pontos fracos e fortes dos dirigentes do futebol, a maioria repletos de vaidade e sede de poder, e também aprendeu a lidar com todo o tipo de gente, seja o atleta novato de um clube decadente do interior ou personalidades famosas do esporte como Pelé, João Havelange, João Saldanha e Rivellino. Com esse último, porém, teria um relacionamento polêmico e acidentado. Ao atacar severamente o meia no rádio e na TV, J. Hawilla selaria um enredo de injustiça com o maior jogador da história do Corinthians.

---

[10] HAWILLA, J. Coisa feia. *Diário da Região*, 9 jul. 1968.

3

Rivellino na frigideira

Bastou o árbitro assoprar o apito aos 48 minutos do segundo tempo para o inferno começar na vida do meia Rivellino, a maior estrela do Corinthians. Naquela noite de 22 de dezembro de 1974, o clube deixava escapar pelo vão dos dedos mais um título, ao perder a final do Campeonato Paulista por 1 a 0, justamente para o maior rival, o Palmeiras — a primeira partida da decisão havia terminado empatada em 1 a 1. Para piorar, era o vigésimo ano sem títulos. Havia que se escolher um vilão. J. Hawilla elegeu ninguém mais que o astro da equipe, com atuação apagada naquele jogo, como todo o time alvinegro.

Primeiro o radialista, microfone em punho, correu para entrevistar os campeões do Palmeiras, entre eles craques como Leão, Ademir da Guia e Leivinha, conforme registra uma imagem da época. O clima de guerra era latente: dias antes, Leivinha recebera uma carta anônima com ameaças de morte e desde então andava escoltado por seguranças. No fim do jogo, ele e Ronaldo, autor do gol da partida, tiveram de sair escondidos do Morumbi.

Em seguida, o repórter misturou-se à torcida corintiana, que ocupava 95% dos 120 mil torcedores no estádio do Morumbi, para uma enquete:

— O que você acha de o Rivellino estar milionário com o futebol e você sofrer com a derrota do Corinthians?

Era o que bastava para insuflar o clima de revolta coletiva contra uma única pessoa, justamente o principal jogador corintiano, considerado ainda hoje o maior da história do clube. Foi um massacre. A saraivada de críticas do radialista continuaria por alguns dias na rádio Bandeirantes, reverberada pelas outras emissoras de rádio e TV. De "Reizinho do Parque [São Jorge]", Rivellino passou a ser achincalhado como o "Ruinzinho do Parque". Parte da torcida, encabeçada pela organizada Camisa 12, chegou a divulgar uma carta pedindo a saída do jogador. "A Gaviões da Fiel também cobrou, o próprio presidente [do clube] Vicente Matheus sempre falava que a torcida cobrou [a saída de Rivellino], não foi coisa de jornalista. Mas o Hawilla foi o mais incisivo e onde Rivellino mais sentiu", diz Raul Corrêa da Silva, presidente da Camisa 12 na época e autor do manifesto.

Era o fim de um casamento que parecia eterno — Rivellino tinha planos de encerrar a carreira no clube. No ano seguinte, porém, iria para o Fluminense, onde finalmente ergueria uma taça — o craque seria tricampeão carioca. A mágoa em relação a J. Hawilla, contudo, permaneceu. "Foi uma matéria tendenciosa, maldosa", lembraria Rivellino.[1]

Quarenta anos mais tarde, o agora ex-radialista e empresário Hawilla demonstraria arrependimento. "Foi marcante na minha carreira [a reportagem], porque exagerei nas críticas. Isso aconteceu mais vezes na minha atuação com outros personagens do futebol. Com ele [Rivellino], peguei muito pesado porque o Corinthians e toda sua torcida esperavam muito dele por ser a estrela do time. Mas ele estava num dia muito ruim [...]. Descarreguei a culpa nele, responsabilizando-o pela derrota, mas passei do ponto por ser jovem, empolgado e agressivo. A rádio Bandeirantes naquela época tinha mais audiência do que a TV Globo. Qualquer comentário gerava imensa repercussão. Eu me arrependi justamente porque passei do

---

[1] NORIEGA, Maurício. *Rivellino*. São Paulo: Contexto, 2015.

O DELATOR

ponto. Reconheci isso porque, mais amadurecido, entendi que ele, pela história que tinha como craque, não merecia ser crucificado daquela forma."[2]

Hawilla e Rivellino se reencontrariam décadas depois, graças à habilidade de Fausto Silva, o Faustão, também repórter de campo naquela decisão de 1974, pela rádio Jovem Pan. Amigo de ambos, Faustão convidou Rivellino e Hawilla, sem que um soubesse da presença do outro, para uma de suas famosas "pizzadas" na mansão do apresentador no bairro do Morumbi. Faustão fez questão de arrumar as mesas de forma que os desafetos se sentassem próximos. Com o clima descontraído, regado por vinhos e massas, Hawilla observou Rivellino sozinho por um momento, aproximou-se e pediu desculpas. O ex-jogador aceitou o pedido, mas a mágoa permaneceu, segundo o jornalista Maurício Noriega, biógrafo de Rivellino. Procurado pelos autores deste livro por três vezes, o ex-jogador não quis comentar o episódio.

* * *

A polêmica com Rivellino seria uma mancha em uma carreira bem-sucedida no rádio em São Paulo, entremeada com lances de malandragem. Já no seu segundo ano na capital, J. Hawilla foi escalado para cobrir os treinos preparatórios da Seleção para a Copa de 1970 no Club Itanhangá, Rio de Janeiro. Naquele dia 20 de março, o desafio de toda a imprensa apinhada na entrada do clube era entrevistar o centroavante Dario, o Dadá Maravilha, que vinha de Belo Horizonte para se apresentar à Seleção. A convocação do atacante viera cercada de muita polêmica. O irreverente jogador do Atlético Mineiro só foi chamado depois de Zagallo assumir o comando da equipe. O ditador Emílio Garrastazu Médici, terceiro presidente do Brasil no regime militar, não conseguira convencer o treinador ante-

---

[2] Idem.

rior, João Saldanha, a convocar Dadá. O "João Sem-Medo", apelido dado pelo escritor Nelson Rodrigues, contrariou Médici e acabou demitido, apesar de o Brasil apresentar um brilhante futebol sob seu comando. Entrevistar Dadá Maravilha, naquele dia, seria mais que ouvir suas pérolas: era a oportunidade de entender um pouco do que se passava nos bastidores da Seleção.

Às dez para as cinco da tarde, quando o carro com Dario estacionou na frente do Itanhangá, imediatamente os jornalistas fizeram cerco no automóvel. Com cara de poucos amigos, o dirigente Fábio Fonseca, do Atlético Mineiro, disse que Dadá não atenderia a imprensa. Mas foi interrompido por um homem com testa levemente alargada pela calvície precoce e cabelos um pouco longos na nuca.

— Eu sou supervisor da seleção. O Zagallo não pode atender agora porque está treinando a equipe. Pode deixar o rapaz com nossos amigos da imprensa.

— Pois não — respondeu Fonseca.

O tal supervisor era J. Hawilla. A estratégia funcionara.

Dario, mascando chicletes, respondeu a todas as perguntas. A entrevista só foi encerrada quando Tarso Herédia de Sá, o verdadeiro representante da Seleção, chamou Dario José dos Santos, 24 anos, "ponta de lança", como o jogador gostava de frisar:

— Você irá para o quarto n.º 38, o mesmo que era ocupado por Saldanha.[3]

Quando Dario saiu, todos caíram na gargalhada.

Hawilla era um nome cada vez mais conhecido no rádio brasileiro, tanto entre os jornalistas quanto entre os ouvintes e depois telespectadores, já que em pouco tempo ele passaria a integrar a equipe de um programa esportivo diário na TV Bandeirantes, sempre no horário do almoço, além de uma mesa-redonda sobre futebol nas noites de segunda-feira. "Com duas ou três transmissões eu já era conhecido nas ruas de São Paulo. As pessoas paravam para pedir au-

---

[3] Dario leva trote antes da alegria. *O Globo*, 21 mar. 1970.

O DELATOR

tógrafo. Era algo muito forte. As pessoas te respeitavam, acreditavam em você. Fiquei deslumbrado, até", diria Hawilla tempos depois.[4]

A apresentadora Ana Maria Braga se aproveitaria da propalada fama do amigo para seguir seus passos e também arriscar uma carreira televisiva na capital. Nascida em São Joaquim da Barra (SP), Ana Maria mudou-se para Rio Preto para cursar biologia, mas a loira de olhos claros e fala pausada acabaria na TV Record local como apresentadora. Em 1974, ela juntou todas suas roupas em um Fusca vermelho, ano 1967, e foi para São Paulo sem qualquer convite, apenas com a esperança de poder contar com a ajuda de Hawilla para garantir um emprego na Bandeirantes. Do bairro de Perdizes, zona oeste da capital, ela tentaria contato com o amigo. "Fiquei dias pendurada num orelhão ligando até conseguir falar com o Hawilla. Ele conseguiu um teste e eu fui ser foca na TV Bandeirantes. Ele, na época, já era famoso jornalista da área esportiva da Band", diz.

No caso de J. Hawilla, prestígio não significava, necessariamente, dinheiro. Na capital paulista, o jornalista teria uma vida bem diferente do conforto da casa dos pais, no interior. Ele dividia com um amigo um apartamento de 38 metros quadrados no curvilíneo edifício Copan, na República. Símbolo da modernização de São Paulo, inspirado no Rockfeller Center, de Nova York, o Copan fora projetado pelo arquiteto Oscar Niemeyer. Naquele início da década de 1970, o edifício começaria a se transformar em um grande cortiço vertical, acompanhando a degradação da área central de São Paulo e refletindo a brutal desigualdade social da cidade. O bloco onde o jornalista morava reunia 448 quitinetes e 192 apartamentos conjugados. Era a parte pobre e malfalada do Copan, por conta de assaltos, batidas policiais e brigas entre os vizinhos, diferentemente dos andares com apartamentos de três quartos e uma suíte, habitados por

---

[4] Depoimento ao Projeto Memória do Rádio do Conselho Municipal de Defesa do Patrimônio Histórico, Artístico, Cultural e Turístico de São José do Rio Preto, em 8 de setembro de 1990.

56 ALLAN DE ABREU E CARLOS PETROCILO

famílias de poder aquisitivo bem maior. Esse ambiente conturbado inspiraria o jornalista Nélson Townes a publicar a coluna "Histórias da Boca" no jornal *Notícias Populares*.

Com seu salário, Hawilla cobria sua parte do aluguel, fazia compras no supermercado e pagava as infindáveis prestações dos carros populares que comprava — quando estava perto de saldar as dívidas do automóvel, usava o antigo para pagar a entrada de um novo, em mais um financiamento bancário.[5] A situação financeira só teria uma leve melhora em 1976, quando o jornalista trocou a Bandeirantes pela ascendente e rica TV Globo. Para isso, contou com a ajuda de uma amiga, a também jornalista Marília Gabriela, na época repórter do programa *Fantástico*. Certo dia, Hawilla tomou o mesmo voo de Marília na ponte aérea Rio-São Paulo. Mal o avião decolara ele começou a falar de seu trabalho e do desejo de trabalhar na Globo. Assim que chegou à sede da emissora carioca no Jardim Botânico, a repórter falou do interesse de Hawilla em trabalhar na TV da família Marinho para os homens fortes do esporte na emissora, Léo Batista e Ciro José. Em poucos dias, J. Hawilla estava contratado, primeiro como repórter e logo em seguida como apresentador do *Globo Esporte* em São Paulo. A indicação para o novo emprego seria cobrada em tom de brincadeira por Marília Gabriela, nos raros reencontros com Hawilla:

— Você se esqueceu do que falou no avião, que me daria 40% do salário que ganharia.

Além da TV, Hawilla faria participações esporádicas como comentarista esportivo na Rádio Globo, convidado pelo locutor Osmar Santos. "Passei na Bandeirantes sem saber o sentido exato do que é jornalismo. Foi na Globo que aprendi, sobretudo com o Armando Nogueira",[6] diria Hawilla, em referência ao diretor-geral de jorna-

---

[5] NEGREIROS, Adriana. O dono da bola. *Playboy*, mar. 2009.
[6] Depoimento ao Projeto Memória do Rádio do Conselho Municipal de Defesa do Patrimônio Histórico, Artístico, Cultural e Turístico de São José do Rio Preto, em 8 de setembro de 1990.

O DELATOR

lismo da emissora. O jornalista ganhava credibilidade entre os seus pares. Tornou-se diretor da Associação de Cronistas Esportivos do Estado de São Paulo (Aceesp), e como tal viajou no fim dos anos 1970 para Montevidéu a fim de ouvir Ernesto Ledesma, um empresário e ex-jogador uruguaio. Ledesma denunciara um cartola da FPF por, segundo ele, distribuir propina a jornalistas para que elogiassem determinados jogadores na mídia e assim inflacionassem os seus passes.[7]

A ascensão profissional, porém, continuava não se refletindo no contracheque. Em uma de suas constantes idas ao banco para pagar as parcelas dos seus infindáveis empréstimos, ouviu do gerente Gilson:

— Pô, eu vejo vocês engravatados na TV. Não é possível que você não tenha dinheiro para pagar um banco.

— Não tenho e nenhum daqueles da mesa tem — respondeu o apresentador, referindo-se aos colegas de bancada.[8]

Mas, na terra natal, a falta de dinheiro dava lugar ao glamour por aparecer diariamente na TV e sua consequência imediata: namoradas. Sempre que possível, Hawilla recorria ao amigo Waldner Lui, colunista social em Rio Preto, para desmentir boatos de que estaria comprometido com alguma jovem. Lui, que morara por uns tempos no apartamento alugado pelo jornalista no edifício Copan, gastava a tinta para fazer os gostos do amigo: "J. Hawilla me telefonou de São Paulo indignado com um telefonema que recebera de um amigo rio-pretense perguntando se ele vai mesmo ficar noivo. E pede que eu publique nestas linhas que não ficará noivo. Pelo menos por enquanto, pois pretende ainda aproveitar um pouco a vida. É muito novo ainda."[9] Na época, Hawilla e o amigo Milton Homsi eram assíduos frequentadores das boates paulistanas. Os namoros seguiriam até o

---

[7] Uruguai espera brasileiros e Ratinoff. *O Estado de S. Paulo*, 26 set. 1979.
[8] NEGREIROS, Adriana. O dono da bola. *Playboy*, mar. 2009.
[9] LUI, Waldner. Flash. *A Notícia*, 23 mai. 1975.

Carnaval de 1975. Hawilla, então já um nome consagrado do jornalismo esportivo, viajou para Rio Preto para curtir os famosos bailes do Automóvel Clube, um dos mais tradicionais do interior paulista. Lá, encontrou-se com uma antiga namorada, estudante de medicina em Ribeirão Preto (SP) que, mesmo noiva, fora ao clube rever a antiga paixão. Nada deu certo à jovem: primeiro porque, desconfiado, o noivo apareceu no meio do baile. E depois porque o coração de J. Hawilla já havia sido fisgado por uma linda loira de olhos claros, alta e magra. Era Eliani Maria Menezes, filha do rico fazendeiro Abelardo, dono de muitas terras e milhares de cabeças de gado na região. Engataram uma conversa e logo em seguida o namoro.

Mas havia dois obstáculos no caminho. Eliani teve de encerrar um namoro de cinco anos com Leopoldo Gottardi Júnior. Além de muito bonito e oito anos mais jovem do que o jornalista, Leopoldo era filho do prefeito de Mirassol (SP), cidade vizinha de Rio Preto, um homem influente na política estadual e, como Abelardo, próspero fazendeiro. A escolha por Hawilla deixou o pai furioso por dois motivos: a conta bancária do jornalista, muito menor do que a do filho do prefeito, e a fama de mulherengo que acompanhava o radialista. Eliani, no entanto, decidiu enfrentar a vontade do pai. O relacionamento ficaria ainda mais intenso quando ela mudou-se para São Paulo para estudar psicologia. Dois anos mais tarde, no dia 5 de fevereiro de 1977, um sábado, José Hawilla e Eliani Menezes se casaram na igreja da Redentora, bairro nobre de Rio Preto. Os amigos de Jotinha, temendo alguma confusão entre ele e o sogro, postaram-se em frente à igreja. Mas a cerimônia transcorreu tranquilamente, para alívio do noivo e dos colegas.

A relação com o sogro seria repleta de altos e baixos, com alguns períodos de tolerância e outros de discussões severas. Quando, poucos anos depois, Abelardo optou por doar suas terras aos filhos, Hawilla vendeu toda a parte de Eliani para investir na Traffic.

— Mas que burro filho da puta — berrou Abelardo, em uma noite de jogatina regada a baralho e uísque no Automóvel Clube.

O DELATOR

A relação só se tornaria pacífica muito tempo depois, quando Hawilla, já milionário, prestou toda a assistência médica ao sogro enfermo. Abelardo morreria em 2005, aos 81 anos.

* * *

Hawilla tornara-se agnóstico na vida adulta — muito diferente das irmãs, católicas fervorosas. Mas nem por isso abandonou as superstições de toda ordem que o guiariam a partir da mudança para São Paulo. O jornalista passou a ser cliente assíduo de uma cartomante no bairro de Santana, zona norte da cidade. Depois, frequentaria também numerólogas e tarólogas, de onde surgiriam suas manias e crendices. Uma delas é o horror à cor preta, adquirido após dois episódios traumáticos envolvendo detalhes em negro. No primeiro, em uma noite de Natal, Hawilla dirigia o seu carro — preto — por uma estrada na região de São Paulo quando atropelou um ciclista, um senhor com mais de 80 anos. A vítima morreu na hora. Os filhos do ciclista diriam a Hawilla que o homem tinha somente 20% da visão, mas mesmo assim, por teimosia, pedalava à noite. "Eles me falaram que aquilo iria acontecer a qualquer momento, mas o trauma não sai mais", disse em entrevista à *Playboy*.[10]

No segundo episódio traumático, Hawilla viajava de São Paulo até Campinas em meio a um temporal. O carro, também preto, apresentava problemas mecânicos, e ele não enxergava um palmo à frente do automóvel. Resolveu parar no acostamento, adormeceu e, ao despertar com o clarão do dia, viu-se a poucos metros de um precipício.

Desde então, Hawilla passou a atribuir a cor preta ao azar e ao insucesso. Certa vez, convenceu o amigo Waldner Lui a percorrer as lojas do centro de Rio Preto em busca de um sapato azul-marinho para ir ao Réveillon no Automóvel Clube. Em outra ocasião, minutos

---

[10] NEGREIROS, Adriana. O dono da bola. *Playboy*, mar. 2009.

antes da cerimônia de inauguração da sede do jornal *Bom Dia* na cidade, Hawilla levou um susto assim que entrou no prédio: bem na recepção, um lindo sofá de couro... preto. Mandou tirar imediatamente o móvel, no que foi prontamente obedecido. Meses depois, recusaria polidamente uma carona oferecida por um jornalista do mesmo jornal. O motivo: o automóvel, um Crossfox zero quilômetro, era preto. A saída foi usar o carro de outro funcionário, muito mais simples e antigo, mas da cor prata.

As superstições se estenderiam a outros símbolos: corujas, despachos de macumba e o número 4. A Rede Bom Dia deveria ser inaugurada em agosto de 2005, mas Hawilla adiou o coquetel de lançamento para setembro porque não faz negócios nos meses múltiplos de quatro: abril, agosto e dezembro. Sua aversão ao 4 se espalha para 13 e 22, cuja soma dos fatores dá 4. Por isso, nesses dias do mês, ele fugia de qualquer negociação relevante. Por outro lado, o dono da Traffic tem uma afeição pelo 7 e pelo 9. Carros, casas e empresas devem ter pelo menos um dos dois numerais ou mesmo outros, desde que, novamente, a soma dos fatores chegue a 7 ou 9. Não à toa, o imponente prédio da Traffic na Rua Bento de Andrade, no Jardim Paulista, é o de número 700. O prédio da redação do *Bom Dia*, na Avenida Alberto Andaló, em Rio Preto, era o de número 3.209.

Apesar de tantas precauções supersticiosas em relação ao novo jornal, as corujas pareciam perseguir o empresário na redação do periódico. Ao ver uma pequena escultura da ave na mesa de uma jornalista, Hawilla não pestanejou:

— Melhor tirar isso daí. Não presta.

Mesmo de longe, o dono do jornal acompanhava, pela internet, as pautas, reportagens e as capas de cada edição. Detalhista, apontava erros e nunca passava em branco sem pedir qualquer mudança ou corte. Em uma dessas inspeções a distância, Hawilla literalmente mandou parar as máquinas para que fosse retirada da edição uma nota discreta sobre um despacho de macumba deixado na madrugada daquele dia bem em frente à sede do jornal. Mas, em outra

O DELATOR

oportunidade, não viu a tempo a bela foto de uma coruja estampada na capa. De São Paulo, telefonou para o editor-chefe em Rio Preto:

— Essa capa é de muito mau gosto.

O recado estava dado: no jornal de J. Hawilla, nada de móveis pretos nem reportagens de corujas e macumbas. Mesmo com tantos cuidados, como se verá adiante, a Rede Bom Dia naufragaria, vítima de falhas muito mais humanas do que místicas.

As manias de J. Hawilla também se refletiriam nas placas dos seus carros.

Em 1977, logo após seu casamento com Eliani, o jornalista procurou a sede do Detran em São Paulo para emplacar seu Dodge Polara novinho com as iniciais de seu nome, JH, no tempo em que as placas tinham apenas duas letras, e não três, como hoje. Para isso, buscou a ajuda do assessor de imprensa do departamento, um sujeito com voz grave e sotaque caipira que sonhava ser radialista: Milton Neves. O assessor ficou impressionado com a elegância do jornalista da Globo: Hawilla usava uma camisa branca de linho, com mangas compridas. O pedido foi atendido. Após duas horas de espera, o Dodge estampava nas placas amarelas as tão desejadas letras. Ao ir embora, sem querer encostou o braço em um parafuso ligeiramente solto próximo à maçaneta, o que desfiou alguns milímetros de sua camisa. Hawilla não evitou o aborrecimento:

— Pô, sacanagem, eu comprei essa camisa em Londres!

Hawilla é descrito pelos antigos companheiros de trabalho como extremamente vaidoso, de hábitos finos — mesmo antes da vida milionária já apreciava bons vinhos e charutos cubanos — e preocupado com o vestuário. Em 1982, o jornalista Oliveira Andrade teve de ir às pressas de São Paulo para o Rio apresentar por um dia o programa *Minuto da Copa*. Mas, na correria, Andrade esqueceu-se de levar seu blazer e pegou emprestado o de Hawilla no camarim. No dia seguinte, o dono da peça mandou lavá-la.

O fato é que a sua ascensão profissional na TV Globo — chegaria a chefe do departamento de esportes da emissora em São Paulo —

enfim lhe permitia uma vida mais confortável. No fim da década de 1970, trocou o apartamento mirrado do Copan por outro bem maior na Rua José Maria Lisboa, no Jardim Paulista, área nobre da capital. Aos poucos, J. Hawilla exibia, mesmo sem perceber, sinais de um empreendedor nato. Quando o colega de trabalho Juarez Soares, o China, chegou à sede da Globo na Praça Marechal Deodoro com seu Chevette zero quilômetro, foi abordado por Hawilla:

— Quanto você pagou nesse carro?

— Dei 24 promissórias — respondeu China. As parcelas, ele calcula, eram de cerca de R$ 800, em valores de hoje.

— Não pode ser, os caras estão te roubando. Vamos voltar lá na loja.

Os dois foram então à concessionária da Chevrolet na Avenida 23 de Maio. Hawilla, recém-formado em direito, pediu para falar com o gerente:

— Sou o advogado do seu cliente, posso ver as promissórias que ele assinou?

— Pois não.

Para espanto de China, Hawilla rasgou de uma vez todos os papéis e jogou tudo no lixo. Fez o gerente fazer 12 novas promissórias, agora sem os juros. China não se conteve:

— Turco, o que você tá fazendo aqui na Globo? Você não nasceu pro jornalismo, não. Teu talento é outro.

O conselho do amigo foi a fagulha que Hawilla precisava para se arriscar em negócios próprios. Não com a Traffic, que só viria mais tarde, mas com algo bem mais prosaico: cachorros-quentes. O jornalista comprou quatro carrinhos para oferecer o lanche na entrada de estádios durante partidas de futebol. Era lucro certo, pensava, já que cansara de ver filas de torcedores nesses carrinhos. Ele só se esqueceu de um detalhe crucial: a legalização do negócio. Sem alvará, os "dogueiros" de Jotinha passaram a ser caçados pela Vigilância Sanitária, com sucessivas autuações. O fracasso do negócio criaria em Hawilla uma nítida antipatia pelo poder público.

O DELATOR

"O Hawilla nunca foi um empresário clássico, mas, sim, um empreendedor que via na burocracia um obstáculo ao seu talento", define o amigo Milton Homsi.

A venda de cachorro-quente não foi seu único negócio malsucedido. Longe disso. Mesmo quando a Traffic já lucrava com contratos milionários, Hawilla alimentava uma obsessão em abrir negócios em outros segmentos. Em dezembro de 1989, fundou a Fratello Cook, de vale-refeição. Também tentou revender no Brasil, na década de 1990, automóveis da montadora coreana Daewoo, como o sedã médio Espero, quase ao mesmo tempo que o amigo Ricardo Teixeira abria outra concessionária de carros coreanos, só que da Hyundai, no Rio.[11] Hawilla ainda teria uma rede de lojas de conveniência em São Paulo, Jundiaí (SP) e Rio Preto, chamada Pratic, um site de jornalismo esportivo, o Netgol, e uma empresa de eventos musicais chamada Plan Music. Todos esses negócios naufragariam. Mas os fracassos não abalaram as finanças de J. Hawilla. Antes dessas aventuras no mercado, o empresário já havia acertado em cheio no negócio que marcaria para sempre a sua vida: o marketing esportivo.

---

[11] KFOURI, Juca. Aviso aos navegantes — 2. *Folha de S.Paulo,* 14 jul. 1995.

4

O império Traffic

David de Moraes ficou surpreso quando J. Hawilla pediu a palavra durante a assembleia do Sindicato dos Jornalistas. Havia mais de 1,5 mil profissionais reunidos no Tuca, o teatro da PUC em São Paulo. Em discussão, a surpreendente greve da categoria, que paralisaria praticamente todas as redações de jornais, rádios e TVs da capital durante uma semana, entre 22 e 29 de maio de 1979. "Foram cinco assembleias, no Tuca e na igreja da Consolação, e em todas o Hawilla participou e discursou no microfone. Ele nunca havia sido um ativista sindical, mas se tornou um entusiasta do movimento", recorda o então presidente do sindicato.

Os jornalistas reivindicavam aumento salarial de 25% e criação de um conselho consultivo nas redações, que seriam eleitos pela categoria e teriam estabilidade no posto.[1] Hawilla, casado havia dois anos e com um filho recém-nascido, vislumbrou no movimento a oportunidade de melhorar o salário e o padrão de vida da família.

Inspirado nas greves dos metalúrgicos capitaneadas pelo sindicalista Luís Inácio Lula da Silva na região do ABC, os jornalistas apostavam no sucesso da greve. Na primeira, em 1961, no governo

---

[1] OLIVEIRA, Jéssica. Greve dos jornalistas completa 35 anos; participantes discutem as consequências. *Portal Imprensa*, 29 mai. 2014.

de João Goulart, chegaram a bloquear os caminhões com jornais nas saídas dos parques gráficos e conseguiram um polpudo reajuste nos contracheques. Mas daquela vez tudo seria diferente. Os patrões reagiram com truculência — houve confronto com alguns feridos em frente à sede do *Estadão*. Não só recusaram discutir as reivindicações como ameaçavam demissões em massa caso a greve não acabasse. No dia 29, o Tribunal Regional do Trabalho julgou o movimento ilegal. Acuados, os jornalistas cederam e encerraram o movimento. O pior, porém, estava por vir: assim que retornaram ao trabalho, 220 jornalistas, apontados como líderes da greve, foram demitidos. Um deles era J. Hawilla. Na manhã do dia 30, uma quarta-feira, tão logo pisou na sede da TV Globo, na Praça Marechal Deodoro, centro de São Paulo, recebeu o aviso da demissão.

Ele entrou em pânico. Sem emprego, sustentar a família seria uma missão muito difícil. Para piorar, o protagonismo na greve fez com que o jornalista figurasse em uma "lista negra" entre os barões da mídia paulistana, o que lhe fecharia as portas. Enquanto isso, amigos na TV Globo procuravam dissuadir a família Marinho da decisão. Conseguiram: cem dias depois, Hawilla recebeu convite para retornar à emissora. Aceitou, mas o trauma do desemprego repentino fez com que adotasse uma decisão radical, exposta aos amigos:

— Nunca mais quero depender de patrão.

Seria a grande metamorfose profissional de J. Hawilla.

* * *

Já no ano seguinte surgiu a chance de deixar de ser empregado. Hawilla soube que uma empresa de publicidade estava à venda na capital. A Traffic Assessoria e Comunicações Ltda. havia sido criada em 1974 com capital social de 20 mil cruzeiros — R$ 50,7 mil em valores atuais, corrigidos pelo Índice Geral de Preços — Disponibilidade Interna (IGP-DI). Seus proprietários eram o economista

O DELATOR

Orlando Sarhan, o engenheiro Cairbar Roosevelt Antunes Metri e o advogado Marco Antonio de Almeida Prado — esse último daria lugar, já no ano seguinte, ao também economista Ary Bornstein. A empresa, instalada em um imóvel pequeno na Rua Oscar Freire, nos Jardins, em São Paulo, havia patenteado um produto que prometia ser revolucionário para o marketing da época: um totem de alumínio fundido em formato triangular, fabricado em Campinas (SP), que seria instalado em todos os pontos de ônibus da cidade e traria, de um lado, publicidade, e de outro os horários das linhas — daí o nome Traffic, tráfego em inglês. O então prefeito, Olavo Egydio Setubal (1975-1979), aprovou a ideia e a empresa foi contratada pela prefeitura.

Os três sócios só não contavam com um detalhe: o alto valor do alumínio na época tornou os totens alvos da cobiça dos larápios. Milhares deles passaram a ser arrancados e furtados. "Chumbávamos as placas no concreto, mas os ladrões chegavam a usar caminhões *munck* [com guindaste] para arrancá-las", lembra Sarhan. A Traffic começou a ter seguidos prejuízos. Em uma reunião tensa com os sócios, o economista explodiu:

— Não posso mais colocar dinheiro nisso. Acabou!

Os três concordaram em vender a empresa. Por coincidência, um conhecido de Sarhan era amigo de Hawilla. Ao saber que a Traffic estava à venda, no início do ano de 1980, o jornalista, à época diretor da divisão de esportes da Globo em São Paulo, se interessou pelo negócio. Procurou então Ciro José, colega de trabalho na Globo. A trajetória de Ciro é parecida com a de Hawilla: também nascido no interior, em Anhumas (SP), ainda jovem mudou-se para São Paulo, onde formou-se em jornalismo na Fundação Casper Líbero e passou a trabalhar em emissoras de rádio, primeiro na Pan-americana (atual Jovem Pan), depois na Gazeta e enfim na Rádio Globo. Em 1971, migrou para a TV Globo, primeiro como locutor, depois como diretor-geral da divisão de esportes da emissora, no Rio, cargo que ocupava na época em que Hawilla, seu braço direito em São Paulo, lhe propôs sociedade na compra da Traffic. Convite aceito, a dupla

68 ALLAN DE ABREU E CARLOS PETROCILO

arregimentou mais dois sócios: os publicitários Paulo Roberto da Silva e Wallace Sérgio Pereira.

No dia 14 de maio de 1980, os quatro formalizaram a compra da empresa por 1,8 milhão de cruzeiros, ou R$ 1 milhão atuais, corrigidos pelo IGP-DI. Hawilla desembolsou 630 mil cruzeiros (R$ 174 mil), dos quais R$ 61 mil foram pagos à vista e o restante parcelado em notas promissórias. Maior entusiasta do projeto, ele ficou com a maior parte das quotas (630 mil), enquanto Silva e Pereira tinham 450 mil quotas cada um, e Ciro José, 270 mil. Pereira não botou fé na empresa e no mês seguinte deixou a sociedade. Silva faria o mesmo, em 1982. Ambos já faleceram.

No início, os sócios insistiram na publicidade em pontos de ônibus, também sem resultado — Hawilla costumava acompanhar a troca dos cartazes afixados nas placas, durante as madrugadas. Por isso mesmo, ele e Ciro decidiram não mergulhar de cabeça na nova empresa e mantiveram seus cargos de executivos no jornalismo da TV Globo. Na época, a dupla coordenou a cobertura da emissora em dois grandes eventos: as Olimpíadas de Moscou, em 1980, e a Copa do Mundo na Espanha, dois anos depois, entre outros acontecimentos esportivos internacionais, especialmente jogos de futebol da Seleção e de clubes brasileiros. Foi nessas constantes viagens ao exterior que Hawilla notou, à beira do gramado, algumas placas de publicidade. Era o marketing que, sob os auspícios da Fifa de João Havelange, tomava conta do futebol mundial.

No Brasil, porém, o marketing no esporte era inexistente. A única marca no uniforme era o escudo dos clubes — somente em 1982, com aval da Fifa, é que o Conselho Nacional de Desportos permitiu o patrocínio nas camisas.[2] Hawilla teve então o seu grande insight de empreendedor: percebeu que poderia trazer aquelas placas para os estádios brasileiros. Ele já ensaiara promover eventos esportivos ao

---

[2] BEAGÁ, Fernando. Memória: os primeiros patrocínios dos grandes times brasileiros. *Veja*, 2 abr. 2017.

O DELATOR

criar a empresa Gol de Placa, em 1977. Mas a empreitada mal sairia do papel e, posteriormente, acabaria incorporada à Traffic.

A oportunidade para testar o negócio viria em um jogo entre as seleções do Paraguai e do Brasil em Assunção. O empresário Marcos Lázaro havia acabado de comprar os direitos de marketing da partida. Lázaro, judeu nascido na Polônia e criado na Argentina, era um empresário famoso por ter introduzido o showbiz no Brasil. Na época, era ele quem agenciava as carreiras dos cantores Elis Regina, Roberto Carlos, Chico Buarque e Jorge Ben. Morto em decorrência de um câncer em 2003,[3] Lázaro investia cada vez mais no futebol naquele início dos anos 1980.

— Marcos, você não quer me vender a publicidade desse jogo? — perguntou Hawilla.

— Quero. Quanto você paga? — devolveu Lázaro.

— Não sei

Hawilla fora sincero. Afinal, como o negócio não existia no Brasil, ninguém no mercado tinha noção de valores. Acabaram fechando o contrato em US$ 20 mil. No prazo de 30 dias, ele e Ciro venderam toda a publicidade à beira do campo. Um sucesso. Adeus publicidade em ponto de ônibus. Os olhos da dupla se voltaram definitivamente para as tais placas ao redor do gramado. Nascia o império Traffic.

Em poucos meses, Hawilla notou que era mais vantajoso comprar os direitos de exploração das placas publicitárias de um estádio por um determinado período, em vez de fechar contratos por partida. O primeiro deles foi o de São José dos Campos (SP), cujo prefeito era amigo de Ciro. Em seguida, a Traffic também conseguiu comprar os espaços do Arrudão, o estádio do Santa Cruz, em Recife. Tudo era na base das amizades e do improviso, em um mercado amador, quase medieval. "Era uma bagunça. O cara dava dois sacos de cimento

---

[3] Morreu Marcos Lázaro, poderoso empresário artístico e esportivo do Brasil. *Folha de S.Paulo*, 18 abr. 2003.

70   ALLAN DE ABREU E CARLOS PETROCILO

para o São Paulo e colocava por um ano a placa lá no Morumbi", disse Hawilla ao jornal *O Globo*.[4]

No início, ele mesmo tirou proveito desse amadorismo. Certa vez, foi a Cuiabá negociar os espaços do estádio administrado pelo governo de Mato Grosso. Quando o secretário de Esportes deu o preço, Jotinha teve de segurar o riso. "Era dinheiro tão pequeno que eu tinha no bolso." No entanto, como bom negociante descendente de libaneses, o empresário pediu um desconto de 10% e prazo de 30 dias para pagar.

Com o negócio de vento em popa, em outubro de 1982, Ciro e Hawilla decidiram deixar seus cargos na Globo para se dedicar apenas à publicidade nos estádios. Dois anos mais tarde, a Traffic já era a maior empresa de marketing esportivo do Brasil, de longe a mais estruturada diante das seis concorrentes no mercado paulista da época: Ferci Propaganda, Fuling Promoção, Paes, Andreotti Ltda., Morumbi Publicidade e Plamax Comunicações. Nenhuma sobreviveria à Traffic, que já em 1984 tinha 55 funcionários e filial no Rio de Janeiro. A empresa controlava os espaços publicitários em onze estádios, que alugava para anúncios de mais de mil clientes. No exterior, quando havia jogos da Seleção ou de algum clube brasileiro com transmissão pela TV, Hawilla corria para contratar os espaços nas laterais à beira do campo, o filé mignon dos estádios. Em seguida, dois técnicos gerenciavam a instalação dos painéis, feitos de tecido sobre uma armação de madeira. A tentativa de profissionalizar o mercado, no entanto, não evitava percalços. Às vésperas de um jogo entre Brasil e Chile no estádio Nacional de Santiago, um dos técnicos adoeceu, o que obrigou o próprio Hawilla a botar a mão na massa: pegou o primeiro avião para a capital chilena e, perfeccionista, ajudou a colocar as placas com todo o cuidado para que as luzes do estádio não refletissem diretamente nelas e impedissem que o telespectador brasileiro contemplasse as marcas pela TV, o que seria uma tragédia. "Eu fiquei apavorado. Corri até lá no primeiro avião

---

[4] SCOFIELD JR., Gilberto. J. Hawilla, o dono do nosso futebol. *O Globo*, 4 jun. 2010.

O DELATOR 71

e quebrei o galho. Mas o susto foi grande, essas coisas não podem acontecer num negócio caro e que só dura o tempo de transmissão de uma partida", disse o empresário à *Placar*.[5]

A proposta da Traffic foi explanada por Hawilla naquela entrevista: "Vamos despoluir os estádios, cobrar caro e fazer uma coisa profissional." Conseguiram e, em pouco tempo, ficaram milionários. Mas não sem se envolver em polêmicas que, desde cedo, dariam o tom na imagem da Traffic. No início de 1984, a empresa abriu guerra contra a Prefeitura de São Paulo pelo controle das placas do estádio do Pacaembu. O secretário municipal de Esportes da época, Andrade Figueira, acusava irregularidades na concorrência aberta em novembro de 1982, vencida pela Traffic. "Para se ter uma ideia, apenas a Traffic participou; queria pagar 3 milhões de cruzeiros mensais pelo Pacaembu [R$ 145 mil, em valores atuais], quando o Morumbi recebe 36 milhões [R$ 1,7 milhão]; e o placar eletrônico, que nunca funcionou, era inferior ao prometido na proposta."

A prefeitura anulou o contrato e a Traffic recorreu na Justiça para manter o acordo, mas a 1ª Vara da Fazenda Pública da capital negou o pedido da empresa. Hawilla garantia que tudo fora feito dentro da lei. "Na época pediam prova de experiência anterior e só nós poderíamos preencher tal exigência."[6] A Traffic recorreu da decisão e venceu: em 1999, a prefeitura pagou indenização de R$ 2,4 milhões à empresa.[7]

O ano de 1984 marcaria o início da ascensão meteórica da Traffic. Em dezoito meses, até dezembro daquele ano, o capital social da empresa subiria mais de 1.000% e passaria de 30 para 370 milhões de cruzeiros, resultado do aumento fabuloso nos seus lucros (o capital social sozinho, é bom frisar, não mensura o valor real da empresa, mas, em firmas de capital fechado como a Traffic, é um

---

[5] JAPIASSU, Moacir. Dinheiro de placa. *Placar*, 20 abr. 1984.
[6] Idem.
[7] Ato de concentração 08012.007623/99-07, Conselho Administrativo de Defesa Econômica.

indicativo relevante do seu crescimento). A companhia trocou o endereço na Oscar Freire por um imóvel maior na Rua Bento de Andrade, onde está até hoje. Ao mesmo tempo que dominava a publicidade nos gramados brasileiros, Hawilla avançava sobre grandes eventos internacionais, como as Olimpíadas de 1984, em Los Angeles, transmitida por um *pool* entre a TV Record e o SBT. A Traffic vendeu quatro quotas de patrocínio ao evento para a Petrobrás Distribuidora pelo valor de 1,25 bilhão de cruzeiros (R$ 10,9 milhões, em valores atualizados), na época um dos maiores gastos em patrocínio a um evento esportivo no país. O objetivo era anunciar o óleo lubrificante Lubrax-4, novidade no mercado. Esse negócio, no entanto, tirou o sono de Hawilla. Para adquirir o espaço na TV Record e no SBT e comprar os direitos de transmissão das Olimpíadas, Hawilla fez empréstimo bancário de US$ 1 milhão com a ajuda do seu amigo — e fiador — Deco Verdi. Mas, para o seu desespero, Hawilla não havia atentado para o fato de que a Record, que vivia uma crise financeira naquela década, não possuía rede nacional — só passou a formá-la a partir de 1990. O mercado não teve interesse. E Hawilla recorreu ao amigo Milton Homsi, que cultivava contatos influentes no Rio de Janeiro.

— Milton, faz quarenta dias que eu não durmo. Estou com um grande problema, está chegando o dia de pagar a duplicata e não consigo vender cotas de patrocínio.

De imediato, Milton lembrou do Moinho São Jorge. Ligou para o seu amigo Jorge Gito Chammas, o maior produtor brasileiro de farinha de trigo, dono da empresa. No dia seguinte, Gito recebeu Milton sem qualquer interesse no negócio.

— Milton, me tira dessa fria!

— Gito, por favor, só atende o cara.

O empresário cedeu e marcou um encontro com Hawilla. Mas o dono da Traffic estava cético em relação ao sucesso do negócio.

— Milton, nem vou lá no Moinho São Jorge. Pela sua cara não deu nada certo.

O DELATOR

73

— Hawilla, você precisa ir. O cara tem o maior moinho da América Latina e vai precisar de publicidade para vender farinha.

Hawilla foi. Com poucos minutos de conversa, Gito ficaria com uma cota. Em seguida, o dono da Traffic também fechou parceria com o Guaraná Antarctica. Milton também o ajudaria a chegar até a Petrobras. "O Hawilla poderia ter quebrado ali. Era o primeiro grande negócio, o começo da Traffic. Não ganhou dinheiro, mas empatou", conta Milton.

Com os primeiros negócios, vieram também as primeiras suspeitas. Segundo o jornalista Ferreira Neto, então colunista do jornal *Folha da Tarde*, um funcionário da Petrobras teria recebido comissão — um eufemismo para propina — de 100 milhões de cruzeiros (R$ 870 mil) para fechar o negócio. Hawilla e Ciro José negaram. "[É um preço] barato e normal, pois em São Paulo nós já encostamos a Record na Globo com a cobertura esportiva", disse Ciro.[8] Apesar das suspeitas, nada de ilícito foi provado.

O *pool* entre a Record e o SBT voltaria a se repetir na Copa do Mundo de 1986, no México. Dessa vez, porém, Hawilla voltaria às cabines de transmissão — pela última vez — ao lado de figurões do jornalismo esportivo, como o próprio sócio Ciro José, Jorge Kajuru, Eli Coimbra, Flávio Prado, Fábio Sormani, Silvio Luís, Osmar de Oliveira e Juca Kfouri, entre outros. Nos anúncios dos jornais da época, todos eles estão perfilados, parte sentada, parte em pé, como uma equipe de futebol. A foto vem entre o slogan "A Copa do Mundo é nossa" e o logo "Unidos venceremos".

Aquele, por sinal, seria o último ano da sociedade entre Ciro e Hawilla. Logo após a Copa, José Bonifácio de Oliveira Sobrinho, o Boni, todo-poderoso da TV Globo, chamou Ciro para voltar à emissora. "Aceitei o convite. Estava com saudade do jornalismo." A amizade, porém, continuaria sólida — ele é padrinho de batismo do

---

[8] AULER, Marcelo. Petrobrás paga 1,25 bilhão por patrocínio da Olimpíada. *Folha de S.Paulo*, 7 jun. 1984.

caçula de Hawilla, Rafael — e os negócios também, já que a Globo era uma cliente natural da Traffic. À dupla se uniria Ricardo Teixeira, pouco tempo depois. Em um dia muito frio de 2016, ao se despedir de um dos autores deste livro, em um escritório próximo à Avenida Paulista, na capital, Ciro soltou uma frase enigmática. "Tem mais coisas do Hawilla, mas eu não posso falar."

* * *

No anúncio das emissoras Record e SBT, Juca Kfouri destoava do restante da equipe de jornalistas por estar de terno e gravata, enquanto os demais vestiam uma camiseta amarela com o logo da parceria. "Eu era diretor da *Placar* e, sob a alegação de que não poderia aparecer com uma camiseta SBT-Record, fui de terno, para ficar parecendo que era o técnico." Revivendo o passado, para Juca a vestimenta diferenciada veio a calhar. "Foi uma maneira de me diferenciar, ainda que sutilmente."

Na foto, apenas o radialista Rui Viotti separa Juca da dupla Hawilla e Ciro José. Seria a primeira e a última vez que trabalhariam juntos, em uma relação marcada sempre por um forte antagonismo. Juca já havia tido má impressão profissional do radialista Hawilla, na feroz campanha dele contra Rivellino após a derrota do Corinthians para o Palmeiras na final do Paulista de 1974. "Eu sabia que ele [Hawilla] era palmeirense e enxerguei ali, com clareza, uma atitude demagógica. Ele queria que o Rivellino saísse do clube, como se ele fosse o único culpado da derrota. Foi algo covarde." Mas o protagonismo de Hawilla na greve dos jornalistas provocaria uma aproximação entre ambos. "Achei aquela participação ativa no movimento uma atitude muito digna da parte dele."

O trabalho no *pool* SBT-Record, porém, azedaria de vez a relação.

Com um longo histórico profissional na *Placar*, Juca, formado em ciências sociais pela Universidade de São Paulo (USP), notabilizou-se pelo pioneirismo do jornalismo investigativo no futebol brasileiro,

O DELATOR

crítico da proximidade entre jornalistas, cartolas e empresas de marketing esportivo, com conflitos éticos inevitáveis e, não raro, fortes suspeitas de corrupção. Na Copa de 1986, Juca mantinha contato mais próximo com Ciro, que à época dirigia o jornalismo esportivo na Record e também era dono da Traffic. "Definitivamente, eu não via com bons olhos o fato de atuarem no jornalismo esportivo tendo interesses comerciais por trás."

As investigações da *Placar* também resvalariam em futuros funcionários da Traffic. Em 1985, Hawilla contratou, para diretor jurídico da empresa, José Geraldo de Góes, advogado nascido em Guapiaçu, cidade vizinha a Rio Preto, que o empresário conhecia desde a infância — Góes é apenas dois anos mais velho do que ele. Hawilla já havia exercido a advocacia em parceria com Góes defendendo os interesses do América no Tribunal de Justiça Desportiva em meados da década de 1970,[9] em um tempo em que pouco se questionavam os conflitos de interesse que as funções de jornalista e advogado de clubes poderiam gerar. A confiança do empresário nele era tamanha que por muitos anos Góes foi escolhido por Hawilla como seu procurador universal, incluindo muitas de suas *offshores*, como se verá adiante.

Em outubro de 1982, a *Placar* publicou a primeira grande reportagem investigativa do jornalismo esportivo brasileiro. Após dez meses de apuração, o jornalista Sérgio Martins assinou a reportagem "Desvendamos a máfia da loteria esportiva", que denunciava o envolvimento de 125 jogadores e técnicos de futebol, além de dirigentes e árbitros, em um grande esquema de manipulação de resultados em partidas de futebol para favorecer determinados apostadores.[10] A reação do mundo do esporte foi imediata: atletas e cartolas passaram a boicotar os repórteres da revista, incluindo o Sindicato dos Atletas Profissionais do Estado de São Paulo. Coube

---

[9] Santos perde e já recorre ao STJD. *O Estado de S. Paulo,* 13 ago. 1975.
[10] MARTINS, Sérgio. Desvendamos a máfia da loteria esportiva. *Placar,* 22 out. 1982.

ao então advogado da entidade, Dr. Góes, anunciar a medida radical em coletiva à imprensa:

— Pode haver eventualmente algum jogador que não se conduza dentro da moral e da ética, mas em todas as profissões existem as ovelhas negras. O interesse do sindicato é preservar a dignidade moral e profissional dos seus atletas.

A *Placar* não deixaria por menos. Na edição do dia 12 de novembro, revelaria um lado obscuro do Dr. Góes, ao flagrá-lo exigindo "comissão" para manipular concorrência da Federação Paulista de Vôlei para contratar empresas de material esportivo.

Segundo a revista,[11] no ano anterior o então deputado estadual Fernando Morais (que depois se tornaria escritor) foi procurado pelo empresário Thomaz José Perri, dono da empresa Sobreport, de Mogi-Mirim (SP), fabricante da marca Lance. Perri disse ao parlamentar que fora vítima de extorsão por parte do presidente da Federação, Renato Pera. Conforme a denúncia do empresário, o dirigente exigira 1 milhão de cruzeiros para habilitar a Sobreport a participar da concorrência para a escolha da bola oficial da federação. O deputado ficou estarrecido e se dispôs a ajudá-lo. Determinou que Abelardo Blanco, seu chefe de gabinete, se passasse por diretor financeiro da empresa em um almoço em restaurante da Alameda Santos, nos Jardins, em São Paulo, do qual participariam Perri, Renato Pera e um terceiro representante da federação.

No dia combinado, 16 de abril de 1981, Perri e Blanco descobriram que o misterioso membro da entidade era o Dr. Góes — além do sindicato dos atletas, ele também advogava para oito clubes de futebol e para a Federação Paulista de Vôlei. Ao melhor estilo "Joesley Batista", o dono da JBS que se notabilizou por gravar seus diálogos com políticos implicados na Operação Lava Jato, toda a conversa foi registrada por Blanco com um gravador escondido. O final do diálogo era revelador:

— E quanto vocês vão querer para isso? — perguntou Perri.

---

[11] O advogado que se defende. *Placar*, 12 nov. 1982.

O DELATOR

— Eu disse o número que me vem à cabeça: 1 bi [1 milhão de cruzeiros, ou R$ 137 mil, em valores atuais corrigidos pelo IGP-DI]. Você só pode dar 300 [mil], mas o número inicial que nós pensamos é 1 bi, e olha lá, tá razoável, Perri — retrucou Góes.

— Mas pra nós muda muito. Uma coisa é tirar 300 mil do caixa [R$ 41 mil atualmente], que posso declarar ter gasto numa boate. [...] Eu não posso tirar mais do que isso sem ter um recibo.

— Nós podemos dar recibo da metade.

O valor da comissão foi acertado em 800 mil cruzeiros. Com a gravação e também fotos do encontro, feitas do lado de fora do restaurante, o empresário e o deputado procuraram o delegado Romeu Tuma, diretor-geral do DOPS. A polícia então passou a preparar o flagrante da entrega do dinheiro para prender o dirigente e o advogado. Um novo encontro foi agendado para o dia 29 de abril. Mas nem Pera nem Góes apareceram no horário combinado — Morais acredita que a dupla deve ter sido alertada. Na época, ouvido pela *Placar*, o advogado admitiu ter participado do almoço, mas negou ter pedido propina. "Esse empresário apenas ofereceu um determinado valor como doação à entidade. Ele se propôs a dar uma importância em troca de uma certidão de oficialização da bola de sua firma. Essas doações são normais, tanto que outras empresas fazem e as federações amadoras dão recibo, dedutíveis do imposto de renda. Nego ter feito o pedido de qualquer importância."

Quatro anos após esse episódio, o Dr. Góes estava na Traffic, onde trabalharia por 26 anos. Só foi desligado do cargo em 2011, quando passou a sofrer de afasia, o que, segundo sua mulher, o impossibilitava de ser entrevistado pelos autores deste livro.

Se o estranho diálogo do advogado acabou em nada, o mesmo ocorreu com a "máfia da loteria". Dos 125 acusados pela reportagem da *Placar*, apenas vinte foram indiciados pela Polícia Federal. O caso se arrastou por anos na Justiça e, por fim, todos foram beneficiados com a prescrição dos crimes.

* * *

Juca Kfouri ainda teria outros encontros casuais com Hawilla, todos marcados por certa tensão e constrangimento. Em 1988, o jornalista foi convidado para trabalhar na TV Globo e, às segundas-feiras, tomava um avião para almoçar no Rio com Armando Nogueira e Alice-Maria, então diretores do departamento de jornalismo da emissora. Em um desses voos na ponte aérea, reencontrou Hawilla. A certa altura da conversa, Juca o repreendeu:

— Toma cuidado, Hawilla, você tá enriquecendo muito rápido.

O empresário franziu o cenho:

— Ah, Juca. Nesse mundo do futebol você é obrigado a fazer coisas que não concorda, mas, se não fizer assim, não dá pra sobreviver. Eu preferiria que não fosse assim, não queria fazer assim. Mas eu não vim pra cá pra reformar o mundo. Eu jogo o jogo.

Juca ficou assustado com a resposta:

— O que você quer dizer com isso?

— Se você acha que a coisa aqui é uma putaria, imagina a Conmebol.

O tempo passou e, em 1995, quando Juca se tornara colunista da *Folha*, recebeu um telefonema de Hawilla. O empresário queria marcar um encontro. Juca o convidou para uma visita ao escritório do jornalista, na Avenida Nove de Julho, em São Paulo. O empresário foi direto:

— Juca, não aguento mais ter que acordar mais cedo para pegar a *Folha* antes dos meus filhos e ver se você não está me chamando de ladrão. Tenho uma proposta pra te fazer.

— Cuidado, Hawilla, veja o que você vai falar.

— Não vou fazer proposta suja, até para que você se convença de que trabalho limpo.

— Você é sócio do Ricardo Teixeira. Vocês negociam contratos juntos.

Hawilla se irritou:

— Que sócio o cacete! Você quer ver toda a papelada?

— Hawilla, isso não se põe no papel.

O DELATOR

Naquele instante, um aparelho de CD adquirido pelo jornalista havia pouco tempo estalou na estante. Hawilla pulou da cadeira. Juca tratou de acalmá-lo.

— Acha que tô te gravando? Se tivesse, teria te avisado.

O empresário se recompôs e foi então à parte central da conversa: uma proposta de sociedade.

— A proposta é absolutamente honesta. Preciso de uma pessoa com tua credibilidade comigo na Traffic pra cuidar da comunicação. Te proponho ser meu sócio.

Juca riu, surpreso.

— Hawilla, eu não tenho a menor condição pra ser seu sócio, eu não tenho dinheiro pra ser seu sócio.

— Não, não. Eu integralizo R$ 2 milhões em dinheiro [na empresa] e você vem ser meu sócio.

Juca deu uma gargalhada.

— Morro jornalista, não há hipótese. Mas agradeço o convite.

A conversa caminhou para a Copa do Mundo de 1998. Seria o último diálogo entre ambos. Na época, a Traffic já estava umbilicalmente ligada à CBF de Ricardo Teixeira — o Collor do futebol, segundo Juca. A máfia tomara conta da Confederação Brasileira de Futebol.

5

O sócio Ricardo Teixeira

Foi tudo muito rápido, quase protocolar. O pequeno auditório da CBF, no prédio de nove andares da Rua da Alfândega, Centro do Rio, estava tomado por jornalistas e dirigentes de clubes de todo o Brasil, naquela tarde quente de 16 de janeiro de 1989. O cartola Eduardo Viana, o Caixa d'Água, presidente da Federação de Futebol do Estado do Rio de Janeiro, pediu a palavra.

— Está aberta a sessão.

— Tá aberta porra nenhuma. Só começa quando esses repórteres saírem da frente — respondeu o debochado presidente da Federação Catarinense de Futebol, Delfim de Pádua Filho.

Todos gargalharam, inclusive Ricardo Teixeira. Ao lado de Caixa d'Água, o empresário mal continha a euforia daquele momento.

— Submeto à assembleia o nome de Ricardo Terra Teixeira à presidência da Confederação Brasileira de Futebol. Está eleito.[1]

Diante de palmas efusivas e flashes por todos os lados, Teixeira e Caixa d'Água se levantaram. O mineiro, apoiado por unanimidade pelos seus pares, deu um longo abraço no cartola fluminense. Aquele era um jogo de cartas marcadas. Afinal, ninguém ousaria votar contra o genro do todo-poderoso João Havelange, o "rei sol",

---

[1] O poderoso chefão. *Placar*, 27 jan. 1989.

presidente da Fifa e sócio de Teixeira na Minas Corretora. No dia seguinte, o jornal *Gazeta Esportiva* estamparia em sua capa uma manchete premonitória: "O futebol mostra a sua cara. Nova?"[2]

O que ocorreu naquela tarde na sede da CBF era o corolário de longos conchavos. Em sucessivos almoços no restaurante Assyrius, zona sul do Rio, Havelange convenceu Teixeira, que nunca havia dirigido um clube de futebol, a se candidatar ao comando da entidade. O "rei sol" queria voltar a dar as cartas na antiga Confederação Brasileira de Desportos (CBD), que comandou entre 1958 e 1974. Havelange deixou a CBD por ordem do então presidente Ernesto Geisel, sob críticas veladas dos militares que comandavam o país por ter esvaziado os cofres da entidade durante sua campanha à Fifa[3] — em 1972, torrara US$ 10 milhões dos cofres da confederação para promover a Taça Independência, uma "minicopa" no Brasil, com vinte seleções, muitas convidadas a dedo por quem almejava votos para chegar ao comando da Fifa, dois anos mais tarde. O brasileiro visitou 86 países em um ano e meio e angariou o apoio maciço de países periféricos no futebol, sobretudo na África, para vencer o inglês Stanley Rous, candidato à reeleição, por 62 votos a 56, na eleição mais disputada da história da entidade até então.

Estratégia semelhante seria adotada por Teixeira a partir de 1986, logo após a Copa do Mundo no México, em que o Brasil de Zico e Sócrates saiu eliminado nos pênaltis, nas quartas de final, diante da França de Michel Platini, após um empate de 1 a 1 no tempo normal. A bordo de um Lear-Jet cedido pelo então presidente da Federação Goiana de Futebol, Luís Miguel Estêvão de Oliveira (irmão de Luís Estêvão, primeiro senador cassado na história do país, em 2000, por integrar quadrilha que desviou meio bilhão de reais na construção do prédio do TRT de São Paulo), Teixeira viajou de norte a sul dis-

---

[2] RIBEIRO JR., Amaury et al. *O lado sujo do futebol*. São Paulo: Planeta, 2014.

[3] MAGALHÃES, Mario. Era Havelange: a vida do homem que manda no futebol mundial. *Folha de S.Paulo*, 8 jun. 1998.

O DELATOR

tribuindo dinheiro em espécie e também bolas, meiões, camisas e chuteiras para federações empobrecidas e malgeridas. No total, gastou US$ 2 milhões[4], incluindo verbas públicas — Alfredo Nunes, então secretário especial de Educação Física e Desportos na gestão de José Sarney e aliado de primeira hora de Teixeira, enviou 37.800 cruzados novos (R$ 8 mil, em valores atuais) dos cofres públicos, para "ajuda ao desenvolvimento do futebol", a catorze federações.[5] Em entrevista à *Placar*, o genro e sócio de Havelange negou que o toma lá dá cá configurasse suborno:

— Elas [federações] já apoiavam minha candidatura antes de eu ajudá-las. E faço isso porque são as mais carentes.

— [...] Quantas federações o senhor já tem ao seu lado? — perguntou o repórter Geraldo Mainenti.

— Até agora, nenhuma disse que é contra mim.

Com Teixeira eleito, Havelange tinha, pela primeira vez, um aliado na entidade máxima do futebol brasileiro, já que seu sucessor na CBF, o almirante Heleno Nunes, se tornara seu inimigo, e Giulite Coutinho, que o sucederia, nunca simpatizou com a figura do "rei sol". A relação entre o cartola e Havelange azedaria de vez quando, em 1980, a entidade recebeu propostas da Topper e da Adidas para fornecer material esportivo à Seleção. Havelange fez lobby pela empresa do amigo Dassler, mas Coutinho optaria pela Topper. Em retaliação, o presidente da Fifa proibiu o raminho de café no escudo da Seleção, inviabilizando a principal fonte de recursos da CBF na época, via Instituto Brasileiro do Café (IBC). O "rei sol" também boicotou a candidatura do Brasil para sediar a Copa do Mundo de 1986. Um a um, convenceu os membros do comitê da Fifa a optarem pelo México. Havelange, afinal, não queria ver o mais importante torneio de futebol do planeta nas mãos de um desafeto.

---

[4] Teixeira gasta US$ 2 mi para se eleger presidente. *Folha de S.Paulo*, 12 jan. 1989.
[5] O poderoso chefão. *Placar*, 27 jan. 1989.

84   ALLAN DE ABREU E CARLOS PETROCILO

Em 1986, o presidente da Fifa voltou a ter esperança de eleger o sucessor de Coutinho. Curiosamente apoiou o candidato desse último, João Maria Medrado Dias, ex-dirigente do Vasco, que acabaria derrotado pela dupla Octávio Pinto Guimarães e Nabi Abi Chedid, por treze votos a doze, em uma eleição sob forte suspeita de compra de votos. O presidente da Federação do Acre, Antônio Aquino, teria recebido de Chedid e Guimarães um cheque de 400 mil cruzados com o intuito de financiar uma reforma na entidade estadual, diria tempos depois Caixa D'Água em entrevista ao *Jornal do Brasil*.[6] O plano inicial era eleger Chedid presidente e Guimarães, vice. Mas, faltando meia hora para o início do pleito, corriam boatos de empate nas urnas e, nesse caso, o estatuto da CBF determinava que o candidato com mais idade fosse o escolhido. Chedid e Guimarães, esse dez anos mais velho, inverteram posições. A estratégia, porém, era desnecessária, pois venceriam por um voto de diferença. Além disso, deu azo a uma ferrenha disputa de poder entre ambos. Certa vez, Chedid, ex-presidente do Bragantino, saiu gritando cobras e lagartos do companheiro de chapa nos corredores do prédio da Rua da Alfândega:

— Velho safado, traidor, filho da puta. Você vai se dar mal comigo. Não te bato porque você é doente.

Guimarães, que lutava contra um câncer, retrucava:

— O engraçado é que esses paulistas apostavam na minha morte para assumir a presidência. Não me conhecem muito bem, vou enterrar todos eles.[7]

Não enterrou, mas cumpriu seu mandato. Morreria em maio de 1990.

Sua gestão também ficou marcada por grave crise financeira, já que a única fonte de receita eram os recursos que o governo

---

[6] ROSSI, Jones; MENDES JÚNIOR, Leonardo. *Guia politicamente incorreto do futebol.* Editora Rio de Janeiro: Leya, 2014.

[7] As bandalheiras da Rua da Alfândega, 70. *Placar,* 20 jan. 1989.

repassava via loteria federal. Até a réplica da Taça Jules Rimet estava penhorada como garantia de dívida com uma gráfica — a original havia sido furtada da sede da CBF e derretida, em 1983.[8] A falta de recursos obrigaria o recém-fundado Clube dos 13 a criar a Copa União em 1987, já que a CBF não tinha receita suficiente para organizar o Brasileirão daquele ano. Juntos, os catorze clubes detinham 85% da torcida brasileira, o que atraiu patrocínios da Coca-Cola, da empresa aérea Varig e da rede hoteleira Othon, além do interesse da TV Globo, que pagou US$ 3,4 milhões de dólares para transmitir a Copa com exclusividade. No entanto, clubes excluídos da Copa União, liderados por América-MG, Guarani e Portuguesa, sentiam-se injustiçados porque, de acordo com os critérios de classificação no conturbado Brasileiro de 1986, teriam o direito de estar na elite da competição que substituíra o Brasileirão de 1987. Como solução para o impasse, a CBF resolveu adotar a Copa União e se comprometeu a realizar outra competição, com dezesseis clubes que estavam fora do torneio de acordo com os critérios de classificação do Brasileiro de 1986. Ainda assim, por motivações políticas, deixaria de fora a Ponte Preta em favor do Sport Recife. Surgiam, assim, os módulos Verde, vencido pelo Flamengo, e Amarelo, pelo Sport. A CBF obrigou os campeões dos dois módulos a disputarem a final da copa, o que não foi aceito pelo clube carioca. A polêmica se arrastaria na Justiça por trinta anos — somente em 2017 o Supremo Tribunal Federal (STF) declarou o clube pernambucano o único campeão do torneio.

Teixeira garantia que, uma vez eleito, os tempos de vacas magras e regras confusas nos campeonatos ficariam no passado. Em entrevista à *Placar*, o novo cartola já dava pistas da filosofia de trabalho que marcaria seu reinado na CBF: associar a administração do futebol brasileiro ao marketing. O que era só um esporte se tornaria então uma máquina de ganhar dinheiro, lícito e ilícito.

---

[8] Idem.

— Alguma empresa forte que tenha interesses de marketing no futebol brasileiro, como os que a Adidas e a Coca-Cola têm com a Fifa, dá respaldo a sua candidatura? — perguntou o repórter.

— Não. No entanto, é óbvio que, se for eleito, algum projeto de marketing terá de ser feito.

* * *

Àquela altura, Teixeira já conhecia Hawilla. O dono da Traffic apostava que o genro de Havelange assumiria a CBF em 1989. Por isso, procurou Nabi Abi Chedid, que, mesmo não sendo tão próximo de Teixeira na época, fez a ponte entre ambos — poucos anos depois, o genro do "rei sol" nomearia o cartola paulista um dos vice-presidentes da entidade. J. Hawilla conhecera Chedid ainda nos tempos em que era radialista. À época, o cartola, presidente do Bragantino e deputado estadual paulista, era apoiador convicto do regime militar. Quando Chedid tornou-se presidente da FPF, as portas da entidade se abriram para a Traffic. O mesmo ocorreu quando o deputado assumiu a vice-presidência da CBF, tendo Octávio Pinto Guimarães como presidente, em 1986.

Hawilla se beneficiaria diretamente da penúria financeira da CBF na gestão Guimarães-Chedid para criar laços de favores na entidade. Em 1987, a Seleção corria o risco de ficar de fora dos Jogos Pan-Americanos em Indianápolis, Estados Unidos, porque não havia dinheiro para as passagens aéreas e a hospedagem. Preocupado, Ildo Nejar, então chefe da delegação, decidiu telefonar para o dono da Traffic:

— Hawilla, preciso de US$ 20 mil.

Em poucas horas o dinheiro estaria na conta da CBF.[9]

---

[9] MELLO, Fernando Ferrari de Almeida. *A era Teixeira*. Trabalho de Conclusão de Curso — Escola de Comunicações e Artes, Universidade de São Paulo, São Paulo, 2003.

O DELATOR

O empréstimo, claro, seria cobrado adiante. Ainda naquele ano, a CBF contratou a Traffic para apresentar à Fifa o projeto de candidatura do Brasil para sediar a Copa do Mundo de 1994. O projeto previa vinte estádios, muitos deles apenas para agradar as bases eleitorais de deputados, senadores e governadores, o que se repetiria com os doze estádios da Copa do Mundo de 2014.

— O fato de o Brasil já ter sediado a Copa de 1950 e ter ganho três delas [...] deverá pesar na decisão da Fifa — disse Hawilla na época.[10]

Não pesou. Os Estados Unidos venceram com dez votos, contra sete para o Marrocos e apenas dois para o Brasil.

Nem por isso a relação entre a CBF e a Traffic esfriou. Pelo contrário. O marketing esportivo, afinal, era o novo eldorado de empresários e cartolas, todos sedentos por dinheiro fácil. Na equação formada por gestões administrativas pouquíssimo transparentes de um lado e TVs e patrocinadores com muito capital de outro, a soma só poderia dar em corrupção. O futebol também facilitava a lavagem de dinheiro ilícito, tanto pelos altos montantes movimentados quanto pelo prestígio que conferia a empresários e dirigentes, blindando-os de possíveis questionamentos por parte da mídia e do Ministério Público.

Assim, interesses parecidos, não necessariamente honestos, selariam a dobradinha Hawilla-Teixeira. Em vez de contratar patrocínios diretamente pela CBF, como fazia Giulite Coutinho, o cartola buscava sempre o intermédio da Traffic, a parceira cúmplice, para fazer girar sua máquina de negócios, como se verá ao longo deste livro. "O Ricardo Teixeira é filho de João Havelange. Existe uma dinastia no futebol. Ele é Ramsés II. Ricardo Teixeira é um dos que ficaram com a riqueza do futebol. Ele, Eduardo Farah, J. Hawilla... Enquanto isso, os clubes ficam cada vez mais perto da falência", criticava o ex-jogador Sócrates.[11]

---

[10] Brasil oficializa candidatura à Copa-94 com aval de Sarney. *O Globo*, 29 set. 1987.
[11] CUNHA, Ary; ALVES, Milton. "A seleção brasileira virou balcão de negócios". *O Globo*, 29 abr. 2001.

88 ALLAN DE ABREU E CARLOS PETROCILO

Para compreender as raízes dessa parceria, é necessário remontar à vitória de João Havelange para a presidência da Fifa, em 1974. Na disputa com Stanley Rous, o brasileiro teve o apoio decisivo do alemão Horst Dassler, dono da Adidas. Naquela época, Dassler viu no futebol uma máquina de ganhar dinheiro e fundou uma empresa de marketing esportivo, a International Sports and Leasure (ISL), contratada ao longo de toda a gestão Havelange. O próximo passo foi controlar os dirigentes das federações esportivas mundo afora. Dassler distribuía relógios suíços aos cartolas e depois assinava contratos para que seleções de ponta utilizassem uniformes com as famosas três listras. Certa vez, um dirigente encontrou um Mercedes estacionado na porta de casa. Era um mimo de Dassler no seu aniversário.

Com o alemão, a Copa do Mundo acabaria privatizada pela aliança entre o marketing e a direção das federações — somente na edição de 2014, no Brasil, foram arrecadados US$ 2 bilhões apenas com a cessão de direitos de transmissão.[12] Em vez de se engajarem para obter dos patrocinadores e das agências de marketing os maiores valores possíveis diante do que tinham a oferecer — as melhores seleções de futebol do planeta —, a cartolagem internacional, incluindo Havelange, passou a entregar tudo de mão beijada. Saíam ganhando os dirigentes, as empresas de marketing, os patrocinadores, as emissoras de TV, em detrimento de programas de apoio ao futebol e o desenvolvimento das categorias de base do esporte.

Dassler morreria aos 51 anos, em 1987, vítima de um câncer fulminante. Mas o esquema permaneceu por muitos anos, agora capitaneado pelo braço direito do alemão, o suíço Jean-Marie Weber. O "homem da mala", como ficaria conhecido, ainda azeitaria o esquema com a distribuição de milhões de dólares, sempre na surdina. Mas um erro primário quase pôs tudo a perder. Na manhã do dia 3 de março de 1997, chegou à sede da Fifa em Zurique

---

[12] CHADE, Jamil. Direitos de TV na mira da Justiça. *O Estado de S. Paulo*, 26 nov. 2017.

O DELATOR

o comprovante de um depósito de 1,5 milhão de francos suíços — ou R$ 4 milhões — feito pela ISL em uma conta da Fifa no banco UBS. Ao notar aquela movimentação financeira, o então diretor de finanças da federação, Erwin Schmid, procurou o secretário-geral Joseph Blatter, que um ano depois passaria a presidir a entidade. Quando Blatter leu no documento "Garantie JH", entrou em pânico. Aqueles valores eram para Havelange, por isso jamais deveriam ter sido depositados na conta bancária da Fifa. O valor foi regiamente repassado para o "rei sol".[13]

Aquele, porém, fora apenas um pequeno vazamento do enorme duto criado pela ISL para abastecer a fome inesgotável por dinheiro da dupla Havelange-Teixeira. O canal cresceu tanto que levaria à falência a ISL, em 2001, com dívidas de US$ 300 milhões. Na época, advogados dos credores encontraram na sede da empresa uma planilha discriminando o pagamento de propinas entre 1989 e 2001. A lista só viria a público cinco anos depois, revelada pelo jornalista britânico Andrew Jennings. O documento mostrava sucessivos depósitos nas contas de duas empresas abertas em paraísos fiscais europeus: a Sanud, em Andorra, e a Sicuretta, em Liechteinstein, pertencentes, respectivamente, a Teixeira e a Havelange. A dupla recebeu da ISL mais de US$ 14 milhões para que a empresa ficasse com os direitos de marketing da Copa do Mundo de 2002. No total, só Havelange ganhou da ISL US$ 45 milhões.

Com o escândalo da falência da ISL, Blatter se viu obrigado a formalizar uma queixa criminal sobre o caso. A investigação ficou a cargo do magistrado suíço Thomas Hildbrand, que deteve Weber e outros diretores da empresa para interrogatório e investigou a fundo as empresas Sanud e Sicuretta. O advogado de Havelange e Teixeira, Dieter Gessler, chegou a argumentar que, em países como o Brasil, a propina era um "estilo de vida" e "parte integrante do salário das

---

[13] JENNINGS, Andrew. *Um jogo cada vez mais sujo*. São Paulo: Panda Books, 2014.

pessoas".[14] Não funcionou: em 2009, Hildbrand condenou a dupla brasileira por gestão desleal. Mas os réus acabariam beneficiados por um acordo com a Justiça suíça: devolveriam parte dos valores desviados e admitiriam seus crimes em troca do trancamento da ação penal e do sigilo absoluto e eterno do caso. Acordo feito, a ação foi encerrada em maio de 2010. No entanto, dois jornalistas, o inglês James Oliver e o suíço Jean-François Tanda, ingressaram com pedido judicial para que os termos do acordo fossem divulgados, sob o argumento de que o caso envolvia legítimo interesse público. Venceram a causa, e o passado de propinas de Teixeira e Havelange finalmente veio à tona. Seria o início do fim da carreira de ambos no futebol.

* * *

A polêmica relação Fifa-ISL era o modelo a ser implementado pelo recém-eleito Ricardo Teixeira na CBF naqueles idos de 1989. A entidade brasileira estava endividada, com despesas abusivas e as parcas receitas da Loteria Federal. Os US$ 200 mil recebidos pelos direitos das eliminatórias já tinham sido gastos e não havia verba suficiente para pagar os salários dos funcionários. O almoxarifado carecia de itens básicos como envelopes e papel higiênico. Nem café — produto que já a custeara no passado — havia mais na cozinha. O rombo inicial na contabilidade da CBF, segundo Teixeira, era de US$ 300 mil.[15] O planejamento para a Copa do Mundo na Itália, no ano seguinte, estava seriamente comprometido.

O jeito foi procurar o amigo J. Hawilla, sempre disposto a prestar seus favores à CBF com perspectivas de lucro vultoso no futuro. Desde 1982 a Traffic mantinha relação comercial com a entidade, mas sempre acordos pequenos, apenas para determinados jogos da

---

[14] Idem.

[15] Teixeira denuncia rombo na CBF. *O Estado de S. Paulo*, 18 jan. 1989.

O DELATOR

Seleção. Com Teixeira, no entanto, as possibilidades de uma parceria mais sólida eram grandes. O empresário e o parceiro Kleber Leite foram ao mercado oferecer um patrocínio à camisa da Seleção — não a oficial, em que a Fifa sempre vetou propagandas, mas a de treino. À Pepsi, pediram US$ 1 milhão por ano, valor altíssimo para os padrões de marketing da época, e blefaram, dizendo que a CBF estava prestes a fechar patrocínio com a Coca-Cola, sua maior rival e patrocinadora da esmagadora maioria dos clubes brasileiros. A Pepsi, que queria avançar no mercado de refrigerantes do país, aceitou.

A missão seguinte seria aumentar o valor pago pela Topper para fornecer o material esportivo à Seleção. J. Hawilla, jogador contumaz de baralho, voltou a blefar:

— Precisamos de US$ 500 mil até a Copa. Eu tenho a delegação de romper o contrato se vocês não arrumarem o dinheiro.

A Topper também anuiu.

Nos dois contratos, a Traffic cobrou zero de comissão. Segundo Hawilla, era uma decisão comercial estratégica: ele queria a confiança do novo chefe da CBF.[16] A história verdadeira, no entanto, é um pouco diferente: a Traffic pagou caro para "ganhar a confiança" de Teixeira. Os autores deste livro tiveram acesso a um contrato de parceria entre CBF e Traffic, registrado no 3º Ofício de Títulos e Documentos do Rio de Janeiro, cujo teor é revelado aqui pela primeira vez.[17] O acordo foi assinado em julho de 1989, seis meses após a posse de Teixeira no cargo, sem a abertura de concorrência pública por parte da entidade. É a certidão de batismo da parceria Teixeira-Hawilla. No contrato, a Traffic pagou à CBF 3,5 milhões de cruzados novos (ou R$ 19,5 milhões, em valores atualizados) para ter os direitos exclusivos de patrocínio envolvendo a Seleção e também

---

[16] MELLO, Fernando Ferrari de Almeida. *A era Teixeira*. Trabalho de Conclusão de Curso — Escola de Comunicações e Artes, Universidade de São Paulo, São Paulo, 2003.

[17] Microfilme 255772, 3º Ofício de Títulos e Documentos do Estado do Rio de Janeiro.

os direitos internacionais de transmissão pela TV, com exceção do território brasileiro, dos jogos da Seleção, além de todos os torneios nacionais organizados pela CBF, como o Campeonato Brasileiro e a recém-criada Copa do Brasil, no período de um ano e meio, até dezembro de 1990. Uma mina de ouro nas mãos da empresa. Para se ter uma ideia, somente na venda de placas de publicidade para seis jogos das Eliminatórias da Copa, em 1989, a Traffic faturou 1 milhão de cruzados novos (ou R$ 4 milhões atuais).[18]

O contrato dava total prioridade ao marketing na gestão da Seleção, como seria feito, de maneira ainda mais radical, sete anos depois, com a Nike. O acordo de 1989 obrigava Teixeira a, tão logo assinasse o documento, convocar uma coletiva de imprensa para enfatizar que "este patrocínio foi efetivado de modo a possibilitar melhores condições para o preparo e treinamento da Seleção Brasileira, objetivando maximizar seu desempenho na Copa do Mundo de 1990, na Itália". Também obrigava a Seleção a jogar doze amistosos no período de um ano e meio (potencializando os lucros da Traffic com os patrocínios e transmissões de TV em cada partida) e abria os portões do campo de treinamento da Seleção para um evento com o patrocinador oficial.

Não se sabe se todo esse montante ingressou de fato no caixa oficial da entidade nem quantos milhões a Traffic lucrou ao repassar as quotas de patrocínio e revender os direitos de transmissão das partidas da Seleção mundo afora — para a Copa de 1990, a expectativa de J. Hawilla, em abril daquele ano, era faturar pelo menos US$ 1,5 milhão com o torneio de seleções.[19] O fato é que a relação entre Teixeira e Hawilla nunca foi bancada por favores gratuitos. Tudo envolvia sempre altas cifras.

Com o dinheiro da Traffic, o novo presidente da CBF renunciou aos recursos da Loteria Federal, uma estratégia para fugir da fisca-

---

[18] Proprietário do estádio consegue vencer a disputa pela publicidade. *Folha de S.Paulo*, 18 ago. 1989.

[19] BOARINI, Margareth. Apesar da crise, empresas ainda apostam na rentabilidade da Copa. *Folha de S.Paulo*, 6 abr. 1990.

O DELATOR

lização dos órgãos de controle do Estado e blindar a entidade, que, a partir daquele momento, só se manteria com verbas privadas. Era o início de uma era financista e pouquíssimo transparente na CBF.

— Nunca tivemos tanta expectativa de lucro — exultava Teixeira.[20]

Faltava, porém, garantir a classificação para a Copa dentro do campo. No dia 3 de setembro de 1989, o Brasil enfrentaria o Chile no Maracanã, precisando de um empate para garantir vaga no Mundial. No primeiro tempo, o centroavante Careca marcou e o estádio explodiu em festa. No entanto, aos 24 minutos da segunda etapa, um sinalizador explodiu no gramado, próximo ao goleiro chileno Rojas, que desabou no chão com as mãos no rosto. Quando os jogadores chilenos se aproximaram, notaram seu rosto vermelho. Revoltada, a equipe visitante decidiu deixar o campo e o juiz encerrou a partida.

Uma semana depois, Julio Grondona, o todo-poderoso presidente da Associação do Futebol Argentino (AFA), telefonou para Teixeira:

— Ricardo, tenho um negócio em cima da minha mesa que vale ouro para você.[21]

Era uma imagem feita pelo fotógrafo Ricardo Alfieri no exato momento da queda do sinalizador no gramado. A foto comprovava que o artefato caíra a no mínimo dois metros de distância do goleiro. Por US$ 6 mil, Teixeira comprou a imagem e, na companhia de Hawilla, levou o documento até a comissão organizadora da Copa de 1990, na Suíça. No dia seguinte saiu a decisão: Rojas simulara o ferimento cortando-se com um estilete. O Brasil, portanto, era o vencedor da partida e estava na Copa. Já Rojas seria banido para sempre do esporte, e o Chile, impedido de participar das eliminatórias da Copa seguinte, nos Estados Unidos.

Hawilla e Teixeira se abraçaram. Já no dia seguinte, foram de carro para a Itália procurar um local para a concentração da Seleção do

---

[20] Polônia testa Brasil em Varsóvia. *Jornal dos Sports*, 9 jan. 1991.

[21] MELLO, Fernando Ferrari de Almeida. *A era Teixeira*. Trabalho de Conclusão de Curso — Escola de Comunicações e Artes, Universidade de São Paulo, São Paulo, 2003.

técnico Sebastião Lazaroni. Assinaram convênio com a prefeitura de Gubbio, região central da Itália. Tudo parecia perfeito: o sonho do tetra era palpável novamente. Mas a união do marketing ao futebol traria graves efeitos colaterais. Atentos aos novos contratos da CBF com a Pepsi e a Topper, os jogadores perceberam que estavam sendo usados e passaram a reivindicar um quinhão do contrato de US$ 1 milhão com a Pepsi. O descontentamento do plantel ficou evidente quando, ainda na fase de treinamento na Granja Comary, em Teresópolis (RJ), os atletas taparam com esparadrapo o logotipo da marca de refrigerantes nos uniformes na foto oficial da equipe.

Novamente, Teixeira buscou socorro no seu braço capitalista, J. Hawilla. Enquanto o cartola reclamava da atitude dos jogadores com os líderes do motim, o centroavante Careca e o volante Alemão, o empresário, mais uma vez, procurava a Pepsi com pires na mão. Conseguiu da multinacional mais US$ 100 mil, valor que seria repassado integralmente aos atletas. O conflito foi superado, mas permaneceu latente. Voltaria a estourar após a eliminação da Seleção da Copa, derrotada pela Argentina ainda nas oitavas de final, com gol de Caniggia em um contra-ataque letal.

Teixeira não deixaria por menos. Acusou Alemão e Careca de fazerem corpo mole em campo para favorecer o time de Maradona, companheiro de clube dos brasileiros — o trio jogava no Nápoli, da Itália. Alemão retrucou, acusando o presidente da CBF de ter se beneficiado financeiramente do acordo com a Pepsi via Traffic. Furioso, o cartola procurou a mídia e, assim como a Fifa fizera com o chileno Rojas, baniu Alemão:

— Este não vestirá mais a camisa da Seleção enquanto eu for presidente da CBF. Entrei na Justiça com um processo contra ele. Trata-se de uma infâmia que não poderia passar em branco.[22]

Promessa cumprida: o meia encerrou a carreira sem jamais voltar a vestir o uniforme canarinho.

---

[22] Teixeira aposta na reabilitação do esporte. *O Globo*, 20 dez. 1990.

O DELATOR

A Traffic teria outras batalhas, ainda que mais formais, para garantir seu monopólio na venda de patrocínio à Seleção. Em maio de 1990, uma empresa de calçados de São Paulo chamada Babuchão exibiu faixas de publicidade nos estádios durante dois amistosos de preparação para a Copa. José Geraldo de Góes, o diretor do departamento jurídico da Traffic, enviou uma notificação extrajudicial à companhia. "Sabem V. Sas. que publicidade veiculada em estádios esportivos é comercializada, e portanto é crucial que saibam também que esta abusiva prática é ilícita pois se constitui numa usurpação de direitos, além de outras implicações, até de natureza penal", escreveu.[23] A empresa de marketing utilizaria o mesmo expediente para protestar pelo uso do uniforme da Seleção em comerciais de TV da Petrobras,[24] da Mitsubishi[25] e da Philips.[26]

No Brasil, quem ganhou, e muito, com a Copa de 1990 foi a Pepsi, que, nas palavras de Hawilla, "teve uma exposição absurda".[27] Ponto para a Traffic. Mas a empresa de marketing tinha planos muito mais altos para si e para a CBF. Em dezembro de 1990, e mais uma vez sem concorrência pública, a entidade contratou novamente a Traffic para cuidar do patrocínio da Seleção e dos direitos de transmissão dos jogos da equipe canarinho, além dos mesmos direitos de transmissão, para o exterior, do Brasileirão e da Copa do Brasil — os direitos para o Brasil eram invariavelmente cedidos à TV Globo. Dessa vez, o contrato teria vigência de quatro anos, até o fim de 1994, ao custo, para a empresa, de US$ 4 milhões.[28]

Os contratos eram reajustados em escala geométrica, sempre em benefício da Traffic. Segundo Hawilla, partiu dele a sugestão de

---

[23] Microfilme 3.149.162, 3º Ofício de Títulos e Documentos de São Paulo.
[24] Microfilme 874751, 1º Ofício de Títulos e Documentos do Rio de Janeiro.
[25] Microfilme 3205096, 3º Ofício de Títulos e Documentos de São Paulo.
[26] Microfilme 17.053.469, 2º Ofício de Títulos e Documentos de São Paulo.
[27] MELLO, Fernando Ferrari de Almeida. *A era Teixeira*. Trabalho de Conclusão de Curso — Escola de Comunicações e Artes, Universidade de São Paulo, São Paulo, 2003.
[28] Microfilme 276444, 3º Ofício de Títulos e Documentos do Rio de Janeiro.

aumentar a arrecadação da CBF com os direitos de televisão para os jogos da Seleção nas eliminatórias da Copa de 1994. O contrato, ainda conforme o empresário, saltou de US$ 120 mil para US$ 2 milhões. Em entrevista ao jornalista Fernando Mello, o empresário garantiu que não pedia comissão nos negócios — "queria apenas um crédito futuro".

A verdade é que a Traffic havia adquirido da CBF os direitos de transmissão, para o Brasil, dos jogos que a Seleção faria nas eliminatórias ao longo de 1993 por US$ 1,2 milhão, valor pago em quatro parcelas de US$ 300 mil, conforme acordo assinado por Teixeira e Hawilla e registrado no 3º Ofício de Títulos e Documentos do Rio de Janeiro.[29] Assim, o reajuste interessava diretamente à Traffic e foi à empresa que a Globo pagou os US$ 2 milhões. Um lucro de US$ 800 mil, ou 66%, para os bolsos de J. Hawilla.

O empresário queria mais. Ainda durante a Copa de 1990, ele fora procurado por representantes da concorrente da Pepsi. "A Coca, que era cliente da Traffic em outros negócios, avisou: depois da Copa nós queremos patrocinar a Seleção. [...] Quando voltamos da Copa, conversamos de novo com a Coca. Foi o primeiro contrato em que ganhamos participação, de 20%", disse o empresário.[30]

A Coca-Cola aceitou patrocinar a Seleção de 1991 até a Copa do Mundo de 1994 nos Estados Unidos por US$ 7,2 milhões, pagos à Traffic, ou 620% a mais do que o valor desembolsado pela Pepsi quatro anos antes, em contrato não registrado em cartórios do Rio ou de São Paulo. Como a empresa de marketing havia pago US$ 4 milhões à CBF pelos direitos de patrocínio, embolsaria a diferença: US$ 3,2 milhões. Paralelamente, também em 1991, a CBF, por intermédio da Traffic, contratou a britânica Umbro para fornecer o material esportivo da Seleção por US$ 3 milhões, contra os US$ 500 mil que haviam sido pagos pela Topper em 1990.

---

[29] Microfilme 300882, 3º Ofício de Títulos e Documentos do Rio de Janeiro.
[30] MELLO, Fernando Ferrari de Almeida. *A era Teixeira*. Trabalho de Conclusão de Curso — Escola de Comunicações e Artes, Universidade de São Paulo, São Paulo, 2003.

O DELATOR

Por superlativos, os números eram a prova irrefutável do sucesso da parceria. No período de um ano, entre novembro de 1992 e o mesmo mês do ano seguinte, o capital social da Traffic saltaria de R$ 1 milhão para R$ 4 milhões, em valores atualizados. O empresário J. Hawilla mudou-se para um amplo apartamento de luxo na Rua Paraguai, nos Jardins, em São Paulo, e comprou seis lotes no condomínio de alto padrão Débora Cristina, o mais caro de São José do Rio Preto, sua terra natal. O imóvel, que soma 12,6 mil metros quadrados, conta com uma mansão, piscinas e quadras de futebol, vôlei e tênis. No fim de 2017, estava avaliado em R$ 18 milhões, um dos mais caros da cidade.

O enriquecimento astronômico passou a levantar suspeitas por parte da imprensa e de empresários que atuavam no marketing esportivo. "Chegava alguém lá, como já aconteceu, e fazia uma proposta de 500 mil [reais] por jogo para ser agente de marketing da CBF. O Ricardo ligava para o J. Hawilla e relatava a proposta. O Jota dizia: 'Espera aí, vamos fazer um contrato retroativo de 510 mil', e mostrava para a empresa. Ninguém conseguia furar o bloqueio", disse um empresário do setor, sob a condição de anonimato, aos autores deste livro.

J. Hawilla rebatia as críticas, jurando que se tratava de uma relação honesta: "A nossa forma de negociar era simples. Eu oferecia, por exemplo, US$ 100 mil para ter os direitos de um jogo da Seleção. Dizia para o Ricardo: 'Vá ao mercado, ligue para o Dr. Havelange. Se você conseguir mais dinheiro, eu cubro a oferta. Só que ele nunca conseguia. Essa relação sempre foi muito honesta, nunca deixei o Ricardo ser passado para trás. Eu poderia ganhar muito mais grana com tudo isso. Mas não queria só ganhar muita grana, queria o prestígio internacional de ser a agência da CBF. As pessoas diziam que a CBF deveria fazer concorrência. A Confederação Sul-Americana [Conmebol] fez e foi ótimo para mim, [porque] pagava 35%, 40% menos do que anteriormente. Eu pagava menos porque não tinha uma agência de marketing esportivo do porte da Traffic. Sempre deixei claro que iríamos ter uma relação de amizade. E assim foi", disse ao jornalista Fernando Mello.[31]

O que poucos sabiam era que a relação entre Ricardo Teixeira e J. Hawilla estava longe de ser embalada apenas pela amizade e pela honestidade. Para além dos papéis frios dos contratos, ambos tinham uma sociedade oculta, o que Hawilla sempre negou: "Já disseram que eu era sócio do filho do ex-presidente da CBF Giulite Coutinho, depois do Otávio Pinto e agora do Ricardo Teixeira. Absurdo", protestava em 1998.[32]

Um dos primeiros repórteres a suspeitar dessa relação foi Roberto Pereira de Souza, do *Jornal da Tarde*, em 1993. "O J. Hawilla evitava dar entrevistas e sempre demonstrava contrariedade ao falar dos acordos comerciais com a CBF. Percebi que havia algo estranho", recorda-se. Souza partiu para a busca de documentos. Não encontrou nada nos cartórios do Rio e de São Paulo, mas, por meio de um conhecido, obteve de um dos diretores da Coca-Cola dados do contrato de patrocínio da Seleção, de US$ 7,2 milhões, pagos à Traffic. O passo seguinte foi procurar o dono da empresa:

— Tenho os dados do contrato da CBF com a Coca-Cola. Gostaria de saber mais detalhes do contrato da Traffic com a CBF.

— Como você conseguiu isso? — perguntou Hawilla, sem esconder a surpresa.

— Com algumas fontes.

A conversa foi agendada para o dia seguinte na sede da Traffic. A entrevista durou cerca de uma hora. Sem esconder o desconforto, Hawilla pediu para gravar a conversa. Souza pediu para ver o contrato da empresa com a CBF.

— Vou fazer aqui algo que nunca fiz para ninguém — disse o empresário. Imediatamente, abriu um pequeno cofre ao lado de sua

---

[31] Idem.

[32] CLEMENT, Paulo Julio. As ligações perigosas do marketing esportivo. *O Globo*, 22 nov. 1998.

O DELATOR

ampla mesa e retirou alguns papéis: era o acordo de dezembro de 1990 em que a Traffic pagava à CBF US$ 4 milhões pelos direitos de transmissão e patrocínio. O repórter pediu uma cópia. Hawilla negou, mas permitiu que ele lesse os seus termos.

Souza deixava a sede da Traffic quando o empresário o chamou do balaústre no andar superior da sede:

— Robertinho, não seja injusto comigo! Até pra você não fechar portas no futuro.

Nos dias que se seguiram, o repórter do *Jornal da Tarde* descobriu mais: o então diretor jurídico da CBF, Antônio Eugênio Lopes, era dono de um escritório de advocacia que prestava serviços jurídicos à Coca-Cola desde a década de 1970. Por que então a CBF precisava da Traffic para contratar a multinacional? Se fizesse o acordo diretamente com a Coca, lucraria os US$ 3,2 milhões que ficaram com a Traffic, conforme já exposto. A falta de transparência da entidade só reforçava as suspeitas do jornalista:

— O senhor pode mostrar os documentos, os depósitos efetuados pela Traffic? — perguntou Souza ao diretor financeiro da CBF, Gilberto Coelho.

— Tudo está em dia, mas não posso exibir os recibos.

Coelho procurava justificar a contratação da empresa de Hawilla:

— Acho que a Traffic teve um lucro pelo risco que correu.

— Mas por que a CBF não foi diretamente à Coca-Cola, se o diretor jurídico Antônio Eugênio Lopes trabalha para os dois? A Traffic teria entrado como testa de ferro?

— A Traffic comprou e revendeu. Só posso dizer isso. Não sou especialista em mercado para saber se um agenciamento seria a melhor opção.[33]

A reportagem "As contas da CBF: um escândalo" foi publicada no *Jornal da Tarde* em 15 de novembro de 1993. Hawilla ficou fu-

---

[33] SOUZA, Roberto Pereira de. As contas da CBF: um escândalo. *Jornal da Tarde*, 15 nov. 1993.

rioso. Três dias depois, pagou a publicação de uma longa nota, no mesmo *Jornal da Tarde*, intitulada: "Traffic responde as mentiras." Nela, o empresário se diz "surpreendido pela incrível capacidade criadora" do repórter, que acusava de "despreparado e leviano". "A nossa atividade é especializada. Se o repórter tivesse o mínimo de preparo saberia que um advogado [Antônio Eugênio Lopes] não faz esse trabalho. Isso não é vender um terreno ou uma casa. É um trabalho de marketing elaborado com profundidade." Na conclusão do texto, Hawilla questionou: "A quem serve essa matéria? Quem tem interesse em ocupar o espaço da Traffic?".[34]

Marco Polo Del Nero, amigo do empresário e eventual advogado da Traffic na época, ingressou com ação penal em nome de Hawilla contra Souza, acusando o jornalista de calúnia, injúria e difamação, com base na Lei de Imprensa, que seria extinta pelo STF em 2009.[35] O processo judicial acabaria extinto por prescrição, cinco anos depois.

* * *

Além de Teixeira, J. Hawilla manteria relações suspeitas com Eduardo José Farah, o todo-poderoso presidente da FPF. Assim como o mineiro na CBF, Farah criou uma dinastia à frente da federação paulista: assumiu o cargo em 1988 e só saiu em 2003, dando lugar ao aliado de primeira hora Marco Polo Del Nero. No início dos anos 1990, por um breve período, Hawilla chegou a ser escolhido por Farah para ser "diretor de comercialização" da FPF. O relacionamento com o dirigente fez com que Hawilla se visse enredado no escândalo PC Farias, capitaneado pelo tesoureiro da campanha de Fernando Collor de Melo à Presidência da República, em 1989.

---

[34] Traffic responde as mentiras. *Jornal da Tarde*, 18 nov. 1993.
[35] Ag 156579/SP, STJ.

O DELATOR

Paulo César Farias encabeçou um esquema de corrupção que levaria ao impeachment de Collor, em 1992. Em março daquele ano, uma conta-corrente de Hawilla no banco Di Bens, em São Paulo, recebeu um cheque administrativo, nominal, no valor de US$ 210 mil, da corretora uruguaia Cross Financial Trading & Corporation, ligada diretamente a PC Farias e acusada de lavagem de dinheiro, evasão de divisas e comércio ilegal de moeda estrangeira. Outro depósito, de US$ 170 mil, foi para a conta de Farah. Os cheques constavam de anexos do inquérito da Polícia Federal que investigou o esquema PC Farias.[36]

Hawilla se defendeu das suspeitas. Em uma carta enviada ao *Estadão*, que publicou a informação, disse que o cheque da Cross era parte do pagamento feito pela TV Gamavisión, do Equador, pela compra dos direitos das edições da Copa Libertadores de 1993 e 1994 e que o cheque estava declarado no Imposto de Renda dele. "Esta foi a operação. Essa é a minha atividade, o meu trabalho. Nada mais claro e transparente. Não recebi da Cross. Recebi da Gamavisión. Ocorre que o pagamento veio em quatro cheques, sendo um deles da Cross, corretora que operava livremente no mercado. [...] Não existe nenhuma ligação minha com o esquema PC. Não existe nenhuma ligação minha com a Federação Paulista de Futebol. Não existe nenhum contrato com essa entidade ou com o Sr. Eduardo José Farah. Nunca fui diretor da federação [...]. Fui nomeado sem saber, não tomei posse e nunca exerci o cargo."[37]

Na época, os deputados petistas José Dirceu (o mesmo que usufruiria do camarote de Hawilla no Morumbi, anos depois), José Cicote e Lucas Buzzatto encaminharam os documentos para o Ministério Público Federal. Um inquérito foi instaurado para investigar a Traffic e a FPF, mas meses depois a investigação acabaria arquivada.

---

[36] CALDEIRA, Kássia. Esquema PC pagou a J. Hawilla. *O Estado de S. Paulo*, 8 mai. 1994.

[37] J. Hawilla contesta. *O Estado de S. Paulo*, 10 mai. 1994.

Em dezembro de 1997, a Traffic assinaria contrato com a federação paulista para a exploração de placas nos jogos do Campeonato Paulista do ano seguinte: 50% dos lucros ficariam com a empresa e 50% com a federação e, teoricamente, os clubes.[38]

A associação de J. Hawilla com a cartolagem não seria restrita ao estado de São Paulo ou mesmo ao Brasil. O tipo de acordo que desenvolvera se repetiria por toda a América do Sul, via Confederação Sul-Americana de Futebol (Conmebol).

---

[38] Microfilme 5240995, 3º Ofício de Títulos e Documentos de São Paulo.

6

Conmebol, o bunker da corrupção

Quem chega a Assunção pelo aeroporto internacional Silvio Petti-rossi logo se depara com a sede suntuosa da Conmebol. O prédio, revestido de mármore italiano e vidros escuros, salta aos olhos na paisagem pobre das franjas do município de Luque, contíguo à capital paraguaia, com suas casas humildes e comércio insignificante. A cinquenta metros do palacete do futebol sul-americano, os autores deste livro se deparam com uma mãe de pele muito morena e traços indígenas que pede esmola aos carros que passam, na companhia de dois filhos pequenos, aparentando menos de 10 anos de idade. Poucos motoristas se sensibilizam com a cena. O Paraguai, assim como o Brasil, é um país de desiguais, patrimonialista, encharcado de corrupção. Não seria diferente nos negócios que cercam o futebol.

Por mais de duas décadas a luxuosa sede da Confederação Sul--Americana de Futebol foi uma filial informal da Traffic — os milhares de dólares despejados pela empresa na entidade ajudariam a construir o palacete, inclusive. O edifício de seis andares, 35 metros de altura e 4 mil metros quadrados de área construída custou aos cofres da entidade US$ 3,5 milhões. Em frente a ele, uma imensa fonte, tendo ao centro uma escultura de seis metros de altura, sustenta uma grande bola de futebol com três metros de diâmetro, feita de granito e cerâmica importada. A sede foi oficialmente inaugurada na noite do dia 23 de janeiro de 1998 com uma festa de gala comandada pelo presidente da entidade, Nicolás Leoz, um senhor sorridente, de olhos miúdos, cuja fisionomia bonachona esconde um apetite voraz por dinheiro.

Nascido em 1928 na região do chaco paraguaio, Leoz tem muitas características biográficas semelhantes às de J. Hawilla. De família humilde, foi radialista na década de 1940 e, como o brasileiro, formou--se em advocacia. Mas, diferentemente de Hawilla, mergulhou cedo na cartolagem do futebol, primeiro como dirigente do clube Libertad, depois como presidente da Liga Paraguaia de Futebol, entre 1970 e 1985. No ano seguinte, em 1º de maio, seria eleito presidente da Conmebol (na época conhecida pela sigla CSF), sucedendo o peruano Teófilo Salinas, em reunião da entidade no hotel Tequendama, em Bogotá, Colômbia, com as bênçãos do todo-poderoso presidente da Fifa, João Havelange. Como Teixeira no Brasil, Leoz criaria uma longa dinastia no comando do futebol sul-americano.

Logo após sua posse, viria a primeira medida polêmica. Na época, a Conmebol não tinha prédio próprio — a sede era fixada no país natal do presidente da confederação. Quando Leoz assumiu, escolheu para sede três andares de um edifício na esquina das Ruas Oliva e Nossa Senhora de Assunção, no centro da capital paraguaia, que abrigava, no térreo, uma agência do Banco do Brasil.[1] Não por acaso, o prédio era de Leoz.

Somente dez anos depois, em 1996, o cartola começou a construir o faraônico prédio permanente da Conmebol. Antes, pressionou o Congresso Nacional do Paraguai a aprovar a Lei 1.070, que concedia à nova sede inviolabilidade total e permanente, semelhante à de embaixadas. Leoz não queria correr o risco de que algum policial, promotor ou jornalista bisbilhotassem suas atividades dentro da entidade. A Conmebol tornara-se um bunker, onde a cúpula do futebol sul-americano estaria muito bem-protegida. Em seu discurso

---

[1] LEOZ, Nicolás. *Pido la palabra*. Buenos Aires: Ediciones Salvucci, 2002.

O DELATOR

naquela noite de 1998, João Havelange foi só elogios ao presidente do Paraguai, Juan Carlos Wasmosy, e aos deputados e senadores do país pela aprovação da Lei 1.070. Afinal, o "rei sol" sabia bem a importância da opacidade na gestão do futebol:

— Queria agradecer ao Presidente da República, e ao governo deste país, por ter sancionado a Lei 1.070, que facilita toda a vida futura da Conmebol.[2]

No total, 2 mil dirigentes e empresários foram convidados para a megafesta, quatrocentos deles vindos do exterior. Além de Wasmosy e Havelange, marcaram presença o presidente da Argentina, Carlos Menem, o suíço Joseph Blatter, que assumiria o comando da Fifa meses depois, e Jack Warner, de Trinidad e Tobago, presidente da Confederação de Futebol da América do Norte, Central e Caribe (Concacaf, na sigla em inglês). Ricardo Teixeira não foi, mas mandou um representante, seu tio Marco Antonio Teixeira, secretário-geral da CBF. Não há registro da presença de J. Hawilla. Após a cerimônia, mil convidados participaram de um jantar no clube Centenário, frequentado pela nata da sociedade paraguaia. Havelange, Leoz, Marco Teixeira e Warner desfrutaram de um cardápio sofisticado: como entrada, terrine de frango com brócolis sobre molho de uvas; de prato principal, crepe de surubi em molho moscovita, feito com caviar vermelho e negro e, de sobremesa, profiteroles com sorvete e cobertura de doce de leite aromatizado com Cointreau.[3]

Em 2009 seria inaugurado, ao lado da sede, o Museu do Futebol e um mega-auditório, batizado de João Havelange, com capacidade para 1.500 pessoas. No museu, chama a atenção um grande quadro com a foto dos dezenove principais cartolas do futebol sul-americano, incluindo Leoz e todos os presidentes das federações de seus países: Ricardo Teixeira (e seu braço direito Marco Polo Del Nero), o uruguaio Eugenio Figueiredo, o argentino Julio Grondona, o colombiano Luís

---

[2] El fútbol de Sudamérica se radica en el Paraguay. *ABC Color*, 23 jan. 1998.
[3] Idem.

106   ALLAN DE ABREU E CARLOS PETROCILO

Bedoya, o venezuelano Rafael Esquivel, o paraguaio Juan Ángel Napout, o equatoriano Luís Chiriboga e o boliviano Carlos Chávez. Com todos eles Hawilla manteve negócios mais do que suspeitos.

* * *

Tão logo Nicolás Leoz assumiu a presidência da Conmebol, a Traffic passou a ser escolhida pela entidade para cuidar do marketing e da transmissão televisiva da Copa América. O primeiro acordo foi para a edição da competição de 1987, na Argentina. A empresa comprou os direitos de transmissão para a TV do torneio por US$ 1,7 milhão.[4] O retorno comercial não foi dos melhores, conforme admitiria o próprio empresário em depoimento à Justiça norte-americana.

— O formato não agradou, faltou organização e divulgação. Ou seja: não fizemos um bom trabalho.[5]

Nas edições seguintes, de 1989 e 1991, respectivamente no Brasil e no Chile, haveria nova compra dos direitos pelo mesmo valor. Hawilla, a quem Leoz denomina "meu amigo" em sua autobiografia,[6] vendeu os direitos de transmissão do torneio para 150 países, mas um imprevisto, em junho de 1989, poderia pôr tudo a perder: a poucas semanas do início da competição, o craque argentino Diego Maradona ameaçou não vir ao Brasil para disputar a Copa América, alegando cansaço devido à disputa da final da Copa Itália — seu time, o Nápoli, havia enfrentado a Sampdoria, no dia 28 daquele mês. O torneio no Brasil começaria apenas três dias mais tarde. Além disso, Maradona estava visivelmente acima do peso, algo que marcaria boa parte de sua carreira.

Ciente do prejuízo que a ausência do então maior jogador do mundo causaria aos negócios envolvendo a competição, J. Hawilla

---

[4] Júlio César é o único "estrangeiro" na seleção. *Folha de S.Paulo*, 13 jun. 1987.
[5] Ação penal 1:2015-cr-00252, Eastern District of New York (EUA).
[6] LEOZ, Nicolás. *Pido la palabra*. Buenos Aires: Ediciones Salvucci, 2002.

O DELATOR

voou às pressas até Buenos Aires para se encontrar com empresários do atacante. Ofereceu a ele US$ 300 mil e um jato particular para levá-lo da capital portenha diretamente a Goiânia, onde a seleção alviceleste se concentrava. A proposta foi aceita. Maradona fez um torneio apagado — o Brasil venceria a competição depois de quarenta anos. Mas apenas sua presença serviu para, mais uma vez, encher os cofres da Traffic — o faturamento bruto da empresa naquela Copa América girou em torno de US$ 3,8 milhões.[7] Para cada jogo transmitido pela TV, a empresa recebia 193 mil cruzados novos, ou R$ 780 mil em valores corrigidos.[8]

Tanto dinheiro nos cofres da Traffic logo chamaria a atenção de Leoz. Na tarde do dia 23 de janeiro de 1991, Hawilla reuniu-se com a cúpula da Conmebol em Assunção para tratar do contrato de patrocínio e transmissão de rádio e TV para as edições da Copa América de 1993 (Equador), 1995 (Uruguai) e 1997 (Bolívia). A proposta da Traffic era pagar à entidade US$ 2,2 milhões para cada edição, em um total de US$ 6,6 milhões — posteriormente, o valor referente à edição de 1993 seria reajustado para US$ 2,64 milhões devido ao convite feito pela Conmebol às seleções dos Estados Unidos e do México.

Todos os representantes dos países sul-americanos assinaram o contrato com a Traffic, menos Nicolás Leoz. Hawilla ficou intrigado. Mas, minutos depois, saberia o motivo da hesitação do paraguaio, ao ser chamado para uma reunião a sós com ele. O presidente da Conmebol foi direto:

— Sei que você vai ganhar muito dinheiro com esses contratos e não acho justo que eu não fique com uma parte. Se não me pagar por fora, não assino nada.

---

[7] Koch Tavares pretende expandir as suas atividades na América Latina. *O Estado de S. Paulo*, 13 jul. 1989.

[8] Proprietário do estádio consegue vencer a disputa pela publicidade. *Folha de S.Paulo*, 18 ago. 1989.

J. Hawilla aceitou o pagamento da propina,[9] entre US$ 400 mil e US$ 600 mil, depositado em uma conta bancária indicada pelo paraguaio, que as tinha no país natal e na Suíça. Só então Leoz assinou.

— Eu precisava do contrato — justificou Hawilla em depoimento à Justiça, já como delator. — Eu já havia vendido os direitos [comerciais]. [...] Nós nos tornamos reféns deles [cartolas]. Tivemos que pagar. Sim, foi um erro. Não deveria ter pago, porque deu margem para que nos achacassem a cada novo contrato. Eu me arrependo muito.[10]

Era, de fato, o início de uma rotina de crimes para o empresário brasileiro. A corrupção na Traffic, afirma o governo dos Estados Unidos, "tornou-se endêmica". A cada novo contrato o presidente da Conmebol pedia mais propina. Hawilla pagava valores cada vez mais altos, segundo o Departamento de Justiça — em 2011, o suborno a Leoz já estava na casa dos sete dígitos.

No dia 21 de janeiro de 2001, durante reunião dos dirigentes das federações sul-americanas em Bogotá, Hawilla comprou os direitos comerciais das edições da Copa América de 2007, 2009 e 2011. Novamente, todos os cartolas assinaram, menos Leoz. O presidente da Conmebol pegou os papéis e os colocou dentro de uma pasta. Quando o dono da Traffic pediu o documento, o paraguaio solicitou que o buscasse mais tarde no hotel onde se hospedara. Imediatamente Hawilla entendeu a jogada. Quando chegou lá, ouviu a proposta: Leoz queria US$ 1 milhão por fora. O dono da Traffic reclamou, mas cedeu novamente.[11]

A CPI do Futebol no Senado Federal, em 2016, faria um organograma do esquema de subornos:[12]

---

[9] Ação penal 1:2014-cr-00609, Eastern District of New York (EUA).

[10] Ação penal 1:2015-cr-00252, Eastern District of New York (EUA).

[11] Idem.

[12] ROMÁRIO. *Um olho na bola, outro no cartola*: o crime organizado no futebol brasileiro. São Paulo: Planeta, 2017.

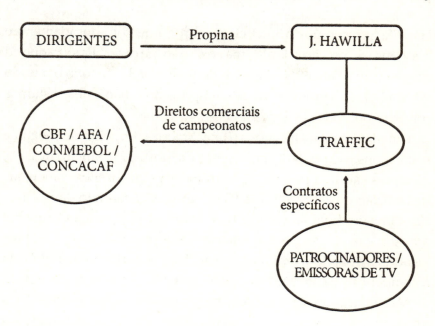

Em troca das propinas, o empresário brasileiro reinava absoluto em cada edição do torneio, e a Conmebol tornara-se capitania hereditária da Traffic, impenetrável aos concorrentes:

— Eles [Traffic] pagavam 4 ou 5 milhões [de reais, por edição da Copa América]. Chegou um grupo e ofereceu 20 milhões [de reais]. Fizeram uma reunião na Conmebol. A Traffic achava que se oferecesse 20 milhões não ganharia tanto, então [os cartolas] ignoravam a nova proposta e fechavam [com a Traffic] por 8 milhões. Porque ele [Hawilla] tinha uma relação pessoal com o Ricardo e o Leoz. Então eles controlavam isso, disse, sob anonimato, um empresário do ramo.

No encerramento da edição da Copa América no Paraguai, em julho de 1999, a Traffic e a Conmebol promoveram uma festa de gala no hotel onde estava a Seleção Brasileira, campeã do torneio ao vencer o Uruguai por 3 a 0 na final. O ex-jogador Tostão estava hospedado no mesmo local e registrou suas impressões daquela noite em sua coluna da época, no *Jornal do Brasil*: "Lá estavam toda a cartolagem, amigos e familiares, exibindo suas riquezas e poder. Cruzei com o J.

ALLAN DE ABREU E CARLOS PETROCILO

Hawilla na recepção do hotel, ele me cumprimentou educadamente e disse-me: 'Se precisar de alguma coisa é só me dizer.' Parecia que eu era seu convidado e que ele era o dono do hotel e de todo o mundo do futebol. Talvez eu seja o seu empregado e não saiba. Estamos cercados por todos os lados."[13]

Hawilla lucrava alto com a Copa América, torneio que chegou a ser responsável por 80% das receitas da Traffic. Em janeiro de 2001, a empresa aceitou pagar US$ 46 milhões pelos direitos comerciais das edições de 2005, 2007 e 2009 do torneio. O contrato dava à Traffic a palavra final na escolha dos estádios e obrigava a Conmebol a exigir das federações sul-americanas a presença dos principais jogadores de cada seleção no torneio,[14] o que daria maior audiência à competição e, consequentemente, maiores lucros para Hawilla.

Mas nem tudo seriam flores na gestão da Copa América. Dois anos depois da edição paraguaia, o torneio seria disputado na Colômbia, que vivia uma guerra civil entre o governo e as Farc, guerrilha de inspiração marxista que se financia com o narcotráfico e que na época dominava boa parte do país. Uma onda de ataques terroristas e sequestros varria a Colômbia e assustava a cartolagem sul-americana. A gota de água foi o sequestro do dirigente colombiano Hernán Mejia Campuzano. A Conmebol reuniu todos os presidentes das federações da América do Sul em Buenos Aires, no dia 28 de junho de 2001, para tratar do tema. A dupla Teixeira-Hawilla se articulava para manter a competição e evitar um prejuízo milionário para a Traffic, que já havia vendido à TV Globo os direitos de transmissão da Copa América por US$ 10 milhões. Os brasileiros tinham a seu lado o então presidente colombiano, Andrés Pastrana, que pressionava as federações a manter o torneio em seu país no período acordado, entre 11 e 29 de julho. Mas nenhuma federação queria arriscar enviando seus jogadores a um país em convulsão.

---

[13] TOSTÃO. O dono da bola. *Jornal do Brasil*, 1° ago. 1999.
[14] Ação cível 2011-038881-CA-01, Miami-Dade County Court (EUA).

O DELATOR

Como última cartada, Hawilla propôs adiar a competição para 2002. O problema é que não havia datas disponíveis devido à Copa do Mundo no Japão e na Coreia do Sul e à Copa Ouro da Concacaf, em que participariam Costa Rica e Canadá, também convidados para a Copa América.

Pastrana decidiu assumir pessoalmente o lobby pelo seu país. Telefonou para todos os presidentes das federações convencendo-os a enviar suas seleções à Colômbia no mês seguinte. Conseguiu, e o torneio acabou ocorrendo nas datas estipuladas, com vitória final da Seleção Colombiana. A Traffic penou para organizar tudo em um prazo exíguo de 30 dias. A missão coube ao jornalista Mário Marinho, contratado pela empresa para coordenar os trabalhos na Colômbia.

— Precisamos resolver um pepino por vez — disse Hawilla a Marinho.

Não seria nada fácil. Placas de publicidade ao redor do gramado nos estádios, detalhes técnicos das transmissões televisivas etc. Mas a maior dificuldade, lembra Marinho, foi convencer o técnico da Seleção Brasileira, Luiz Felipe Scolari, a mudar o horário dos treinamentos da equipe, marcado diariamente para as sete da noite. "Era um horário ruim devido ao fechamento dos jornais impressos e dos telejornais. Os repórteres reclamavam muito. Fui até a concentração em Cali falar com o Felipão. Foi difícil, mas conseguimos antecipar o horário", lembra.

A grande ausência foi a Argentina, substituída por Honduras. Julio Grondona disse não à Copa América na Colômbia, e ninguém ousou contestá-lo. O cartola era reverenciado e ao mesmo tempo temido no futebol sul-americano. Grondona, um senhor de cabelos ralos, olhos muito pequenos e papada saliente, em harmonia com o seu corpanzil, assumira a presidência da AFA em 1979, depois de uma passagem bem-sucedida como dirigente do clube Independiente, de Avellaneda. No fim da década de 1990, Joseph Blatter o nomearia vice-presidente sênior da Fifa. O cartola argentino se notabilizaria por referir-se a si próprio em terceira pessoa e repetir com frequência a frase "tudo passa", gravada em um anel dourado que levava no dedo mínimo da mão esquerda — seus críticos usariam o mote para ironizá-lo: "Tudo passa, menos Grondona." Curiosamente, J. Hawilla exibiria uma plaqueta com frase idêntica na mesa de seu escritório em São Paulo ao gravar um vídeo institucional, em 2011.

Habilidoso politicamente, o argentino orgulhava-se do domínio pleno do "idioma do futebol":

— Por ser uma figura relevante da América do Sul, ao representar uma potência com títulos mundiais, todo mundo o escuta — dizia sobre si mesmo. — A parte esportiva é chave para se ter peso. Isso e minha intuição são meus méritos para estar na Fifa durante tanto tempo.[15]

Nos bastidores mais recônditos, porém, Grondona dividia com Leoz o apetite voraz por dinheiro. Mais uma vez, a Traffic estava pronta a satisfazer a gana do argentino por *coimas* — propina, em espanhol. Foram dezenas de milhares de dólares, a maior parte paga para uma agência de viagens na Argentina, a Alhec Tours, controlada pelo cartola. O FBI identificou duas transferências de dinheiro da Traffic no Delta Bank, Estados Unidos, para a tal Alhec: US$ 400 mil em 2004 e US$ 1 milhão em 2011.[16] Além disso, entre 2001 e 2011, a empresa pagou a Grondona, em sigilo, bônus que somam US$ 7 milhões em troca da garantia de que a equipe argentina levasse às quatro edições da Copa América realizadas naquele período seus melhores jogadores, repetindo cláusula de contrato com a Conmebol assinado em 2001, conforme exposto acima. O pagamento era secreto, já que não seria aceito pelas federações dos demais países da América do Sul — por isso, inclusive, era feito pela Traffic, e não pela Conmebol. O acordo sigiloso foi pactuado em 2001 por meio de um contrato entre a Traffic e a AFA.

---

[15] LEVINSKY, Sergio. *AFA*: el fútbol pasa, los negocios quedan. Buenos Aires: Autoria Sherpa, 2016.

[16] Ação penal 1:2015-cr-00252, Eastern District of New York (EUA).

O DELATOR

Naquele ano, conforme documentos, a empresa depositou exatos US$ 1.197.348,00 da conta da Traffic no Standard Chartered Bank, em Nova York, diretamente na conta da AFA no banco Ciudad, em Buenos Aires. "Descontando a celeridade com que haverá de satisfazer nosso pedido, eu o saúdo com toda a atenção", escreveu Grondona em ofício endereçado a J. Hawilla.

Como a Seleção Argentina não participou da Copa América na Colômbia, o montante retornaria aos cofres da Traffic. Mas, em 2004, na edição do Peru, houve um novo depósito para a AFA de US$ 1,5 milhão, seguido por mais US$ 2,5 milhões no torneio realizado na Venezuela. Em ofício a Grondona datado de 24 de janeiro de 2007, o "gerente-geral" da Traffic, José Geraldo de Góes, garantiu o pagamento à entidade, disfarçado como "ajuda de custo relacionado a viagem, hospedagem, alimentação e outros custos por ocasião da participação da Seleção Argentina de Futebol na Copa América edição 2007". O valor foi novamente transferido da conta da Traffic em Nova York para a da AFA.

O maior pagamento ocorreu em 2011, quando a própria Argentina sediaria a Copa América: US$ 3 milhões em três parcelas, dessa vez transferidos a partir de outra conta da Traffic, no Delta National Bank em Miami, Flórida. As cifras coincidem com os "sete dígitos" que J. Hawilla pagou em subornos para Grondona, segundo o FBI, por meio do empresário Alejandro Burzaco, um jovem argentino radicado nos Estados Unidos que ocupava a presidência da Torneos y Competencias (TyC), empresa portenha de marketing esportivo similar à Traffic, para que a equipe argentina "escalasse seus melhores jogadores". "Por vezes, os executivos da Torneos pediram ao membro da quadrilha nº 2 [Hawilla] que mandasse os pagamentos não para a AFA, mas para uma agência de viagens com experiência em facilitar pagamentos para o membro da quadrilha nº 10 [Grondona] pessoalmente. O membro da quadrilha nº 2, então, mandou os pagamentos conforme orientado", escreveu o Departamento de Justiça dos EUA.[17]

---

[17] Idem.

Em denúncia à Justiça argentina, a vereadora de Buenos Aires e ex-ministra María Graciela Ocaña afirma que esses valores adicionais pagos pela Traffic foram posteriormente desviados da AFA por meio de contratos simulados com funcionários da entidade, não nomeados por ela no documento. "Dessa forma, os ingressos 'extras' voltavam às mãos dos verdadeiros destinatários, tudo isso debaixo de uma aparente operação lícita", argumentou. A denúncia gerou uma ação penal por suposta lavagem de dinheiro a cargo da juíza María Romilda Servini[18] — nem a Traffic nem seus representantes são réus nesse caso, muito menos Grondona, morto em julho de 2014, vítima de infarto, cumprindo a promessa, dita anos antes, de que só sairia da AFA morto. Em abril de 2018, não havia sentença no processo.

Para Teixeira, não seria diferente. Os valores pagos ao então presidente da CBF e integrante da Conmebol para que assinasse os contratos comerciais com a Traffic para a Copa América cresciam em escala geométrica, de acordo com Hawilla:

— Quais os montantes que você pagou a Ricardo Teixeira em conexão com a Copa América, se você se lembra? — perguntou ao empresário o promotor de Justiça norte-americano.

— Eu acho que começou em US$ 1 milhão, então foi até 1,2... não, 1,5, depois 2 milhões [de dólares] e depois 2,5 e depois 3 [milhões de dólares].[19]

Aqueles contratos comerciais para a Copa América seriam um sucesso financeiro absoluto para a Traffic. Na edição de 2011, a empresa fechou acordos de patrocínio com dez multinacionais, contra sete da edição anterior. Além disso, as quotas de patrocínio mais do que triplicaram.[20]

---

[18] Ação penal 4995/2014, Primero Juzgado de Buenos Aires.
[19] Ação penal 1:2015-cr-00252, Eastern District of New York (EUA).
[20] Idem.

O DELATOR

Já a parceria de Hawilla com Burzaco resultaria na criação, em 1997, da Torneos & Traffic Sports Marketing (T&T Sports Marketing) — o objetivo, segundo Hawilla, era evitar concorrência entre as duas empresas pelos direitos. A Traffic & Torneos, com sede em uma caixa postal no imponente edifício One Capital Place, nas Ilhas Cayman, passaria a ser contratada sucessivamente pela Conmebol para obter os direitos comerciais da Copa Libertadores. A empresa pagou à entidade presidida por Leoz US$ 328 milhões pelos direitos do torneio entre 2000 e 2007. A T&T também despejou US$ 45,3 milhões para adquirir os direitos de transmissão e de publicidade estática de jogos das Eliminatórias para a Copa do Mundo de 2002 das seleções do Peru, Paraguai, Bolívia, Colômbia, Chile e Argentina.[21]

Mas o maior foco de corrupção era a Copa América. Em 2007, o torneio foi sediado na Venezuela, o que trouxe um novo nome à lista de propinas pagas por J. Hawilla. Rafael Esquivel era a versão venezuelana de Ricardo Teixeira. Nascido na Espanha, mudou-se com a família ainda criança para o país sul-americano. Na adolescência, começou a trabalhar em um banco na ilha de Margarita, onde criou uma associação de futebol. Posteriormente, enriqueceu com salas de cinema e uma distribuidora de combustível na ilha. O senhor de bochechas caídas e bigode característico chegou à presidência da Federação Venezuelana de Futebol (FVF) em 1988, um ano antes de Teixeira na CBF, de onde só sairia em 2017, após dez reeleições e o escândalo do Fifagate.

Às vésperas daquela Copa América, Esquivel, então um fiel aliado do presidente Hugo Chávez, procurou um amigo em comum com Hawilla, o argentino naturalizado brasileiro José Margulies, um senhor franzino de olhar assustado, conhecido como José Lázaro por ser irmão de Marcos Lázaro, o empresário do showbiz que havia facilitado a estreia da Traffic no marketing esportivo, no início

---

[21] Ato de concentração 08012.001235/2002-61, Conselho Administrativo de Defesa Econômica, Ministério da Fazenda.

da década de 1980. O venezuelano pediu para que o amigo repassasse ao empresário brasileiro o seguinte recado: ele, que também era membro do comitê executivo da Conmebol, daria total apoio à Traffic na confederação sul-americana para que a empresa obtivesse os direitos exclusivos de patrocínio e transmissão televisiva tanto daquela Copa América quanto das seguintes. O apoio, porém, tinha um preço: US$ 1 milhão em dinheiro vivo. Margulies, que J. Hawilla chamava de Zé, levou o recado ao patrão, que concordou com o pagamento.

Mas não ficou só nisso. Pouco tempo depois, o venezuelano abordou um executivo da Traffic e exigiu mais propina, dessa vez sobre os lucros que a empresa teria com a Copa América em seu país. O cartola ganhou assim mais US$ 700 mil da empresa.

Quatro anos se passaram. Em reunião da cúpula da Conmebol em Buenos Aires para a discussão de detalhes da Copa América de 2011 na Argentina, Esquivel chamou Hawilla em um canto e foi direto ao ponto:

— Sei que o seu lucro na Venezuela foi fabuloso. Quero US$ 1 milhão, que não é nada para o que você ganhou no meu país.

Novamente o empresário consentiu em pagar. Não só para manter o dirigente ao lado dos interesses da Traffic na Conmebol como visando o futuro auxílio do venezuelano em uma disputa comercial da empresa brasileira com a uruguaia Full Play, que será abordada mais adiante. No total, em apenas quatro anos, Esquivel levaria US$ 2,7 milhões em propinas da Traffic, com a ajuda de José Margulies. O argentino era muito mais do que um homem de recados de Hawilla. Tornara-se uma espécie de faz-tudo seu, tanto para atividades lícitas, como o auxílio técnico às emissoras de TV durante os torneios gerenciados pela Traffic, quanto para as ações ilegais. Margulies tinha o controle de duas empresas *offshore* na América Central: a Valente Corp., registrada no Panamá, e a Somerton Corp., nas Ilhas Turks e Caicos, no Caribe. Ambas mantinham contas em bancos dos Estados Unidos e eram ideais para a lavagem do dinheiro da Traffic,

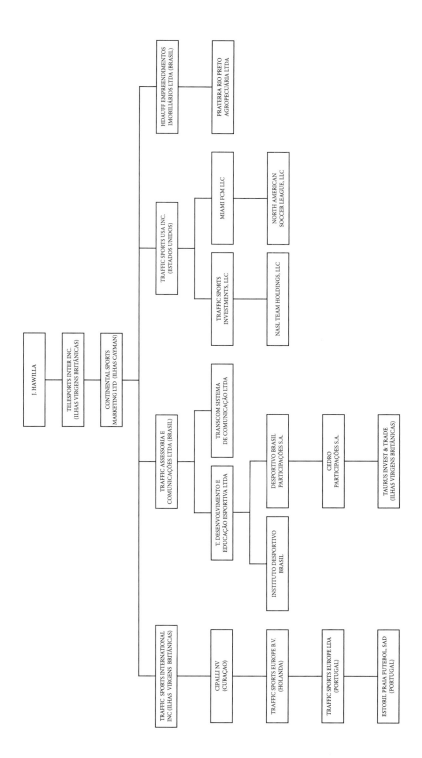

Organograma do império empresarial criado por J. Hawilla, com ramificações em vários países, incluindo paraísos fiscais.

J. Hawilla aos 20 anos, em 1963, quando era repórter da Rádio Independência, em São José do Rio Preto (SP).

Acervo dos Autores

Microfone em punho, o radialista J. Hawilla entrevista Pelé no gramado do Pacaembu. Tempos depois, já como empresários, teriam relacionamento instável.

Acervo dos Autores

Da janela do automóvel, J. Hawilla observa o então centroavante da seleção brasileira, Tostão. Como comentarista, o ex-jogador seria crítico das ideias e atitudes do dono da Traffic.

Arquivo / Estadão Conteúdo

O repórter da Rádio Bandeirantes J. Hawilla corre no gramado do Morumbi para entrevistar Leivinha e Nei na comemoração do título do Palmeiras no Campeonato Paulista de 1974, contra o Corinthians. Minutos depois, o jornalista iniciaria pesada campanha na emissora contra o craque alvinegro Rivellino, culpando-o pela derrota.

Acervo dos Autores

Com o filho Stefano, o Teté, ainda criança, no início da década de 1980.

ACERVO DOS AUTORES

Jornalistas do "pool" SBT-Record na Copa de 1986. Seria a despedida de J. Hawilla do jornalismo e o primeiro e único trabalho com o desafeto Juca Kfouri. Da esquerda para a direita, em pé: Carlos Valadares, Jorge Kajuru, Ciro José, J. Hawilla, Rui Viotti e Juca Kfouri. Agachados: Fernando Solera, Fábio Sormani, Osmar de Oliveira, Silvio Luiz, Eli Coimbra e Flávio Prado.

ACERVO DOS AUTORES

J. Hawilla (à direita) se reúne com Nicolás Leoz, poderoso chefe da Conmebol (ao centro), e com o então presidente da Associação Paraguaia de Futebol, Óscar Harisson, em um hotel de Assunção, novembro de 1997.
Carlos Gaona / ABC Color

J. Hawilla com Cees van Nieuwenhuizen, então diretor da Nike, na Copa América de 1997, poucos meses após ambos assinarem um contrato controverso.
Alexandre Battibugli / Abril Comunicações S.A.

Cheque de R$ 81,2 milhões pagos pelo fundo HMTF por 49% das quotas da Traffic, em 1999: o valor nunca foi revelado publicamente por J. Hawilla.
Acervo dos Autores

J. Hawilla posa para foto no estádio do Morumbi, em São Paulo, 1999.
Kiko Ferrite / Abril Comunicações S.A.

O empresário fala aos senadores da CPI do Futebol, em 2000; comissão foi presidida por Álvaro Dias (ao centro) e relatada por Geraldo Althoff (à esquerda).
Acervo do Senado Federal

Dono da Traffic depõe aos deputados durante a CPI da Nike, em 2001: embora criticada no relatório final, empresa seria absolvida na investigação.
Acervo da Câmara dos Deputados

J. Hawilla na sede da Traffic, no Jardim Paulistano, São Paulo: a empresa chegou a ter faturamento anual de R$ 300 milhões.

RAUL JUNIOR / ABRIL COMUNICAÇÕES S.A.

Da esquerda para a direita, no CT de Porto Feliz (SP), em 2009: Ricardo Teixeira, Orlando Silva (então ministro do Esporte), José Serra (governador de São Paulo), J. Hawilla e Eliani.

LUIZ CARLOS MURAUSKAS / FOLHAPRESS

J. Hawilla cumprimenta o amigo e sócio oculto Ricardo Teixeira na inauguração do Centro de Treinamento da Traffic em Porto Feliz (SP), em 2009.

Sérgio Castro / Estadão Conteúdo

Com o apresentador Milton Neves, em evento de 2011, no São Paulo Golf Club, na capital paulista.

Robert Thompson

O DELATOR

cuja imagem pública ficaria a salvo do trabalho sujo da corrupção. O argentino tornara-se assim o Alberto Youssef do futebol — uma referência ao doleiro que irrigou um megaesquema na Petrobras descoberto pela Operação Lava Jato.

Em entrevista aos autores deste livro, Margulies revelou toda a sua mágoa por ter sido delatado por Hawilla ao FBI:

— Ele me *traicionó* [traiu] — disse, em bom portunhol.

Foi o argentino quem apresentou J. Hawilla a Leoz, em 1986, e o ajudou a fechar seu primeiro contrato com a Conmebol, pelos direitos da Copa América daquele ano. A primeira propina paga pela Traffic a Leoz, em 1991, também foi quitada por Margulies por meio das suas *offshores*. O uso da Valente pela Traffic trouxe problemas sérios à empresa brasileira durante a Copa América do Chile. O Serviço de Impostos Internos do país detectou que um "laranja" da *offshore* de Margulies, Gerardo Parada Cáceres, entregou ao canal de TV chileno Multivisión dois recibos falsificados relativos ao pagamento de US$ 150 mil à Traffic pelos direitos de transmissão do torneio. Com isso, os impostos da transação financeira haviam sido sonegados. O Tribunal de Justiça de Santiago determinou a prisão temporária de Cáceres e proibiu Margulies de deixar o país. Em editorial, o jornal chileno *La Nación* acusou Ricardo Teixeira e João Havelange de estarem envolvidos diretamente com os negócios da Traffic. "Parada parece ser o último escalão de uma cadeia cujo outro extremo é absolutamente desconhecido. Na cabeça de tudo parece estar Havelange ou Ricardo Teixeira. [...] Hawilla as engendrou [supostas sociedades com os cartolas] para salvaguardar toda a sua rede de relações que dá dividendos aos seus associados, e se diz que inclusive a Havelange, o que não se pôde provar apesar de o dono da Traffic visitar frequentemente os escritórios da Fifa em Zurique", escreveu o jornal.[22]

---

[22] Havelange e Teixeira acusados. *Jornal dos Sports*, 26 jul. 1991.

Kleber Leite, que na época era vice-presidente da Traffic, foi escalado por J. Hawilla para contornar o problema e tratou de tirar o corpo fora — dele e do amigo:

— Se o Gerardo Parada Cáceres apresentou notas falsas, o problema não é da Traffic. Nossa empresa cumpriu à risca todas as determinações do contrato com a Confederação Sul-Americana. Minha responsabilidade era diretamente com a publicidade de campo. O Marcos Lázaro [irmão de José Margulies] negociava os direitos de transmissão da competição.[23]

Em desobediência à determinação judicial chilena, Margulies deixaria o Chile cinco dias depois, em um voo comercial.[24] Apesar do grande susto, o argentino continuou com o trabalho sujo em nome da Traffic. O pagamento serial à cartolagem por meio de Margulies se estenderia até 2007, segundo ele revelou em depoimento à Justiça de Nova York, em que se declarou culpado pelos crimes de fraude, conspiração e lavagem de dinheiro. Margulies garantiu que nada lucraria com as transferências ilícitas — queria apenas manter um bom relacionamento com a Traffic. A empresa de Hawilla transferia o dinheiro para as contas da Valente ou da Somerton nos Estados Unidos e de lá o montante seguia para outras contas mundo afora indicadas pela cartolagem. O mesmo esquema de Margulies seria utilizado posteriormente pela TyC, do argentino Alejandro Burzaco, para transferências financeiras ilegais — as propinas eram repassadas à Somerton disfarçadas em "contratos de consultoria", conforme documentos descobertos em 2016 pelos Panama Papers, vazamento de milhares de papéis de *offshores* criadas pelo escritório Mossack Fonseca no paraíso fiscal da América Central e reveladas por um consórcio de jornalistas espalhados pelo mundo. A própria Valente Corp. fora montada pela Mossack Fonseca na capital panamenha.

---

[23] Televisão chilena acusa, mas Traffic se defende. *Jornal dos Sports*, 25 jul. 1991.
[24] Brasileiro escapa do Chile. *Jornal dos Sports*, 31 jul. 1991.

O DELATOR

Entre 1999 e 2002, quando a T&T Sports & Marketing ainda era uma sociedade entre a Traffic e a TyC, a empresa de fachada assinaria seis contratos com a Somerton e a Valente para "consultoria, planejamento, monitoração e desenvolvimento" das copas Mercosul, Libertadores e América, além das Eliminatórias da Copa do Mundo de 2002, repassando às empresas de Margulies um total de US$ 58,8 milhões.[25] Em 2013, já sob controle da Fox e da TyCa T&T, repassou outros US$ 15,7 milhões às *offshores* de Margulies, de acordo com dados dos Panama Papers aos quais os autores deste livro tiveram acesso.

Margulies tomava alguns cuidados para dissimular essas operações financeiras. Costumava se valer de doleiros, destruía com frequência documentos com registros dessas transferências monetárias e aconselhava os cartolas a não receber subornos em contas registradas em seus próprios nomes, embora nem todos o ouvissem, como Nicolás Leoz. Somente entre março de 2003 e março de 2008, as *offshores* de Margulies transferiram mais de US$ 3,5 milhões para contas controladas por Esquivel, Leoz e Eugenio Figueredo, de acordo com o Departamento de Justiça dos Estados Unidos. Em 2014, o argentino se encontrou com um cartola — seu nome não é revelado pelos norte-americanos — para discutir um novo negócio no marketing esportivo. Novamente suas *offshores* serviriam para pagar aos dirigentes esportivos uma taxa anual de US$ 150 mil em propina, sendo que Margulies teria direito a uma comissão de 2% por pagamento. A proposta só não iria adiante devido à deflagração da operação do FBI, em maio de 2015.

— Tenho profundo remorso pelos problemas que causei à minha família, ao mundo do futebol e aos Estados Unidos. Com a minha aceitação de culpa, estou dando o primeiro passo para reparar esses problemas — disse o operador em sua declaração formal de culpa ao juiz Raymond Dearie.[26]

---

[25] Ato de concentração 08012.001235/2002-61, Conselho Administrativo de Defesa Econômica, Ministério da Fazenda.

[26] Ação penal 1:15-cr-00252Eastern District of New York (EUA).

Um dos beneficiários das propinas pagas por Margulies a mando da Traffic era Eugenio Figueredo, que presidiu a Associação Uruguaia de Futebol (AUF) entre 1997 e 2006. Ele também foi vice-presidente da Conmebol entre 1993 e 2013, depois assumindo o posto ocupado por Leoz. Ficaria apenas um ano no cargo — a agonia da máfia da cartolagem impediria o prolongamento de sua gestão. Figueredo encontrou no Uruguai a sua Traffic: a empresa de marketing esportivo Tenfield, largamente beneficiada com polpudos contratos ao longo de sua gestão na AUF. Em 2006, o cartola obteve a cidadania norte-americana sem passar pelo exame de proficiência em língua inglesa. Para isso, segundo o FBI, Figueredo dissera sofrer de "uma grave demência". Tudo indica que mentiu, já que o uruguaio parecia extremamente lúcido ao solicitar a Hawilla o seu quinhão nas propinas. A dupla Leoz-Figueredo capitaneava o esquema corrupto que criaria raízes profundas no prédio luxuoso de mármore italiano e vidros fumê da Avenida Sudamericana, em Luque. Demoraria décadas para que seus tentáculos fossem expostos à luz da Justiça. No Brasil, as primeiras suspeitas de que haveria algo errado na gestão do futebol vieram bem antes, pela boca do seu maior ídolo no esporte: Edson Arantes do Nascimento, o Pelé.

7

Pelé abre a boca

O empresário carioca Hélio Viana seria a primeira pedra no sapato de Ricardo Teixeira e J. Hawilla. No fim da década de 1980, Viana, um advogado de Volta Redonda (RJ) que fora nomeado subsecretário estadual de Transportes no Rio pelo então governador Leonel Brizola,[1] se aproximara de Pelé com o intuito de capitalizar a fama mundial do ex-jogador também no marketing esportivo e não apenas no passado de atleta e no namoro com a apresentadora Xuxa Meneghel. Nascia assim, em 1991, a Pelé Sports & Marketing (PSM), concorrente disposta a quebrar a parceria da Traffic com a CBF e a Conmebol. A empresa traria muitas dores de cabeça a J. Hawilla, mas também, por paradoxal que pareça, enormes benefícios: foi graças às investidas do empreendimento do craque que o dono da Traffic reforçaria ainda mais seu monopólio diante da CBF e da Conmebol.

Essa história de disputa comercial começara um ano antes da criação da PSM, em outubro de 1990, quando Viana organizou uma partida de futebol entre a Seleção Brasileira e o resto do mundo no estádio San Siro, em Milão, Itália, para comemorar o aniversário de 50 anos de Pelé. O craque aposentado procurou Teixeira. Disse ao cartola que aquela seria a última partida de futebol de sua vida e

---

[1] PADILLA, Ivan; FERNANDES, Nelito. Um rei enrolado. *Época*, 13 dez. 2010.

pediu para que a CBF colocasse em campo o time titular do Brasil. Teixeira, porém, recusou-se a convocar os atletas que atuavam na Europa. Pelé teria que se contentar com os lançamentos do meia Neto, do Corinthians. O maior jogador de todos os tempos passaria em branco e o Brasil perderia por 2 a 1.

Em 1991, logo após a primeira reeleição de Teixeira no comando da CBF, a PSM perdeu a disputa com a Traffic pelos direitos de TV dos jogos do Brasil nas Eliminatórias para a Copa do Mundo de 1994. A Pelé Sports oferecera US$ 1 milhão por partida, segundo Viana, mas, no ano seguinte, a CBF fecharia acordo com a Traffic por US$ 1,2 milhão para um pacote de quatro jogos. A disputa seguinte, pelos direitos de patrocínio e de TV do Brasileirão, faria Pelé abrir a boca em uma entrevista explosiva, que mudaria a história do marketing no futebol brasileiro.

Corria o ano de 1993 e Juca Kfouri, diretor de redação da *Playboy*, procurava algum entrevistado proeminente que marcasse os 18 anos da edição brasileira da revista. O primeiro da lista era Pelé, mas o ex-jogador já havia sido ouvido antes, nos anos 1980, e a política da *Playboy* era jamais repetir um entrevistado. A revista decidiu, porém, quebrar o script. Primeiro, a conversa fora marcada para Nova York, mas Pelé desmarcaria. Depois, reagendada para São Paulo, mas, ao chegar na portaria do edifício onde o ex-jogador morava, Juca seria informado de que Pelé havia ido ao Guarujá. Semanas depois, em uma quinta-feira, o jornalista receberia uma ligação na redação da revista. Era Pelé telefonando de Cuenca, no Equador, onde estava com Galvão Bueno para comentar o próximo jogo da Seleção Brasileira nas Eliminatórias da Copa.

— Bobeamos, vou passar aqui quinze dias, a única coisa que eu tenho que fazer são os jogos do Brasil a cada três dias. Por que você não vem para cá fazer a entrevista?

— Tá bom, eu vou.

No domingo Juca já estava em Cuenca. À noite, jantou com Pelé. A entrevista foi marcada para o dia seguinte. Viana, fiel escudeiro

O DELATOR

do ex-jogador, participaria da conversa até certo ponto, quando Juca pediu para ficar a sós com Pelé. Como aquecimento da conversa, o jornalista começou com perguntas leves, sobre a família e os filhos, para em seguida engatar a primeira mais incisiva:

— Rei, você é chorão, faz tempo que você não chora?

— Chorei anteontem.

— Por quê?

— Uma coisa chata, eu tive uma briga com o Zoca [irmão de Pelé] uns dez dias atrás. O Zoca está construindo uma casa lá em Ilhabela [SP], está obcecado por aquela casa, e deixou os assuntos do escritório, eu tive uma discussão com ele muito séria. Pela primeira vez eu briguei com o meu irmão. E anteontem eu estava aqui, liguei para a casa da minha mãe, como faço com frequência para dar notícias, perguntei para ela: "Como é mãe, tudo bem?", e ela me respondeu: "Tá tudo bem filho, está tudo em ordem." Eu disse: "Que bom." "Quem não está nada bem é seu irmão." "Por que, mãe?" "Não dorme desde que brigou com você." "Mas como, mãe?" "É, está um zumbi. Meu filho, dá uma ligada pra ele, se acerta lá, pede desculpa, você aceita tanta coisa de gente ruim e não briga, e vai brigar com o seu irmão?" E ela começou a chorar, e eu comecei a chorar.

Por dois minutos, Pelé chorou copiosamente:

— Chora, rei, chora, quem chora não tem enfarte — confortava Juca.

Quando secou as lágrimas, Pelé "era uma manteiga", recorda o jornalista. "Onde eu enfiava a faca eu tirava o que quisesse, eram postas, péin, péin... E ele falou durante umas duas horas coisas do arco da velha."[2]

Vale a pena reproduzir a dinamite detonada por Pelé na entrevista à *Playboy* — com o dedo de Viana —, publicada em agosto daquele ano:

— [Que nota você dá] para o ministro da Fazenda, Fernando Henrique Cardoso? — perguntou o jornalista.

---

[2] DINES, Alberto et al. Juca Kfouri chuta o balde. *Caros Amigos*, abr. 1997.

— Esse merece oito.

— E a Xuxa?

— Dez, é claro.

— Fidel Castro?

— Oito.

— João Havelange?

— Dez.

— Roberto Marinho?

— Dez.

— [...] Chega, vamos falar mal de alguém. Do Ricardo Teixeira, por exemplo, presidente da CBF que você ajudou a eleger. Antes disso, por sinal, você alguma vez revelou em quem votou para presidente da República?

— Não, nunca abri. Votei no Collor.

— E apoiou o Ricardo Teixeira. Que fase, hein?

— Pois é. O Ricardo Teixeira me decepcionou. Eu o apoiei porque ele me pediu, disse que precisava da minha ajuda, disse que faria na CBF alguma coisa parecida com a que João Havelange fez na Fifa. E eu acreditei. Eu me empenhei e, outra vez, me frustrei. Seis meses depois de eleito ele estava fazendo acordo com os presidentes das federações e até hoje não foi capaz de apresentar um calendário para o futebol brasileiro. Uma lástima.

— Sua recente atividade como dono da Pelé Sports & Marketing mostra o quê?

— Mostra que existe muita corrupção, infelizmente. Já aconteceu de a CBF não aceitar uma proposta nossa melhor do que a que acabou aceitando por causa de conchavos com outros grupos. Propostas menores acabam sendo aceitas só para não tirar os outros grupos, entende?

— Digamos que não. Dá para explicar melhor?

— Olha, eu tive conhecimento, porque não tratei diretamente, mas temos até documentos no nosso escritório, pelos quais podemos provar que fizemos à CBF uma proposta melhor que a aceita para

O DELATOR

o Campeonato Brasileiro do ano passado [1992]. Era melhor para a CBF, para os clubes, para a televisão, para todos. E, por interesses particulares, não se fechou com a nossa proposta. Estão aí os nossos diretores, Roberto Seabra, o Hélio Viana, que podem provar, se precisar, com documentos...

— Como é que anda a disposição do Pelé em lutar pelo futebol brasileiro?

— Não é só em relação ao futebol, é em relação a tudo. Preciso resolver onde vou poder fazer mais coisas, ser mais eficaz. Na Presidência da República, que, juro, nunca passou pela minha cabeça? Claro que lá é muito difícil atuar a curto prazo. Na presidência da Fifa? Também é uma máquina gigantesca. Então, qual é o ponto mais próximo? É ser presidente da CBF? O mais próximo seria isso, num negócio que eu vivo que é o nosso futebol. Então, eu já tenho que começar a pensar, e dizer, porque esta é uma entrevista importante, que vai ter repercussão, que vou começar a lutar agora, a arrumar parceiros, para lutar contra a corrupção que existe dentro do futebol. Não é justo você se calar diante da miséria da maioria dos nossos clubes e jogadores enquanto tem dirigentes de confederação ricos, milionários.[3]

Quando Juca retornou ao quarto do hotel, ouviu a fita gravada. "Só aí tomei dimensão do que eu tinha, da repercussão que aquilo ia ter. Cancelei o jantar [com Pelé], disse que estava em cima da hora para o fechamento da revista. Transcrevi tudo. Mas, por uma bobagem, questão ética, sei lá, resolvi na sessão seguinte [da entrevista] perguntar para ele se tinha a noção da gravidade das coisas que havia dito. Achei que não era legal publicar o que ele havia falado de forma emocionada, depois de chorar, sem antes consultá-lo. 'Pelé, você tem noção da gravidade do que você me disse?' E repeti as frases mais importantes. Ele retrucou: 'Juca, não estou entendendo.

---

[3] KFOURI, Juca. Playboy entrevista Pelé. *Playboy*, ago. 1993.

Você me pediu para falar coisas que eu nunca tinha falado antes. Eu falei e agora você reclama?'."[4]

A entrevista seria publicada em quase todas as edições da *Playboy* mundo afora. Três meses depois, Hélio Viana seria mais específico nos ataques: acusou o então diretor de marketing da CBF, José Carlos Salim, de ter exigido US$ 1 milhão em suborno para conceder à PSM os direitos de marketing e transmissão pela TV do Campeonato Brasileiro de 1992:

— Depois de conversar com o presidente Ricardo Teixeira, ele me autorizou a procurar o Salim — disse Viana na época. — Quando apresentei a proposta de US$ 5 milhões para a aquisição dos direitos de transmissão do Campeonato Brasileiro, ele disse que a oferta era excelente, mas que só poderiam constar oficialmente US$ 4 milhões, porque o restante teria de ser depositado em uma conta na Suíça.[5]

A guerra de Pelé e Viana contra a máfia do futebol no Brasil estava declarada. Baseado nas declarações da dupla, o Ministério Público Federal no Rio de Janeiro instaurou inquérito para apurar as relações da CBF com a Traffic e uma possível sonegação fiscal por parte da entidade e da empresa de marketing.[6] Em depoimento aos procuradores, Juca Kfouri escancarou a relação promíscua da Traffic com a CBF e a FPF, em São Paulo:

> [...] Que a empresa Traffic, na verdade, dedica-se mais a intermediar os direitos relativos à CBF e até a Conmebol; que em face dessas intermediações na compra e venda de direitos de transmissão de jogos de futebol para a televisão, a Traffic movimenta recursos formalmente

---

[4] MELLO, Fernando Ferrari de Almeida. *A era Teixeira*. Trabalho de Conclusão de Curso — Escola de Comunicações e Artes, Universidade de São Paulo, São Paulo, 2003.

[5] REIS, Sebastião. Briga entre CBF e Pelé promete esquentar mais. *O Estado de S. Paulo*, 2 dez. 1993.

[6] Receita vai apurar a venda da transmissão de jogos pela CBF. *O Globo*, 24 fev. 1994.

O DELATOR

e também informalmente; que a Traffic é um dos grandes agentes do futebol brasileiro atualmente, comprando os direitos de transmissão por preços mais baratos (mediante o pagamento de comissões a dirigentes de clubes e federações), escapando de licitações nos casos de estádios pertencentes ao Estado ou ao município (como o Pacaembu, em São Paulo, e o Maracanã, no Rio de Janeiro); que a Traffic adquiriu junto à CBF o direito de transmissão e exploração de publicidade nos jogos da Seleção Brasileira [...], tendo revendido dias depois, com lucros astronômicos, o direito de exploração de publicidade para a Coca-Cola; que também foram revendidos com grandes lucros os direitos de transmissão dos jogos para a TV Bandeirantes e a TV Globo; que é certo que a CBF poderia vender esses direitos diretamente às empresas mencionadas, o que dificultaria, no entanto, as propaladas comissões a que seus diretores fizeram jus com a intermediação da Traffic; que o presidente da CBF é o senhor Ricardo Teixeira, que teria sido um dos beneficiados com as comissões pagas pela Traffic.

Lendo-as hoje, após a investigação do FBI, as palavras do jornalista soam proféticas. Naquela época, porém, as investigações do Ministério Público Federal (MPF) não foram adiante, e o inquérito acabaria arquivado.

* * *

A resposta de Teixeira e de Havelange ao estrago provocado pelas declarações da dupla Pelé-Viana seria imediata. A partir daquela entrevista, Pelé tornou-se *persona non grata* tanto na CBF quanto na Fifa. Além disso, seria alvo de uma ação judicial em que Teixeira pedia US$ 60 mil de indenização por danos morais ao maior jogador de todos os tempos. Cerca de um ano depois, o cartola anexaria no processo da 13ª Vara Criminal do Rio de Janeiro reportagem da *Folha de S.Paulo* mostrando que, na verdade, a PSM oferecera à CBF um total de US$ 1 milhão pelos direitos de TV da Seleção nas partidas

128   ALLAN DE ABREU E CARLOS PETROCILO

das Eliminatórias da Copa, contra US$ 1,2 milhão da Traffic. Mesmo assim, Pelé não voltou atrás em suas declarações:

— O Ricardo Teixeira foi uma total decepção, uma frustração para o futebol brasileiro.[7]

— Quero que ele venha até meu gabinete na CBF e apresente provas, ou peça desculpas — rebatia o cartola.[8]

Pelé e Teixeira tinham um encontro marcado em 19 de dezembro de 1993 em Las Vegas, Estados Unidos, na solenidade do sorteio dos grupos da Copa. O atleta do século e mais sete jogadores sorteariam as chaves. Mas, na véspera do evento, Havelange confirmou que Pelé não participaria do sorteio:

— A Copa do Mundo não precisa do Pelé — disse o "rei sol".

O ex-jogador foi substituído pelo francês Michel Platini, que, pouco mais de vinte anos depois, seria banido do futebol pelo Comitê de Ética da Fifa, acusado de corrupção.

Em fevereiro de 1994, três meses depois do sorteio, Havelange voltaria a atacar Pelé:

— Ele não é presidente de confederação ou de clube, portanto sua presença não era obrigatória. Sua única ligação com o futebol atualmente é como empresário. Aliás, o esporte não precisa da figura do Pelé. Sobram personalidades. Hoje [Pelé] não passa de um publicitário, um empresário. [Com as acusações a Teixeira] ele sujou o nome do futebol mundial.[9]

Pelé também não seria convidado para os sorteios do grupo da Copa seguinte, na França.

As reações às declarações do ex-jogador também seriam contundentes por parte da parceria Traffic-Klefer. Em dezembro de 1994, às vésperas da eleição para a escolha do novo presidente do Flamengo, Luiz Augusto Velloso e Júlio Gomes, cartolas que

---

[7] Pelé lamenta fracasso de Teixeira. *O Estado de S. Paulo*, 16 ago. 1993.
[8] Encontrar Pelé desagrada CBF. *Folha de S.Paulo*, 18 nov. 1993.
[9] "O esporte não precisa de Pelé". *Folha de S.Paulo*, 24 fev. 1994.

O DELATOR

haviam se candidatado ao cargo, receberam uma fita cassete contendo conversas mais do que suspeitas do terceiro concorrente ao posto, Kleber Leite, resultado de um grampo clandestino feito no telefone do ex-radialista e braço direito de J. Hawilla. O *Estadão* também recebeu uma cópia da gravação e divulgou o material.[10] Na conversa, Kleber era cobrado por Hawilla por não ter depositado certa quantia em dinheiro para José Carlos Salim, o mesmo que Viana acusara de lhe exigir propina para fechar um contrato entre a entidade e a PSM:

— Fala Jotinha, disse Kleber.

— Você viu aquele negócio do Salim?

— Claro que eu vi. Liguei lá e o cara tá providenciando. Vai ver lá e amanhã eu ligo de novo pra ele.

— Providenciando o quê? — perguntou Hawilla, demonstrando, pelo tom de voz, uma leve irritação.

— Providenciando para ver qual foi o problema pro cara não ter recebido. Hawilla, esquece essa merda, deixa que eu resolvo isso. Esse troço você apaga, pode ficar tranquilo. Nunca errou, vai errar agora essa porra.

— Mas eu preciso dar uma resposta.

— Diz a ele que tá sendo resolvido.

— Mas houve algum problema? — perguntou Hawilla, preocupado.

— Hawilla, acredito que não. O cara está vendo. Amanhã de manhã ele me dá uma resposta, porque lá, nesse momento, não tem mais trabalho, são cinco e meia da tarde.

— O cara do banco, você tá falando?

— É claro! Na hora em que eu liguei pra ele, o banco ia fechar em meia hora. Ele saiu correndo pra ver o que tinha acontecido e amanhã eu ligo pra ele.

— Tá bom, tá bom, tá legal.

---

[10] REIS, Sebastião. Fitas revelam novo escândalo no futebol. *O Estado de S. Paulo*, 3 dez. 1994.

Em conversa com João Carlos Porto, um ex-dirigente do Flamengo, Kleber Leite revelou que Hawilla temia que Salim delatasse ilegalidades no contrato assinado entre a CBF e a Coca-Cola, com intermediação da Traffic, em 21 de outubro daquele ano. Nele, a entidade cedia à marca de refrigerantes o direito de patrocinar a Seleção Brasileira no período entre janeiro de 1995 e dezembro de 1998 e se obrigava a realizar dez jogos por ano da Seleção. Em troca, a Coca-Cola pagou à CBF R$ 8 milhões (R$ 50,5 milhões, em valores atualizados), dos quais 20% (R$ 1,6 milhão, ou R$ 10 milhões atuais) seriam repassados à Traffic, ao menos conforme o documento registrado no 3º Ofício de Títulos e Documentos do Rio de Janeiro.[11] No câmbio da época, R$ 8 milhões equivaliam a US$ 7,2 milhões. Segundo Viana, só US$ 4 milhões ingressaram formalmente nos cofres da CBF.

— Se o presidente da CBF assinou [o contrato], onde foi parar o restante? — questionava.[12]

Naquela mesma data a CBF e a Traffic assinavam novo contrato em que a primeira cedia à segunda os direitos comerciais e de publicidade da Seleção pelo período em que perdurasse o contrato com a Coca-Cola, com opção de renovação por mais quatro anos, até 2002. Por esses direitos, conforme o acordo, a Traffic pagou à CBF R$ 1 milhão (R$ 6,3 milhões em valores corrigidos)[13] — de 1999 a 2002, a empresa dobrou o pagamento, para R$ 2 milhões.[14]

— O Hawilla tá se cagando todo, cara — disse João Carlos Porto. — Ele está com medo que o Salim pipoque e entregue o ouro a respeito daquela transação com a Coca-Cola. Pior é que esse crioulo [referindo-se a Pelé] fica aí todo dia botando a boca no mundo e a gente nem pode fazer nada.

---

[11] Microfilme 345371, 3º Ofício de Títulos e Documentos do Rio de Janeiro.
[12] REIS, Sebastião. Briga entre CBF e Pelé promete esquentar mais. *O Estado de S. Paulo*, 2 dez. 1993.
[13] Microfilme 341945, 3º Ofício de Títulos e Documentos do Rio de Janeiro.
[14] Microfilme 863574, 7º Ofício de Títulos e Documentos de São Paulo.

O DELATOR

Kleber começou, então, a fustigar Pelé.

— Tinha que ir na ferida dele, na imagem dele. Passar que ele é um filho da puta. Pegar coisas e mostrar. As pessoas mudam de opinião, rapaz. Todo mundo muda de opinião de um minuto para o outro. Começa a mostrar e o cara fica fragilizado.

— Vai devagar com isso, porque não interessa pra gente que a imprensa fique aí todo dia divulgando contratos com a CBF e o Flamengo. Vai manso nesse assunto, cara.

Mas Kleber continuaria a falar de seus planos para atacar Pelé, agora com o sócio na Klefer, Fernando Luís.

— Tá tudo equivocado. Se uma puta dá uma entrevista coletiva e fala que o Kleber é brocha, tá bem. Você vai me sacanear, o Hawilla, o Noronha, e morreu. Se uma puta fizer uma conferência de imprensa e disser que o Pelé é brocha, vai ser manchete: "Pelé é brocha." E daí vem matéria com a puta. Eu fodo com esse cara.

— Mas vale a pena isso? — perguntou Fernando Luís.

— Vale, claro que vale. Vale qualquer coisa.

Os sócios passaram então a tratar da disputa entre a Traffic e a PSM pelas placas de publicidade do estádio do Morumbi. Kleber dizia acreditar que Ricardo Teixeira e José Eduardo Pimenta, dirigente do São Paulo Futebol Clube na época, beneficiariam a empresa de J. Hawilla na briga comercial:

— No Morumbi não tem que ter concorrência — disse Kleber.

— O Hawilla não vai perder esse negócio do Pimenta nem na porrada, não é? — questionou o sócio Luís Fernando.

— Teoricamente não, mas sei lá. A intenção desse cara [Pelé] é exatamente essa. É tumultuar, é fragilizar.

— São as armas que ele tem.

— São as armas que ele tem porque você não tá sabendo lidar com ele. Enfia a porrada nele que ele se fode todo. Mas eu já contratei os caras, eu mandei encomendar o negócio dele. Eu quero dele também, quero da empresa. Eu faço uma sacanagem monstra. Vamos na televisão, chamamos agência noticiosa, UPI, AP, France Presse... Tem que bater firme, fundo.

— Se você e o Hawilla não comungarem num pensamento, é tudo o que o cara quer — aconselhou Luís Fernando. — O que o cara quer é a porrada de vocês dois. Ele vai conseguir o que quis. A única coisa que não pode acontecer é vocês se desentenderem. Vocês não podem demonstrar fraqueza. Os caras lá vão falar: "Os caras estão nervosos, estão na porrada entre si." Agora, se eles aumentarem o volume da pressão, é um caso a pensar. Se pegar mais pesado. Eles querem a CBF. Vocês não podem ficar nervosos.

— Tem que pegar os pontos vulneráveis deles.

— O que o Hawilla acha se for feito isso que você tá querendo [manchar a imagem de Pelé], o que pode acontecer?

— O Hawilla está se cagando. Tá com medo.

— Tu acha que o Pimenta vai fazer negócio com o Pelé? Não vai, não vai. O Pimenta dá [as placas] pra quem ele quer. O Ricardo dá pra quem ele quer.

E deu... para a Traffic.

O braço direito de Hawilla no Rio também tramou planos com o presidente da CBF para prejudicar a PSM:

— Saiu esse negócio dessas notas [em jornais] desses caras tudo hoje de novo — reclamou Kleber.

— Mas veja, eles rodam, rodam, rodam, e o que eles dizem de concreto?

— Mas isso é que é sacanagem, sabe, Ricardo?

— Mas o que você quer que eu faça?

— Outras agências [de marketing] vão vender esses ingressos na Copa do Mundo, não vão?

— Não, por enquanto só aquelas quatro dele [possivelmente Pelé].

— Mas há possibilidade...

— Eu estou montando mais duas para foder ele.

Nem o plano de Kleber Leite contra Pelé seria levado a cabo, nem a ação judicial por danos morais movida por Ricardo Teixeira e José Carlos Salim contra o ex-jogador e seu sócio Viana prosperariam — o processo acabaria arquivado. Mas as portas da CBF se

O atrito entre Ricardo Teixeira e Havelange tampouco seria suficiente para frear o sentimento de vingança da dupla. Em 1995, um acidente em estrada da Flórida, Estados Unidos, matou Adriane, uma jovem brasileira que, segundo revelou Juca Kfouri em sua coluna na *Folha de S.Paulo*, era amante de Teixeira. De acordo com o jornalista, o cartola estava no carro e também foi ferido, embora com menor gravidade. Adriane era amiga de uma funcionária de Wagner José Abrahão, outro parceiro de Teixeira que seria amplamente beneficiado por contratos entre a CBF e suas agências de viagem, como se verá adiante. A revelação do acidente caiu como uma bomba nas famílias Teixeira e Havelange. Desgastado publicamente com o episódio, Teixeira precisou vender sua mansão na Flórida. J. Hawilla novamente lhe estendeu a mão, ainda que indiretamente: o imóvel foi adquirido pela Solimare International, empresa de Waldemar Verdi Júnior,[15] dono da Rodobens, com negócios imobiliários por todo o país. Deco, seu apelido, é amigo de J. Hawilla desde os tempos de infância em Rio Preto. Hawilla, Deco e o empresário Lírio Parisotto são sócios na empresa Segurança Táxi Aéreo, dona de um jatinho Cessna 680 Citation avaliado em US$ 7 milhões.

Após muitas brigas, Lúcia, a filha do "rei sol" da Fifa, oficializou o divórcio com o presidente da CBF em 1998. Naquele ano, Pelé queria emplacar a sua PSM como a agência oficial de pacotes turísticos para a Copa na França, no lugar da Stella Barros, de Abrahão. Entre vingar a filha traída e ferrar o ex-jogador boquirroto, Havelange ficaria com a segunda opção: na época, o Comitê Organizador do Mundial confirmou que preterira a PSM pelo mau relacionamento do ex-jogador com Teixeira.[16]

---

[15] RIBEIRO JR., Amaury et al. *O lado sujo do futebol*. São Paulo: Planeta, 2014.
[16] Idem.

134 ALLAN DE ABREU E CARLOS PETROCILO

Já a Traffic aproveitaria a situação para reforçar ainda mais a parceria, com contratos de marketing que cresciam exponencialmente em valores e também em suspeitas de irregularidades. Em janeiro de 1997, um ano antes do vencimento do contrato de 1994, a Coca-Cola renovou o acordo com a CBF e a Traffic para patrocinar a Seleção Brasileira por mais quatro anos, até 2002, agora por R$ 30 milhões (R$ 142 milhões corrigidos pela inflação), ou 275% a mais do que o anterior. Novamente a Traffic mordeu 20%, ou R$ 6 milhões (R$ 28,5 milhões atuais).[17] Segundo a Traffic informou em 1999 à *Folha de S.Paulo*, R$ 4,79 milhões foram depositados na conta da CBF em 1998, após o desconto dos 20% da empresa. Além do patrocínio, Hawilla afirmou ter depositado mais R$ 250 mil à entidade relativos à venda das placas de publicidade dos jogos da seleção de 1998. No entanto, constava no balanço orçamentário da CBF ter recebido R$ 4 milhões da Traffic, uma diferença de R$ 1 milhão que ninguém saberia explicar.[18]

A essa altura, Pelé já era ministro do Esporte no governo Fernando Henrique Cardoso, a contragosto de Teixeira, que chegou a telefonar a líderes do PSDB para dizer que o plano da CBF de trazer a Copa do Mundo de 1998 para o Brasil fracassaria se Pelé, o inimigo de Havelange e da "família do futebol", virasse ministro.[19] Ao assumir o posto, Pelé nomeou o sócio Viana como secretário-executivo da pasta. Com o aval do presidente e apoio do então subchefe jurídico da Casa Civil, Gilmar Mendes, atual ministro do STF, ambos propuseram um projeto de lei no Congresso que prometia modernizar a gestão do futebol brasileiro, ao exigir maior transparência contábil dos clubes e federações, que seriam

---

[17] Microfilme 1239558, 1º Ofício de Títulos e Documentos do Rio de Janeiro.
[18] RANGEL, Sérgio. Coca-Cola afirma ter pago mais do que CBF declarou. *Folha de S.Paulo*, 28 jan. 1999.
[19] MELLO, Fernando Ferrari de Almeida. *A era Teixeira*. Trabalho de Conclusão de Curso — Escola de Comunicações e Artes, Universidade de São Paulo, São Paulo, 2003.

O DELATOR

fiscalizados pelo Ministério Público, instituir o direito do consumidor no esporte, prever a montagem de ligas entre os clubes e, principalmente, extinguir a "lei do passe", que vinculava os jogadores indefinidamente aos clubes, independentemente do fim do contrato de trabalho. A Lei 9.615, que ficaria conhecida como Lei Pelé, previa o fim da escravidão dos atletas de futebol no país, ao extinguir o principal ativo dos clubes, a venda de jogadores como mercadoria. Por isso, seria duramente atacada pela máfia que agia dentro da CBF. Ricardo Teixeira acionou sua "bancada da bola" no Parlamento, liderada pelo então deputado federal e vice-presidente do Vasco, Eurico Miranda, para barrar o projeto — a entidade tinha uma mansão em Brasília para facilitar o lobby parlamentar. Não conseguiu. A lei acabou aprovada pelo Congresso e sancionada por FHC em março de 1998, embora posteriormente a bancada da CBF viesse a ser bem-sucedida na missão de suavizar vários pontos da norma, como a exigência de profissionalização dos clubes e a fiscalização pelo Ministério Público. Durante um seminário de marketing esportivo no Rio, Hawilla atacou o fim do passe:

— Um absurdo, tira dos clubes seu maior patrimônio, o passe dos jogadores.[20]

Mas o dono da Traffic e o presidente da CBF preparavam um golpe mortal na dupla Pelé-Viana. Nada de armações com prostitutas, como sugerira Kleber Leite. Atacariam o caixa da PSM.

A Supercopa Libertadores era um torneio criado pela Conmebol, em 1988, para reunir todos os campeões da Copa Libertadores. Nos primeiros anos, a competição não empolgou o público, por isso nunca atraiu as atenções da Traffic, mais interessada na própria Libertadores, em que negociava diretamente com os clubes participantes, e na Copa América. Por isso, a entidade presidida por Nicolás Leoz decidiu contratar a PSM para cuidar do marketing do torneio. A

---

[20] CLEMENT, Paulo Julio; MARIA FILHO, Antonio. Conflito de interesses. *O Globo*, 1º mai. 1999.

empresa fechou parceria com a TV Bandeirantes e as transmissões logo fizeram da Supercopa um sucesso de público — em 1992, por exemplo, o estádio Mineirão foi tomado por 80 mil pessoas no jogo em que o Cruzeiro sagrou-se bicampeão ao vencer o Racing por 4 a 0.

Em outubro de 1997, Leoz se reuniu com Teixeira e Hawilla em Assunção.[21] De comum acordo, decidiram criar a Copa Mercosul, que seria disputada a partir do ano seguinte no lugar da Supercopa, com clubes convidados do Brasil, Argentina, Chile, Paraguai e Uruguai. O marketing do novo torneio foi entregue de bandeja à T&T Sports Marketing, a sociedade entre a Traffic e a TyC. Os valores do contrato nunca foram divulgados, sob o argumento de que o acordo era confidencial. Hélio Viana procurou Hawilla:

— É um absurdo vocês acabarem com a Supercopa — disse.

O empresário paulista não respondeu.

— Por que não juntamos forças? — propôs então Viana. — Cedo metade dos direitos [da Supercopa].

— Infelizmente não dá. Temos outros parceiros.

De olho na audiência e em acordo com a TV, a CBF e a Traffic escolheram para a competição os cinco clubes de maior torcida: Flamengo, Corinthians, São Paulo, Palmeiras e Vasco. Ficaram de fora três campeões da Libertadores que até então disputavam anualmente a Supercopa: Cruzeiro, Grêmio e Santos. Em artigo no jornal *Folha de S.Paulo*, o então deputado federal Eurico Miranda, vice-presidente do Vasco, criticou a Mercosul — o cartola mudaria constantemente de opinião ao longo da "era Teixeira", ora defendendo-o, ora atacando-o, conforme suas conveniências políticas e comerciais. Naquele novembro de 1998, o Vasco assinara contrato de parceria com o Nations Bank, dos Estados Unidos, por intermédio da PSM: "Simplesmente não concordo e não admito que esse torneio Mercosul tenha sido colocado de forma prioritária, acima, inclusive, do

---

[21] CLEMENT, Paulo Julio; FONSECA, Mauricio. Chumbo no Rei. *O Globo*, 11 out. 1997.

O DELATOR

Campeonato Brasileiro, obrigando inúmeras mudanças na tabela de nossa principal competição." De quebra, Eurico também atacou a associação Traffic-CBF: "Por que essa exclusividade de negócios com a CBF? Por que são sempre os mesmos intermediários? [...] Por que ingressaram no esporte, por meio do jornalismo, e o deixaram e passaram a ser exploradores do mesmo? Provoquem-me, para que eu diga tudo o que sei!"[22]

Hawilla defendia-se:

— Toda empresa grande tem firma aberta nas Bahamas, Ilhas Cayman; é normal, facilita essas operações internacionais. Nós fazemos tudo por meio do Banco Central do Brasil, é um negócio 100% legal.[23]

As críticas também vinham de outros países. Jorge Claro, ex-presidente do clube chileno Universidad Católica, afirmou à imprensa do seu país que as negociações entre a Conmebol e a Traffic para a venda dos direitos de transmissão da Copa América, da Taça Libertadores e da Copa Mercosul haviam sido "um roubo escandaloso". Hawilla reagia com ferocidade:

— Jorge Claro não é ninguém, não existe. Ele está agindo por motivos políticos.[24]

Em 1998, a T&T faturou US$ 40 milhões com a Copa Mercosul.[25] Apesar do sucesso financeiro, o torneio teria apenas três edições — a decisão do último ano, em 2001, entre San Lorenzo e Flamengo, por pouco não foi disputada fora de Buenos Aires devido à forte turbulência político-econômica argentina na época.

Hawilla garantia que Pelé era um fantoche de Hélio Viana na briga da PSM com a Traffic e a CBF. Por isso procurou o ex-jogador

---

[22] MIRANDA, Eurico. Por que são sempre os mesmos? *Folha de S.Paulo*, 20 nov. 1998.

[23] ORICCHIO, Livio. Hawilla espera documentos para dar troco a Eurico. *O Estado de S. Paulo*, 17 nov. 1998.

[24] Traffic contesta acusação de chileno sobre favorecimento. *Folha de S.Paulo*, 7 dez. 1999.

[25] Ato de concentração 08012.007623/99-07, Conselho Administrativo de Defesa Econômica, Ministério da Fazenda.

138 ALLAN DE ABREU E CARLOS PETROCILO

propondo um armistício. "[O empresário] pediu que eu me sentasse com o Ricardo Teixeira. Ele chegou até a me perguntar como reagiria diante de um pedido do Fernando Henrique [Cardoso]", disse em entrevista. Pelé rejeitou a proposta: "Eu não posso fazer acordo com quem dirige uma organização que eu já acusei de corrupta no passado."[26]

Pouco tempo depois, no entanto, as coisas mudariam. Em 2001, a PSM estava em frangalhos, com poucos contratos e dívidas milionárias. Pelé e Viana romperam a sociedade, fecharam a empresa e passaram a trocar acusações na mídia e na Justiça sobre o desvio de US$ 700 mil pagos pela Unicef à PSM para um evento esportivo não realizado na Argentina.[27]

Sozinho na guerra, só aí o ex-jogador aceitou um armistício, aproximando-se de Teixeira e Hawilla. A paz foi selada na festa de inauguração da nova sede da Traffic, em março de 2001, para grande decepção de Juca. "Foi o acordão da bola. Para o futebol brasileiro, foi o equivalente ao golpe de 1964", compara o jornalista, que desde então rompeu a amizade que mantinha com o jogador. Os autores deste livro procuraram o atleta do século por meio de sua assessoria, mas ele não quis se manifestar.

A Traffic tinha o controle da CBF e da Conmebol, mas queria mais. Com Teixeira, Hawilla arquitetou o maior contrato de patrocínio da história do futebol. O que parecia um *case* de enorme sucesso no marketing esportivo, porém, revelou-se um enredo de muita ganância e falcatrua às custas do futebol brasileiro.

---

[26] KFOURI, Juca. Por que Pelé não quer acordo com Teixeira. *Folha de S.Paulo*, 21 mar. 1999.

[27] ARAÚJO, Luís Edmundo. Pelé me deve uns US$ 5 milhões. *IstoÉ Gente*, 15 abr. 2002.

8

Vende-se uma seleção de futebol

Entre uma taça de vinho e outra, J. Hawilla e Ricardo Teixeira suspiravam aliviados e felizes naquela noite de 11 de julho de 1996, uma quinta-feira de tempo ameno em Nova York. Poucas horas antes, a inseparável dupla havia assinado o documento que prometia revolucionar a história do marketing esportivo: nele, CBF e Traffic entregavam à Nike o direito de estampar seu famoso emblema em forma de asa na camisa da Seleção Brasileira pelo período de dez anos. Em troca, a entidade embolsaria inacreditáveis US$ 160 milhões no período. Era, de longe, o maior contrato de marketing esportivo já realizado no planeta. O que as cifras escondiam, porém, era muito mais do que uma simples parceria: Hawilla e Teixeira retiravam das mãos dos brasileiros a mais famosa seleção de futebol do mundo para entregá-la aos interesses da todo-poderosa multinacional norte-americana. Era o ápice do poder do marketing sobre o futebol.

O dono da Traffic e o cartola da CBF surfavam na euforia que tomara conta dos dirigentes do futebol brasileiro por conta da conquista do tetracampeonato na Copa de 1994, nos Estados Unidos, após um longo hiato de 24 anos sem levantar o troféu. De uma hora para outra, a camisa canarinho recobrara seu valor após aquela histórica final em Pasadena, Califórnia, vencida pelo Brasil na disputa de pênaltis contra a Itália, após um 0 a 0 no tempo normal. A Coca-Cola dobraria o valor do patrocínio à Seleção, de US$ 2 milhões para US$ 4 milhões anuais. A alegria se misturou à arrogância no "voo da muamba", em que jogadores, comissão técnica e o próprio Teixeira trouxeram 14,4 toneladas de eletrodomésticos e quinquilharias dos Estados Unidos e se negaram a passar pela inspeção alfandegária da Receita Federal, no Rio. O cartola, que trouxera equipamentos para o seu bar El Turf, telefonou para o então ministro da Casa Civil, Henrique Hargreaves:

— Temos um problemão aqui. Se a bagagem não for liberada já, os jogadores não vão desfilar em carro aberto.

A muamba foi liberada sem inspeção nem pagamento de tributos. O valor sonegado foi de aproximadamente US$ 1 milhão.

Embora o futebol não seja o esporte mais popular entre os norte-americanos, a Copa de 1994 foi um sucesso absoluto, com público total de 3,5 milhões, recorde que não seria superado até a edição de 2014, no Brasil. O raciocínio é lógico: onde há gente, sempre existem oportunidades de lucros. A norte-americana Nike Inc., uma empresa nascida em 1964 no estado do Oregon, notou esse filão e decidiu aproveitar a primeira Copa do Mundo em sua terra natal para mergulhar de vez no mundo do futebol, na época amplamente dominado pela alemã Adidas. A Nike passaria a estampar as camisas das seleções dos Estados Unidos, da Itália e da Holanda. Mas o grande objeto de desejo da multinacional sempre foi a amarelinha brasileira.

Esse namoro começara antes mesmo da competição. Durante o sorteio das chaves do torneio, no hotel Caesar Park de Los Angeles, J. Hawilla foi procurado pelo holandês Cees van Nieuwenhuizen, diretor da divisão de marketing esportivo da Nike. Sem rodeios, o executivo disse que a empresa queria patrocinar a camisa da Seleção Brasileira:

— O conselho de administração da Nike ainda não oficializou a decisão, mas deve aprovar em seis meses. No futebol, não há marca

O DELATOR

melhor do que a Seleção Brasileira. Assim que tiver uma posição, vou te procurar.[1]

Na época, a Seleção vestia a marca inglesa Umbro. Com o fim da Copa, o mesmo diretor voltou a procurar o dono da Traffic. Disse que queria conversar. Com um tino natural para os negócios, Hawilla iniciou um leilão da camisa canarinho. Primeiro voou à Alemanha para se reunir com executivos da Adidas. Disse a eles que a CBF estava prestes a fechar um acordo milionário com a Nike. Os alemães então atacaram: formalizaram por carta uma oferta de US$ 150 milhões para fornecer o uniforme à Seleção tetracampeã por dez anos, ou US$ 15 milhões por ano.

Com a carta em mãos, Hawilla viajou novamente, agora para o Oregon, na sede da Nike Inc. Dinheiro não era problema, garantiram os norte-americanos. E fizeram sua proposta: US$ 160 milhões, também por dez anos.

Do Oregon, o empresário brasileiro voou para Salsalito, Califórnia, então sede da Umbro. "Quando mostrei a oferta da Nike, o cara da Umbro quase caiu da cadeira. Disse que não tinha como cobrir. Que, se ele topasse, quebraria a empresa", lembraria Hawilla[2] — a Umbro pagava à CBF US$ 1,5 milhão anuais.

A Nike tornou-se então o caminho natural para Teixeira e Hawilla. Faltava, porém, negociar todos os termos da parceria. Foram duas semanas tensas em Nova York, com reuniões que inevitavelmente se estendiam pela madrugada — algumas só se encerravam por volta das quatro da manhã. Ficou acordado que, além dos US$ 160 milhões, a Nike pagaria os US$ 10 milhões à concorrente Umbro pela rescisão do contrato, que seriam descontados dos US$ 160 milhões pagos à CBF, conforme a CPI da Nike no Congresso comprovaria. "Chama a atenção o fato de que o contrato CBF/Umbro não incluía cláusula

---

[1] MELLO, Fernando Ferrari de Almeida. *A era Teixeira*. Trabalho de Conclusão de Curso — Escola de Comunicações e Artes, Universidade de São Paulo, São Paulo, 2003.
[2] Idem.

penal alguma, que é uma falha do trabalho de intermediação da Traffic, a qual deveria ter sido responsabilizada pelo prejuízo causado à sua cliente. Essa cláusula foi acordada depois, em conjunto com a Nike, e tudo se resolveu com a Nike adiantando o dinheiro e a CBF arcando com o prejuízo."[3] A Traffic recebeu 5% de comissão apenas pela intermediação do acordo com a Nike, o equivalente a US$ 800 mil por ano. Secretamente, no entanto, receberia muito mais, como se verá adiante.

O negócio da parceria CBF-Traffic seria tornado público em um evento badalado na Urca, tradicional ponto turístico do Rio, em 5 de dezembro daquele ano. Diante de garotos exibindo o design do novo uniforme, Teixeira exultava.

— Não se trata de um patrocínio, mas de uma sociedade — disse.[4]

Os detalhes do contrato, porém, foram mantidos a sete chaves pelos novos sócios Nike-CBF-Traffic. Na época, poucos se importaram com isso. Todo o foco dos brasileiros estava na expectativa do pentacampeonato na Copa da França, em 1998, pelos pés do craque Ronaldo, não à toa apelidado de "Fenômeno", ele também um garoto propaganda da Nike.

A marca esportiva norte-americana era onipresente na rotina dos jogadores e da comissão técnica. O primeiro a verbalizar o desconforto com a situação foi o volante Dunga, líder e símbolo da seleção tetracampeã. O jogador reclamou da exigência da multinacional em contar com os atletas na inauguração de um espaço esportivo em Neuilly-Seine, cidade vizinha a Paris. Devido ao compromisso, a seleção treinaria apenas quinze minutos a seis dias da estreia contra a Escócia.

— Acho bacana que exista um espaço para as crianças, mas a vinda da Seleção nesse momento é inoportuna.[5]

---

[3] Relatório final da CPI da Nike na Câmara dos Deputados, junho de 2001.
[4] MAGALHÃES, Mario. Nova camisa do Brasil retoma a tradição. *Folha de S.Paulo*, 6 dez. 1996.
[5] GIMENEZ, Alexandre et al. Dunga critica evento da Nike. *Folha de S.Paulo*, 6 jun. 1998.

O DELATOR

Após uma campanha acidentada, o Brasil da Nike chegou à final contra a França, país anfitrião, patrocinado pela grande concorrente Adidas. Aquele jogo transcendia uma partida de futebol. Era a guerra do marketing esportivo dentro do gramado. Minutos antes do jogo, de seus camarotes VIP, Hawilla e Teixeira acompanhavam o espetáculo da torcida francesa, que lotava as arquibancadas do Stade de France, em Paris. Quando a Fifa anunciou a escalação do Brasil, porém, veio o grande susto: Ronaldo, o melhor jogador da equipe, artilheiro da Copa e favorito ao prêmio de melhor jogador do torneio, estava fora da partida. No seu lugar, aparecia o polêmico e errático Edmundo.

Entre muitas especulações, descobriu-se que o camisa 9 havia sofrido um ataque epilético horas antes da partida, ainda no hotel. Mesmo se dizendo recuperado, sua escalação dividiu os jogadores e a comissão técnica. Por fim, Ronaldo entraria em campo. E só. Apático, pouco pegou na bola. Foi um massacre da França, que venceu por 3 a 0, dois gols do craque Zinedine Zidane.

Ricardo Teixeira, que via no penta a chance de calar de vez seus inimigos, retornou ao Brasil fragilizado. Era o início de um longo calvário, que levaria o parceiro Hawilla de roldão.

Edmundo jogou mais lenha na fogueira. Dias depois da final, disse que funcionários da Nike "viviam na seleção". Cresciam as especulações de que a patrocinadora mandava na equipe e que havia forçado a escalação de seu garoto-propaganda Ronaldo. O que era euforia transformava-se lentamente em indignação.

Rapidamente, Teixeira e Hawilla trataram de juntar os cacos e reerguer a Seleção. Com a derrota na França, o técnico Zagallo foi demitido. Para o seu lugar, Hawilla defendia Vanderlei Luxemburgo, que na época vivia o auge como treinador — ele seria campeão brasileiro pelo Corinthians em 1998. O dono da Traffic marcou um jantar na casa dele, nos Jardins, com Teixeira e o técnico. A certa altura da conversa, Hawilla pediu que os dois convidados saíssem do encontro com o compromisso fechado. Teixeira respondeu:

— Eu prometi dar esse furo do novo técnico ao Galvão Bueno.[6]

Imediatamente o dirigente telefonou para o amigo locutor. Na mesma noite, o *Jornal da Globo* noticiava o início da era Luxemburgo. Em pouco tempo a mídia parecia ter se esquecido da tragédia de Paris e destacava os métodos mais "modernos" do novo técnico da Seleção. De repente, nova bomba: o *Notícias Populares* revelou uma gravação de conversa atribuída a Edmundo em que ele afirmava que a escalação de Ronaldo era exigência de um contrato à parte assinado entre a multinacional e a CBF:

— A Nike tem força na seleção. Ela negociou direto com o presidente [Teixeira]. Quer dizer, o presidente levou uma porcentagem na negociação. O negócio da Nike é uma coisa verdadeira. Tem um contrato que o Ronaldo tem que jogar todos, todos os jogos, os noventa minutos.

O suposto jogador também criticava a postura profissional do médico da Seleção, Lídio Toledo, no episódio da convulsão de Ronaldo:

— Todo mundo ficou meio puto com o Lídio, porque quando ele [Ronaldo] tava passando mal [...], o doutor Lídio só ficava assim: "Vai passar, vai passar."

Tanto o chefão da CBF quanto a Nike negaram o tal contrato paralelo e a obrigação em escalar Ronaldo. Teixeira ainda ameaçou processar judicialmente todos os veículos de imprensa que transcrevessem o diálogo. Já Edmundo negou que a voz na gravação fosse dele.

As suspeitas de que havia algo grave no contrato Nike-CBF--Traffic só cresciam. Principalmente depois que, no dia 27 de janeiro de 1999, a *Folha* mostrou que, apesar dos milhões da Nike, a CBF tivera um prejuízo contábil de R$ 15,1 milhões em 1998. Parte do mistério acabaria quatro dias depois, quando o mesmo jornal reve-

---

[6] MELLO, Fernando Ferrari de Almeida. *A era Teixeira*. Trabalho de Conclusão de Curso — Escola de Comunicações e Artes, Universidade de São Paulo, São Paulo, 2003.

O DELATOR

lou pela primeira vez o conteúdo do contrato com a multinacional. Os detalhes eram, de fato, assustadores: desde 11 de julho de 1996, data da assinatura do acordo, quem mandava de fato na Seleção era a Nike. Nas 11.500 palavras do contrato, chamava a atenção a cláusula 8.4, que previa um mínimo de cinquenta amistosos da Seleção durante os dez anos de vigência do contrato, com pelo menos três partidas por ano. "Todos esses jogos serão realizados fora do Brasil", estabelecia. Além disso, caberia à Nike escolher os adversários da Seleção Brasileira, conforme suas conveniências, e toda a renda desses amistosos ficaria com a multinacional. Já a CBF era obrigada a colocar em campo, nessas partidas, uma equipe com ao menos oito dos onze titulares "de primeira linha". Hawilla diria posteriormente que convencera Teixeira a aceitar esse item.[7] Por último, casos de litígio envolvendo o contrato seriam resolvidos na Suíça, sob as leis daquele país, e não no Brasil, sede da CBF. "O contrato da CBF com a Nike não é um contrato como outro qualquer; é uma rendição melancólica ao poder do dinheiro", escreveu o jornalista Armando Nogueira no *Estadão*.[8]

A divulgação do acordo repercutiu em Brasília. Teixeira, que se orgulhava de ter em suas mãos mais de uma dezena de parlamentares, muitos deles com campanhas políticas financiadas pela entidade, não percebeu o movimento discreto de um deputado oposicionista. Na surdina, Aldo Rebelo, do PCdoB, se articulava para colher assinaturas e instalar uma CPI na Câmara Federal. "Os dirigentes da CBF receberam a notícia com gargalhadas. Achavam que um deputado da oposição ao governo nunca teria força para investigar o Ricardo Teixeira", disse o político anos depois.[9]

O foco inicial era apurar a fundo o contrato com a Nike, com o argumento de que o acordo feria a soberania nacional. Mas havia

---

[7] MARANHÃO, Carlos. Jogada de milhões. *Veja*, 11 ago. 1999.
[8] NOGUEIRA, Armando. A seleção vírgula. *O Estado de S. Paulo*, 3 fev. 1999.
[9] MELLO, Fernando; BOMBIG, José Alberto. A era Teixeira. *Folha de S.Paulo*, 26 mai. 2002.

um objetivo maior: devassar a gestão de Teixeira na CBF e comprovar cabalmente a sociedade do cartola com J. Hawilla. Parecia algo simples e lógico. Parecia...

A primeira grande dificuldade de Aldo Rebelo seria reunir as 171 assinaturas necessárias entre os 513 deputados para instalar a CPI. Com o auxílio de Eurico Miranda, estão na oposição a Teixeira, obteve 183 no início de 1999. O "capo" da CBF resolveu agir. Foi até Brasília convencer os parlamentares a retirar suas assinaturas. Treze cederam. Além disso, a Mesa Diretora da Câmara decidiu que apenas 157 assinaturas eram válidas. O comunista contra-atacou e conseguiu novas assinaturas, preenchendo o número mínimo estipulado. O próximo passo seria convencer o então presidente da Casa, Michel Temer (PMDB-SP), a iniciar a investigação. O cartola enviou então uma carta a Rebelo e a Temer tentando demovê-los da iniciativa. Para Teixeira, o Congresso deveria se preocupar com outros assuntos mais importantes, "não com questões menores".

O lobby foi reforçado por Zagallo e Luxemburgo, que também assinaram declarações em que juravam ter tido autonomia total para escalar as equipes e que a Nike jamais havia interferido no trabalho da comissão técnica. Luxemburgo foi além: em 17 de março de 1999, visitou Temer e o presidente do Senado, Antônio Carlos Magalhães (PFL-BA), acompanhado da cúpula da CBF.

— Falei que nada justificava a CPI. Como o deputado [Rebelo] diz que o contrato da Nike fere a soberania do país, fui lá e falei que é uma grande mentira. Contei aos deputados que quem manda na seleção é o treinador — diria o técnico à imprensa. Aldo reagiu com ironia ao pedido:

— Agradeço as declarações dos treinadores Zagallo e Luxemburgo, tão parecidas na espontaneidade e no estilo.

Teixeira venceria o primeiro round da luta. No fim daquele mês, Temer decidira desarquivar outras CPIs e colocou a da Nike na fila de espera, já que, pelo regimento da Câmara, apenas cinco comissões podem funcionar simultaneamente.

O DELATOR

Para reduzir a pressão da opinião pública, tanto a Nike quanto a CBF e a Traffic pactuaram, em abril de 2000, uma suavização do contrato, reduzindo a quantidade mínima de amistosos da Seleção de três para dois por ano e eliminando a obrigação da CBF de escalar nessas partidas o "time de elite" do Brasil.

— Quero confessar aqui que foi um exagero. É muito jogo. A Seleção Brasileira não pode expor-se tanto, sem contar seus demais compromissos — disse J. Hawilla à revista *Veja*.[10]

Mas o mesmo Vanderlei Luxemburgo, que, em um primeiro momento, ajudara a salvar Teixeira abafando a CPI, foi o que, um ano depois, acabaria, sem querer, empurrando o patrão para a temida comissão. O início do trabalho do treinador na Seleção fora promissor, com uma jornada invicta e o título da Copa América de 1999, no Paraguai. Uma campanha fraca nas Eliminatórias para a Copa do Mundo de 2002, porém, aumentaria a pressão da opinião pública sobre o técnico. A bomba contra ele, no entanto, viria em agosto de 2000, quando sua ex-secretária o acusou publicamente de receber comissões para convocar atletas. Na mesma época, passou a ser investigado pelo Ministério Público e pela Receita Federal por sonegação fiscal, após ter sido autuado, por três vezes, pelo Fisco, com multas que somavam R$ 1,3 milhão. Teixeira tratou de defender o treinador. Mas um novo vexame em campo seria a gota d'água para Luxemburgo. Nas oitavas de final das Olimpíadas de Sydney, o Brasil, mesmo tendo dois jogadores a mais em campo, foi derrotado por Camarões com um gol de ouro na prorrogação, após empate no tempo normal.

Uma semana mais tarde, Teixeira se reuniria com Luxemburgo no restaurante Itanhangá Golf Club, zona oeste do Rio:

— Vanderlei, é uma pena a gente ter que chegar a esse ponto. Apesar de tudo, acho você o melhor técnico do Brasil.

---

[10] MARANHÃO, Carlos. Jogada de milhões. *Veja*, 11 ago. 1999.

148 ALLAN DE ABREU E CARLOS PETROCILO

— Presidente, o senhor não tem alternativa. Só quero receber meus direitos.[11]

Em março de 2001, no fim da festa de inauguração da nova sede da Traffic, nos Jardins, em São Paulo, Luxemburgo desabafava sobre seu calvário com os amigos Ricardo Teixeira e J. Hawilla. Já era madrugada e, no piso térreo, funcionários da limpeza varriam o chão de mármore, as cadeiras todas já de pernas para o ar. No andar superior, contudo, a animação continuava, regada a taças de champanhe. O treinador, àquela altura não exatamente sóbrio, erguia o tom de voz:

— Não pago, não pago [os impostos supostamente sonegados]. Agora vou deixar os processos correrem até o fim. Fui sacaneado por muita gente da imprensa porque nunca dei privilégio. Têm raiva de mim porque eu vim de baixo, fiz sozinho o meu sucesso. Jotinha, você sabe tudo o que eu passei.[12]

O dono da Traffic buscava acalmar o amigo enrascado, que insistia:

— Jotinha, eu errei em muita coisa, mas agora deixa eu falar.

O empresário não deixaria Luxemburgo na lama. Em um almoço no restaurante Ancienne Cuisine, próximo à Traffic, Hawilla expôs ao técnico seus planos de levá-lo de volta ao Corinthians para, quem sabe, reviver a glória de outra conquista como a do Brasileirão de 1998. Luxemburgo animou-se. Jotinha começou então a fazer lobby por sua volta ao clube mais popular de São Paulo, com telefonemas para o presidente corintiano, Alberto Dualib. Em um jantar, dessa vez no Parigi, badalado bistrô da família Fasano na zona sul da capital paulista, Hawilla, Dualib e Luxemburgo sacramentaram o retorno do treinador ao clube que o consagrara. O time venceria o campeonato paulista em 2001. O técnico ainda seria campeão brasileiro pelo Cruzeiro em 2003 e pelo Santos no ano seguinte, chegando a coman-

---

[11] MELLO, Fernando; BOMBIG, José Alberto. Como Luxemburgo ganhou outra chance. *Folha de S.Paulo*, 27 mai. 2001.
[12] Idem.

O DELATOR

dar o elenco do Real Madrid por um breve período, em 2005. Mas, na década seguinte, sua carreira sofreria um declínio acentuado, já sem o amigo Jotinha para socorrê-lo. Procurado pelos autores deste livro, Luxemburgo negou-se a dar entrevista.

* * *

Com Ricardo Teixeira desgastado e a Seleção em sérios apuros, as atenções do Congresso se voltaram novamente para a CBF, agora também no Senado Federal. Dessa vez, o lobby de Teixeira e até do seu ex-sogro Havelange, que chegara a telefonar para o então presidente da Casa, Antônio Carlos Magalhães (PFL-BA), não evitariam a instalação da CPI do Futebol. Diferentemente de Aldo Rebelo, com motivações ideológicas para entrar na briga com a cartolagem, Álvaro Dias (PSDB) tinha propósitos mais comezinhos: queria regressar ao governo do Paraná em 2002. Para isso, nada melhor do que os holofotes de presidir uma comissão parlamentar de inquérito para "passar a limpo" o futebol. Se Fernando Collor ganhara fama com o epíteto de "caçador de marajás", Dias desejava ser conhecido como o caçador de cartolas corruptos. Para isso, reuniu as assinaturas necessárias e, com o apoio de ACM, no dia 3 de outubro anunciou o início dos trabalhos da CPI no Senado. Rebelo aproveitou o embalo e, já no dia seguinte, conseguiu desengavetar o pedido do ano anterior e finalmente pôs em prática a CPI da Nike, com o deputado Silvio Torres (PSDB-SP) como relator.

Na investigação do Senado, a relatoria coube a Geraldo Althoff (PFL), um médico de Tubarão (SC) com uma carreira política incipiente — fora apenas vereador na terra natal. Suplente do senador Vilson Kleinübing, Althoff caíra de paraquedas no Senado com a morte do titular da cadeira, em 1998. Por um acordo partidário, a relatoria da CPI caberia ao PFL. O senador Hugo Napoleão, líder do partido na Casa, logo pensou em Althoff. "Me escolheram para que a comissão não desse em nada", recorda o médico. Seria um erro fatal da bancada da bola.

As duas CPIs tinham focos e estratégias distintos. Enquanto a da Câmara centraria fogo no contrato Nike-CBF-Traffic, a do Senado daria prioridade aos cartolas de clubes e federações. A ideia era devassar todo o futebol brasileiro. Além disso, a CPI dos deputados deixaria o depoimento de Teixeira para o final das investigações, quando tivesse os dados levantados com a quebra de seus sigilos fiscal e bancário.

Teixeira e Hawilla concluíram que a investigação da Câmara seria mais perigosa. A bancada da bola era mais ativa entre os deputados, com destaque para Sebastião Rocha (PFL-BA), a quem a CBF auxiliara em campanhas eleitorais, Luciano Bivar (PSL-PE), presidente do Sport, Nelo Rodolfo, conselheiro do Palmeiras, e José Lourenço (PFL-BA). A CPI da Nike era a prioridade na CBF. Teixeira calculava ter sete dos treze votos na comissão. Mas, logo na primeira batalha, a CBF saiu derrotada: por sete a seis, a comissão aprovou a quebra de seus sigilos — Eurico Miranda daria o voto decisivo contra o cartola. Para piorar, em 7 de dezembro a *Folha* publicava reportagem informando que a CBF devia R$ 14,4 milhões à Receita Federal.

J. Hawilla e Ricardo Teixeira decidiram agir. O empresário reuniu deputados do baixo clero na sede da Traffic em São Paulo na tentativa de controlar os trabalhos da CPI. Já o cartola contratou os serviços de Mário Rosa, jornalista experiente, ex-editor da revista *Veja* que deixara as redações para se tornar consultor de imagem. Sua primeira medida seria aproximar o dirigente da imprensa. Em entrevista à *Folha*, surgia um outro Ricardo Teixeira:

— Mudei. Fui contra a CPI, acho que não é o caso de investigação, mas agora quero ir até o fim. Vamos tirar a limpo. Eu quero abrir a caixa-preta do futebol, estou disposto. Quando eu abrir, todos vão ver que não há irregularidade, pelo menos na CBF.[13]

A ideia era mostrar que o cartola não temia as duas CPIs.

---

[13] BOMBIG, José Alberto. Convocado, Teixeira diz que não teme Luxemburgo. *Folha de S.Paulo*, 19 out. 2000.

O DELATOR

No dia 13 de dezembro, Teixeira depôs na comissão do Senado. Embora a pressão na casa fosse menor, o presidente da CBF já sabia que não teria vida fácil por lá. Althoff se notabilizara por perguntas incisivas ao treinador Luxemburgo, que não conseguiu explicar a evolução do seu patrimônio e se tornou presa fácil para a CPI. Na data do depoimento de Teixeira, Dias e Althoff aproveitaram o quórum máximo de senadores para pôr em votação 56 requerimentos de quebras de sigilo de clubes e de dirigentes, incluindo o presidente da CBF. "Se aquelas medidas não fossem aprovadas eu renunciaria à relatoria, porque a comissão iria se tornar chacota", diz Althoff. Por apenas um voto de vantagem, as quebras de sigilo foram todas autorizadas.

Nos dias que antecederam o depoimento, Teixeira foi exaustivamente treinado por Mário Rosa, com longas sessões de conversas e análises de documentos da CBF no auditório do hotel Naoum, em Brasília. Hawilla, que estava na reunião acompanhado de executivos da Traffic, começou a criticar as decisões do consultor. Em poucos minutos, Mário explodiu:

— Hawilla, nasci em Niterói e minha mãe me educou muito mal. Tenho um "vai tomar no cu" entre o dente e o lábio que sai de repente.

O empresário recuou. Mas nunca esconderia a antipatia por Mário Rosa.

Brigas à parte, fato é que Ricardo Teixeira, sob treinamento do consultor, saiu-se bem no depoimento aos senadores. Respondeu às perguntas com clareza — quando não tinha a informação, solicitava prazo de 48 horas para encaminhar documentos à CPI.

Hawilla tinha deposto seis dias antes. Também havia treinado muito bem sua fala, repetindo a segurança do parceiro de negócios da CBF desde o início de suas declarações:

— Antes de mais nada, gostaria de iniciar a colaboração com esta CPI anunciando que estou oferecendo, espontaneamente, a abertura do meu sigilo fiscal e bancário. Não tomo essa iniciativa apenas por motivos éticos, mas também por uma convicção de que somente uma investigação ampla e aprofundada irá permitir a compreensão do cada vez mais complexo futebol brasileiro.

Hawilla detalhou todos os contratos mantidos com a CBF e também os acordos comerciais com a Coca-Cola e a Nike. Negou ter influenciado na escolha dos adversários da Seleção Brasileira nos amistosos organizados pela Nike, cujo contrato defenderia como "o melhor do mundo em todos os tempos". Disse conversar com Ricardo Teixeira "todos os dias", mas negou manter sociedade oculta com o cartola:

— Qual a relação que Vossa Senhoria mantém pessoal, profissional, com o Sr. Ricardo Teixeira? — indagou Althoff.

— É uma relação social muito boa, como tenho com todos os dirigentes do futebol. Considero como uma relação de amizade, respeitosa, e tenho uma relação comercial com a CBF. Com o Dr. Ricardo Teixeira não tenho nenhuma relação comercial porque entendo que não seria ético.[14]

O dono da Traffic recusou-se a revelar seu patrimônio, mas disse que, em 1999, recebera US$ 1 milhão de dividendos da Traffic. Por fim, procurou demonstrar transparência em relação aos impostos pagos no Brasil:

— Em 1999, paguei, como pessoa física, R$ 12.385.688,00 de Imposto de Renda — disse, exibindo sua declaração tributária. — Tenho a impressão de que esse valor é um dos maiores pagos ao Imposto de Renda, como pessoa física, no Brasil.[15]

Nenhum senador retrucou. Amigos, familiares e todo o staff da Traffic consideraram o depoimento um sucesso. A primeira batalha estava ganha. Mas o fim da tempestade das CPIs ainda estava distante.

A quebra dos sigilos de Ricardo Teixeira não revelou a propalada sociedade oculta com Hawilla, muito menos dinheiro transferido da CBF para contas particulares. Mas a análise das movimentações

---

[14] Diário do Senado Federal, 14 dez. 2000.
[15] Idem.

O DELATOR 153

financeiras da entidade pela CPI na Câmara, entre os anos de 1995 e 2000, revelaria dados suspeitíssimos da gestão Teixeira. Embora os patrocínios da Coca-Cola e da Nike tivessem feito a arrecadação anual da entidade quadruplicar no período, a CBF chegaria ao fim de 2000 com uma dívida de R$ 55 milhões. Se fosse uma empresa, a confederação estaria insolvente. "É como se a CBF tivesse perdido o rumo", afirmava relatório do Conselho Federal de Contabilidade solicitado pela CPI. O documento apontava gastos abusivos com salários e gratificações e redução no investimento no futebol, em tese a principal razão de existência da entidade, de 55% para 35% da receita. Só Teixeira ganhava R$ 35 mil por mês, enquanto seu tio Marco Antônio levava a bolada de R$ 37 mil, em valores da época. A CBF também torrava dinheiro pagando passagem aérea de jornalistas "amigos" da entidade e também para magistrados, especialmente desembargadores do Tribunal de Justiça do Rio, para as Copas do Mundo nos Estados Unidos e na França, por meio da Stella Barros, de Wagner Abrahão, amigo de Teixeira e de Hawilla.

Mas o que mais chamou a atenção da CPI na contabilidade da CBF foram seis empréstimos tomados no Delta National Bank, de Nova York, entre 1998 e 2000, em um total de US$ 39 milhões. Só de juros a Confederação pagou mais de US$ 6 milhões nessas transações. Isso porque, enquanto as taxas de juros no mercado internacional da época estavam entre 5% e 8% ao ano, a entidade desembolsara extorsivos 43,5%, a maior taxa para um empréstimo do banco na época. Para o Banco Central, havia indícios claros de má gestão e de evasão de divisas. E mais: como garantia dos empréstimos, o presidente da CBF oferecera a renda do acordo com a Nike — embora a multinacional tenha se recusado a dar garantias no empréstimo. Para piorar ainda mais o péssimo acordo para a entidade, Teixeira, cuja especialidade profissional era justamente o mercado de capitais, adiantou o pagamento dos juros, o que elevaria a taxa para 52,1% ao ano.

Dos cofres do banco norte-americano até as contas da CBF no Brasil, o dinheiro dos empréstimos percorria um caminho tortuoso:

primeiro era transferido para a conta do banco Banestado em Nova York, depois para o Rural International Bank em Nassau, capital das Bahamas, e só então chegava à conta da entidade na agência do Banco Rural em Belo Horizonte. Coincidência ou não, Banestado e Rural seriam pivôs de grandes escândalos de lavagem de dinheiro no Brasil anos depois, no caso Banestado e nos mensalões tucano e petista.

Teixeira tinha muito a explicar à CPI da Câmara. Seu depoimento foi agendado para o dia 10 de abril de 2001. Era o grande embate da comissão. O cartola fora exaustivamente treinado por Mário Rosa, e chegou ao Congresso carregando uma pasta com gráficos e documentos. Mas todos aqueles dados de pouco serviram. Em quase dez horas de depoimento, das três da tarde até a meia-noite e meia, diante de deputados mais bem-municiados de dados do que os senadores, Teixeira gaguejou dezenas de vezes. Suas palavras não convenciam:

— O senhor conhecia esse percurso [do dinheiro do Delta Bank]? — perguntou o relator Silvio Torres.

— Com toda a honestidade, eu estou tomando conhecimento, mas deve... Se aconteceu isso, deve estar na contabilidade.

O relator então o questionou sobre o segundo empréstimo da CBF com o banco:

— [...] Eu queria saber do senhor por que esse novo empréstimo, a CBF teve que recorrer a um novo empréstimo, e por que essas taxas?

— Excelência, o empréstimo foi feito por necessidade de caixa da CBF; agora, a taxa foi dentro do mercado. Eu só não estou localizando aqui os documentos que comprovam isso.[16]

Apesar da calamidade contábil e dos seguidos déficits, a CBF despejava milhões em campanhas políticas para montar sua própria bancada no Congresso: só no pleito de 1998, ano em que a entidade registrou desfalque de R$ 15,1 milhões, injetara R$ 5,1 milhões em campanhas eleitorais, inclusive de Hugo Napoleão, que indicara

---

[16] Relatório final da CPI da CBF/Nike na Câmara dos Deputados, junho de 2001.

O DELATOR

Althoff para a relatoria da CPI no Senado, Eurico Miranda e Darcisio Perondi (PMDB), presidente da Federação Gaúcha de Futebol.

A quebra dos sigilos bancário e fiscal de J. Hawilla também traria dados intrigantes aos membros da CPI. O principal deles era a impressionante evolução da riqueza tanto da Traffic quanto de seu proprietário, em contraste com o endividamento da CBF. Entre 1995 e 1999, os ativos da empresa passaram de R$ 5,6 milhões para R$ 57,6 milhões. O patrimônio pessoal de Hawilla oficialmente declarado à Receita Federal saltara de R$ 3,7 milhões em 1995 para R$ 76 milhões quatro anos mais tarde, uma diferença de incríveis 1.954%.

Somente o contrato com a Nike fez o capital social da Traffic saltar de R$ 3,6 milhões, em 1994 (em valores corrigidos pelo IGP-DI), para R$ 16,8 milhões, em 1997. Com tanto dinheiro, Hawilla anexaria um braço agrícola ao seu império: a Praterra, dona de fazendas no interior de São Paulo, onde se cultiva seringueira para a extração de látex, e em Mato Grosso, repletas de cabeças de gado. Em 2016, a empresa tinha cinco fazendas: Vera Cruz, com 234 hectares, em Nipoã (SP); Pontal, 497 hectares, em José Bonifácio (SP); Villa Nova, 544 hectares, em Nova Aliança (SP); Serra Azul, 11.200 hectares, em Rosário d'Oeste (MT) e a maior delas, Tangará, com 28.137 hectares, situada em Ribeirão Cascalheira (MT). Juntas, estão avaliadas em mais de R$ 320 milhões.

Com a expansão da Traffic pelas Américas, como se verá no próximo capítulo, o dinheiro transbordava — em 2000, o grupo tivera faturamento de US$ 262 milhões, dos quais US$ 49 milhões somente no Brasil.

Hawilla foi ouvido pela CPI da Nike em 25 de abril, duas semanas após a combalida fala de Teixeira. O depoimento começou pontualmente às duas e vinte e cinco e se estenderia até as nove da noite, em um total de seis horas e meia. Como fizera no Senado, Hawilla repetiria logo no início que tinha total interesse nas investigações. Dessa vez, porém, o ambiente parecia mais inóspito:

— Veja bem, senhor — perquiriu o deputado Pedro Celso (PT-DF). — É a pergunta que eu quero fazer: o senhor enriqueceu muito em poucos anos. A que o senhor atribui isso?

— Ao trabalho. Eu posso garantir ao senhor...

— Muito trabalho. A gente percebe que o senhor é muito trabalhador — comentou o petista, mal escondendo a ironia.

— O senhor pode acreditar nisso. Vossa Excelência pode acreditar...

— Eu acredito.

— ... que eu sou viciado em trabalho. Na minha vida toda eu só trabalhei. Dediquei toda a minha vida ao trabalho e à minha família. Eu trabalho desde os 16 anos de idade. Eu fiquei, para Vossa Excelência tomar conhecimento, 22 anos sem ter fim de semana livre, trabalhando todos os sábados e todos os domingos durante 22 anos.

— Sabe por que ...

Hawilla o interrompeu.

— Trabalhei, deputado, se o senhor me permite, eu trabalhei a minha vida toda com dedicação, com honestidade, com hombridade, de mãos limpas, e tenho orgulho disso. Por isso, neste instante, eu tenho orgulho de dizer isso para o senhor. Meu patrimônio realmente cresceu e isso é fruto do meu trabalho.

A bancada da bola percebeu o risco da situação e tratou de agir. O baiano José Lourenço pediu a palavra para enaltecer o dono da Traffic e aliviar a tensão:

— [...] Eu quero dizer-lhe que me orgulho de ter no meu país empresários como Vossa Excelência, e nós que temos de estimulá-los para que o Brasil vença essa competição, na qual já estamos saindo atrasados, na qual estamos saindo em desvantagem, porque temos poucos homens como Vossa Excelência. O que nos falta são empresários empreendedores. Vossa Excelência, vi aí, investiu em borracha, investiu em fazendas, [...] não foi jogar o seu dinheiro no mercado financeiro internacional, na especulação. Vossa Excelência internou seus lucros, lucros gerados muitas vezes lá fora, internou no Brasil para gerar aqui empregos. E gerar empregos significa

O DELATOR

gerar consumidor. [...] Eu quero dizer-lhe da minha admiração por Vossa Excelência.

— Muito obrigado pelas palavras do nobre deputado. Muito obrigado — respondeu Hawilla com um leve sorriso.

Apesar dos fortes indícios de má gestão e de evasão de divisas, a CPI de Aldo Rebelo e Silvio Torres não obteve a prova cabal de que Ricardo Teixeira era corrupto, muito menos de que fosse sócio oculto de Hawilla. Ainda assim, o relatório final de Silvio Torres seria devastador para o cartola e chamuscaria a imagem pública do dono da Traffic, embora não o incriminasse diretamente. Além de apontar o súbito enriquecimento da empresa e de seu dono, afirmava que Hawilla explorava o prestígio da Seleção Brasileira para enriquecer e que a CBF não precisava de empresas como a Traffic para mediar acordos de patrocínio e de direitos de TV. Citava como exemplo o contrato em que a entidade cedia à empresa de marketing, por US$ 4,5 milhões no total, os direitos de TV aberta para fora do Brasil, os direitos de transmissão pelo sistema *pay-per-view* e a publicidade de placas dos jogos da Seleção Brasileira para as Eliminatórias da Copa de 2002.[17] E também os direitos televisivos para o Brasil, vendidos para a Globo por US$ 18 milhões.[18] Para a CPI, tanto a Traffic quanto a Globo lucrariam muito mais do que esses valores ao revendê-los para emissoras de TV no exterior, caso da Traffic, ou faturando em publicidade, como a Globo. "Prejuízo para a CBF. Grandes lucros para a Traffic. E também para a TV Globo."[19]

O relatório final pedia o indiciamento de toda a cúpula da CBF, incluindo Teixeira, por crimes contra a ordem tributária. Hawilla escapara. O documento também sugeria o envio da documentação ao Ministério Público para a apuração de eventuais outros crimes. O desafio seria aprovar o relatório entre os 25 integrantes da comissão. Teixeira desafiava os deputados pelos jornais:

---

[17] Microfilme 863574, 7º Ofício de Títulos e Documentos de São Paulo.
[18] Idem.
[19] Relatório final CPI da CBF/Nike, Câmara dos Deputados, junho de 2001.

158   ALLAN DE ABREU E CARLOS PETROCILO

— Mostre um único documento que prove que qualquer recurso da CBF foi para fora do país ilegalmente que eu renuncio no mesmo dia. Desafio qualquer um a provar que um único centavo da CBF foi parar indevidamente na conta do cidadão Ricardo Terra Teixeira. Falam cobras e lagartos de mim, mas na hora que foram ver a minha contabilidade e a da CBF não encontraram nada relevante. Cadê a operação fraudulenta envolvendo Ricardo Teixeira? Não tem. Cadê a conta irregular no exterior? Não tem, porque a conta que existe está devidamente registrada em meu Imposto de Renda. Cadê a evolução patrimonial indevida? Não tem.[20]

Pontualmente às dez e meia da manhã do dia 13 de junho de 2001, começava a derradeira sessão da CPI da CBF/Nike em que seria votado o relatório final do deputado Silvio Torres. Teixeira contava com a maioria dos 25 votantes na comissão. Rebelo sabia dos riscos de ter o relatório desfigurado:

— Não admito alterações sem a concordância do relator. Não tivemos esse trabalho para ver o relatório ser mudado. Se isso acontecer, encerro a CPI[21] — prometia o presidente da comissão, que comparava: — Tirar o Dr. Ricardo Teixeira do relatório final é o mesmo que tirar Jesus Cristo da *Santa Ceia.*[22]

Ainda pela manhã, Silvio Torres começou a ler seu relatório. Logo após o almoço, porém, o deputado José Rocha, que tanto elogiara Hawilla, chegaria com um texto alternativo que inocentava todos os dirigentes. A intenção dos parlamentares ligados a Teixeira era reprovar o relatório de Torres e aprovar o alternativo. Começava o bate-boca entre a bancada da bola e os demais membros da CPI, que se arrastaria até as sete da noite. Diante do impasse, Aldo Rebelo foi ao microfone anunciar uma decisão radical:

---

[20] Teixeira promete renunciar se CPI provar algo. *O Globo*, 1º jul. 2001.
[21] MELLO, Fernando; BOMBIG, José Alberto. CPI atira contra Teixeira e põe relatório sob ameaça. *Folha de S.Paulo*, 5 jun. 2001.
[22] BOMBIG, José Alberto. CPI sem votação frustra estratégia "Scolari" da CBF. *Folha de S.Paulo*, 13 jun. 2001.

O DELATOR

— Declaro finalizados os trabalhos desta Comissão Parlamentar de Inquérito.

Era a implosão da CPI. Pela primeira vez na história, uma investigação do Congresso terminava sem um texto final. "Não podia deixar o texto ser modificado. Era um compromisso com a história", diria depois o comunista.

A decisão de Rebelo revoltou a bancada da bola. Assim que ele deixou a sala, Eurico Miranda assumiu a presidência e tentou colocar o relatório alternativo em votação — o parlamentar carioca bandeara-se novamente para o grupo de Teixeira. Mas, regimentalmente, não havia como reabrir a CPI.

— Isso é guerrilha, é guerrilha. Eu conheço essa esquerda há muito tempo — berrava Miranda.

Em 2002, Aldo Rebelo e Silvio Torres publicariam a íntegra do relatório final no livro *CBF-Nike — as investigações da CPI do Futebol*, pela editora Casa Amarela. Meses depois, porém, Teixeira obteve liminares na Justiça que proibiram a circulação da obra. A decisão só seria revertida pela editora em 2016, 14 anos mais tarde. O cartola também ingressou com ação judicial por danos morais contra os dois parlamentares, mas os pedidos seriam julgados improcedentes.[23] As informações colhidas pela CPI embasaram um inquérito contra Teixeira na Polícia Federal do Rio de Janeiro — novamente, a apuração acabaria arquivada.

Mas ainda havia a CPI no Senado. Álvaro Dias, o presidente da comissão, decidiu usar parte do relatório de Silvio Torres. Além disso, a investigação dos senadores contava com o apoio do então ministro do Esporte, Carlos Melles. De olho nas eleições de 2002, o ministro chegou a cogitar a estatização da CBF, mas a medida levaria à desfiliação da entidade pela Fifa e por isso foi abortada. Enquanto

---

[23] PRIMI, Lilian. Justiça libera livro sobre CPI da CBF-Nike. *Caros Amigos*, 15 jun. 2016.

160 ALLAN DE ABREU E CARLOS PETROCILO

isso, crescia a pressão para que Teixeira renunciasse à presidência da confederação.

O cartola contra-atacava. Em reunião com presidentes das federações, expôs seus planos. O vazamento da conversa ocorreria por acaso. Um repórter da Rádio Gaúcha ligou para o celular do presidente da Federação Gaúcha no meio do encontro da cartolagem. O dirigente não quis atender, mas apertou um botão errado do aparelho e o telefonema não foi interrompido. O jornalista identificou então a voz de Teixeira e, do estúdio, começou a gravar a conversa reveladora:

— Temos um jogo de final de Copa do Mundo que termina agora em outubro. Por isso, temos que atacar por esse lado, pelo grupo de senadores [da CPI]. [...] O relatório do Senado, repetindo o da Câmara, se for aprovado, nós estamos fodidos. É curto e grosso. O nosso trabalho, primeiro, é não aprovar o relatório da Câmara Federal [feito por Torres] no Senado. Então acho que esse é o primeiro grande problema nosso. Porque desestabiliza tudo, como a Lei Pelé. Cada um de vocês ficou de falar com um deputado e senador. [...] Nosso grande problema que temos agora é o Senado, com essa CPI. Na Câmara passou [o problema], agora é no Senado.

O consultor Mário Rosa precisaria, mais uma vez, entrar em ação. Em nota divulgada à imprensa, Teixeira criticou a gravação e pediu desculpas ao relator da CPI no Senado, Geraldo Althoff. Tanto para o pefelista quanto para o tucano Álvaro Dias, as palavras do presidente da CBF eram uma clara confissão de culpa. O PFL, antigo aliado de Teixeira, abandonou o acordo com o cartola pelo pragmatismo eleitoral, empunhando a bandeira da moralização no futebol. O PMDB de José Sarney faria o mesmo. Teixeira estava sozinho, para comemoração do presidente da CPI:

— A bancada da bola furou — dizia.[24]

Em novembro de 2001, Althoff decidiu se isolar em sua casa na pequena Tubarão, sul catarinense, para produzir seu relatório final.

---

[24] PAINEL FC. *Folha de S.Paulo*, 2 dez. 2001.

O DELATOR

Certo dia, foi procurado por João Guilherme dos Santos Almeida, agente aposentado da Agência Brasileira de Inteligência (Abin) acusado de envolvimento nos grampos clandestinos feitos no BNDES durante a privatização do sistema de telefonia no Brasil, em 1998. Desconfiado, o senador pediu para que seu assessor Celso Geraldo Antunes Meneghel conversasse com Almeida. Minutos depois, o funcionário de Althoff, lívido, relataria ao senador o teor do diálogo, reproduzido por ele à Justiça posteriormente:[25]

— João, eu primeiro preciso saber por que tu queres conversar com o senador. Pra perguntar pra ele como está a CPI? Eu te respondo! — disse o assessor parlamentar.

— Não, a gente quer ajudar.

— Ajudar como?

O agente aposentado da Abin nada disse. Apenas esfregou o polegar no indicador.

— Mas ô, João, quem quer ajudar? Tu não vais oferecer dinheiro pro senador por oferecer!

— Não, é que eu sou do outro lado. Eu venho aqui representando o pessoal do futebol — disse Almeida, sem citar nomes.

— Mas o que é que tu pretendes?

— Nós pretendemos parar.

— Parar?

— Parar a CPI.

— Tu tá ficando maluco! Tu tá me oferecendo dinheiro pro senador parar a CPI?

— É, a gente quer mudar o resultado.

— Ô, João, eu vou te dizer uma coisa, eu não te conheço, eu vou te dizer uma coisa muito clara: se tu chegares com R$ 10 milhões, dentro de um saco, e oferecer pro senador, ele vai queimar o dinheiro e largar as cinzas na tua cara!

Do encontro com o assessor de Althoff, Almeida foi para o hotel onde estava hospedado. De lá, fez uma ligação de quase dois minutos

---

[25] Apelação criminal 2001.72.07.003024-7, Tribunal Regional Federal da 4ª Região.

162 ALLAN DE ABREU E CARLOS PETROCILO

para um número telefônico do Rio. Era o celular de Carlos Eugênio Lopes, diretor do departamento jurídico da CBF e braço direito de Teixeira na entidade.

O senador denunciou o caso à Polícia Federal. Almeida seria condenado pela Justiça Federal a três anos e meio de prisão por corrupção ativa, pena substituída por prestação de serviços comunitários.

Althoff apresentou o seu relatório no dia 4 de dezembro de 2001. Entre outras acusações, o documento reproduzia a documentação reunida pela CPI da Câmara sobre os empréstimos tomados no Delta Bank, os polpudos gastos da entidade em viagens da cartolagem pela Stella Barros, de Wagner Abrahão, e os ingressos para jogos da Copa do Mundo distribuídos pela CBF a desembargadores do Tribunal de Justiça do Rio. Também acrescentava novas informações, como gastos abusivos de Teixeira com serviços de limusines em Nova York e refeições de US$ 700 cada, bancados pela CBF, e um prejuízo de R$ 1,1 milhão no pagamento de juros exagerados à corretora de câmbio Swap, em transações financeiras internacionais. Ao todo, o relator pedia o indiciamento de dezessete pessoas, a maioria cartolas, pelos crimes de apropriação indébita, sonegação fiscal, falsidade ideológica, gestão temerária, evasão de divisas e lavagem de dinheiro.[26] Hawilla, mais uma vez, não foi indiciado.

A exemplo do que ocorrera meses antes na Câmara, havia uma grande pressão para rejeitar o relatório de Althoff. O presidente Álvaro Dias foi então à tribuna do Senado e disse ter recebido a informação de que malas de dinheiro, em um total de R$ 3 milhões, estariam sendo preparadas para comprar votos contrários ao relatório na CPI. A estratégia daria certo: nenhum senador ousou ficar ao lado de Teixeira. O relatório final foi aprovado por doze a zero. Assim, o Ministério Público daria sequência às investigações. O presidente da CBF conseguiria anular posteriormente os indiciamentos, mas a

---

[26] Relatório final da CPI do Futebol no Senado Federal, dezembro de 2001.

O DELATOR   163

CPI trouxe avanços, como o Estatuto do Torcedor, promulgado dois anos mais tarde pelo presidente Lula.

Já Hawilla, livre das duas CPIs, desabafou:

— Devassaram minhas contas, minhas empresas, afastaram clientes. Tudo para chegarem à conclusão de que sou honesto.[27]

Aldo Rebelo se aproximaria do dono da Traffic anos depois. Nem ele nem Silvio Torres quiseram ser entrevistados para este livro.

A verdade é que Hawilla blefara e vencera. A corrupção no caso do contrato com a Nike jamais seria descoberta por deputados, senadores, procuradores e policiais, cujos olhos estavam voltados às transações financeiras do empresário e de Teixeira no Brasil. Pensavam que a simples quebra do sigilo fiscal e bancário da dupla revelaria as trapaças, mas não encontrariam a prova cabal. Assim, deram ao dono da Traffic mais de uma oportunidade para se dizer "honesto".

A sociedade secreta de ambos, no entanto, estava a milhares de quilômetros do solo tupiniquim, como Hawilla revelaria ao FBI na condição de delator. Mais precisamente na Suíça e nas Bahamas. Em 14 de julho de 1996, três dias depois da assinatura do contrato "oficial", a Nike assinou um acordo ultrassecreto com a Traffic em Nova York. Nele, a multinacional se comprometia a pagar à empresa brasileira uma "taxa de marketing" no valor de US$ 40 milhões. O contrato começava assim: "A CBF autorizou a Traffic, ou seu agente bancário designado, a faturar da Nike Inc. diretamente pelas taxas de marketing obtidas mediante a negociação bem-sucedida e a performance da empresa."[28]

Com base nesse acordo, a Nike pagou à Traffic um pouco menos do que o acordado, US$ 30 milhões, entre 1996 e 1999, com depósitos em uma conta mantida no banco suíço UBS pela empresa Wabern Corp., uma *offshore* criada nas Bahamas por J. Hawilla, no dia 27

---

[27] PAINEL FC. *Folha de S.Paulo*, 8 jun. 2001.
[28] Ação penal 1:2014-cr-00609, Eastern District of New York (EUA).

de junho de 1996, dezessete dias antes da assinatura do contrato secreto, apenas para "operar" os valores pagos pela Nike à Traffic. Metade desse montante, US$ 15 milhões, segundo disse Hawilla ao FBI, foram pagos a Ricardo Teixeira. A Wabern, uma empresa de papel, foi encerrada em janeiro de 2001, durante as investigações das CPIs no Congresso brasileiro, como revelaria anos mais tarde o Consórcio Internacional de Jornalistas Investigativos (ICIJ), no caso Bahamas Leaks. Mas a Wabern era apenas uma entre tantas *offshores* mantidas por Hawilla no exterior. As teias pouco transparentes da Traffic se espalhavam pelo globo terrestre.

9

O mundo é o limite

Localizado na parte norte de George Town, capital das Ilhas Cayman, o edifício Cayman National é reflexo direto do luxo despojado que cerca toda a minúscula ilha caribenha de 58 mil habitantes. Seus 60,5 mil metros quadrados, distribuídos em três andares, têm paredes brancas alternadas com muitas portas e janelas de vidro espelhado, arquitetura que remete à sede da Traffic nos Jardins, em São Paulo. À frente do edifício, sete palmeiras e uma linda vista da baía de Camana, com seus iates igualmente brancos, modernos, portentosos. Do terraço, na parte de trás do edifício, é possível avistar o indefectível mar verde-claro do Caribe.

A 1,7 mil quilômetros em linha reta, as Ilhas Virgens Britânicas têm em comum com as Cayman o território minúsculo, uma população ainda mais minguada (27 mil habitantes), o domínio britânico e os mesmos luxo e conforto para milionários excêntricos. A arquitetura do bairro de Road Town, em Tortola, a capital, repete Camana Bay, com seus edifícios baixos e quase sempre alvos.

É provável que J. Hawilla nunca tenha estado em qualquer desses locais, embora sejam deles que brote o império Traffic. Tanto o Cayman National quanto os prédios comerciais de Road Town são ninhos de empresas de papel, as chamadas *offshores*, titulares de contas bancárias em países como Estados Unidos e Suíça e criadas por escritórios de advocacia especializados em abrir firmas que se resumem a uma caixa postal — as famosas *P.O. Boxes*. Milionários do mundo todo se valem de *offshores* nessas ilhotas por vários motivos: estão sob proteção do direito comercial britânico, considerado um dos mais confiáveis do planeta, têm carga tributária muito baixa e legislação societária *market friendly*, que facilita a gestão empresarial, sem contar a baixíssima transparência fiscal, o que é um deleite para a prática de crimes financeiros. Por isso mesmo são chamadas de "paraísos fiscais". As juntas comerciais desses territórios nunca informam o real proprietário das *offshores* — consta, no máximo, o escritório de advocacia que criou a firma de papel. Seus donos só vêm à tona em vazamentos de documentos como os Panama Papers, de 2016, quando uma rede de jornalistas ao redor do mundo, coordenada pelo ICIJ, divulgou empresas ultrassecretas mantidas por empresários e políticos das Américas, Ásia e Europa.

Pasea Estate é a sede formal da Telesports Inter Inc., a empresa-mãe da Traffic no mundo. De acordo com a Comissão de Serviços Financeiros e Assuntos Corporativos das Ilhas Virgens Britânicas, a *offshore* foi criada em abril de 1994, ano que marcou a expansão internacional da Traffic, na esteira do sucesso da Copa do Mundo nos Estados Unidos. Manter uma *offshore* no exterior não é ilegal pelas leis brasileiras, desde que tanto a empresa quanto seu patrimônio sejam declarados no Imposto de Renda no Brasil e tenha um procurador registrado por aqui. Em cartórios de registros de títulos e documentos de São Paulo, consta José Hawilla como seu único diretor.[1]

A Telesports é a proprietária de outra *offshore*, Continental Sports Marketing Ltd., sediada no Cayman National, Camana Bay, e criada em 1999, de acordo com o Registro Geral de Empresas do território britânico. Procurações registradas em cartórios de São Paulo dão o controle da empresa a Hawilla em um primeiro momento e, a partir de

---

[1] Microfilme 3422589, 1º Ofício de Títulos e Documentos de São Paulo.

janeiro de 2015, com a proximidade do escândalo do Fifagate, para os filhos homens do patriarca, Stefano e Rafael.[2] A Continental, por sua vez, é a controladora de pouco mais da metade das quotas da Traffic Assessoria e Comunicações Ltda., em São Paulo, e da totalidade das quotas da Traffic Sports USA, o braço norte-americano do império de Hawilla. Também é titular de uma conta no Citi Private Bank em Nova York. Dados do Banco Central brasileiro indicam que, somente entre 2006 e 2011, a Continental enviou ao Brasil, pelos canais legais, US$ 27,7 milhões — após essa data, a instituição deixou de divulgar o dado, alegando sigilo bancário e fiscal.

A Traffic Sports USA foi fundada em maio de 1990 em Miami, Flórida, com o nome Inter Forever Sports Inc.[3] Era uma sociedade de J. Hawilla com o colombiano Jorge Martinez Escobar — nenhum parentesco com o narcotraficante Pablo Escobar —, que também enriquecera explorando placas de publicidade no futebol da Colômbia. Escobar deixou a sociedade tempos depois, quando a Inter Forever foi rebatizada como Traffic Sports USA — o colombiano morreria em setembro de 2017, vítima de enfisema pulmonar.[4] A empresa começou modesta, fechando contratos com bares e restaurantes frequentados pela grande comunidade latina da Flórida para exibir em telões as partidas de futebol dessas seleções. O negócio foi tão promissor para Hawilla que ele, aproveitando o período pré-Copa nos Estados Unidos, morou na Flórida por dois anos, entre 1992 e 1994. Queria que os filhos aprendessem inglês e conhecessem a cultura norte-americana. Para isso, escolheu Delray Beach, um bairro luxuoso entre West Palm Beach, ao norte, e Miami, ao sul, bastante procurado por novos-ricos da América Latina, muitos deles ansiosos para lavar dinheiro na compra de mansões faraônicas e carros de luxo — pelas suas ruas

---

[2] Microfilme 1904466, 7º Ofício de Títulos e Documentos de São Paulo.

[3] Registro na Divisão de Corporações do Departamento de Estado da Flórida.

[4] PÉREZ, Oscar Restrepo. Murió el empresario de medios Jorge Martinez Escobar. *Cápsulas*, 24 set. 2017. Disponível em: <http://capsulas.com.co/murio-el-empresario-de-medios-jorge-martinez-escobar/>.

tranquilas se cruza a todo momento com Porsches, Ferraris e Lamborghinis. O empresário escolheu uma casa imponente, de estilo sóbrio, no número 16.721 da Echo Hollow, a dezesseis minutos de caminhada da mansão de Teixeira, na Knightsbridge Lane, 16.879, a mesma que depois seria comprada por Deco Verdi, amigo de infância de Hawilla, conforme narrado anteriormente.

Ao fixar raízes na Flórida, o objetivo do dono da Traffic era explorar o incipiente mercado do futebol na terra do tio Sam, que crescia a olhos vistos naqueles meses pré-Copa. Em 1991, a Concacaf, equivalente da Conmebol para as Américas do Norte, Central e Caribe, criou a Copa Ouro, uma ideia de Hawilla — a intenção do empresário era repetir no torneio os mesmos lucros fabulosos que tivera na Copa América. Para isso, no entanto, encontraria dirigentes esportivos cuja sede por dinheiro era igual ou superior à de seus pares sul-americanos: Chuck Blazer e Jack Warner.

Chuck era o apelido de Charles Blazer, um senhor muito gordo de barbas longas e grisalhas que lhe davam uma aparência de Papai Noel em tempo integral. Dois anos mais jovem do que Hawilla, o nova-iorquino ajudara a implantar o futebol nos Estados Unidos. Entre 1984 e 1986, fora vice-presidente da Federação de Futebol dos Estados Unidos e, quatro anos depois, quando o amigo Jack Warner elegeu-se presidente da Concacaf, foi nomeado secretário-geral da entidade, cargo que ocuparia até 2011. Seu apetite por comida — "adoro comer", dizia — só perdia para a inesgotável fome por subornos, que lhe deu o apelido de "mister 10%", uma referência irônica ao percentual de propinas que costumava exigir. Entre 1996 e 2011, Chuck embolsou pelo menos US$ 20,6 milhões em comissões ilegais.[5] Excêntrico, costumava caminhar pelas ruas de Nova York com um papagaio no ombro e mantinha um apartamento na Trump Tower, um dos endereços mais caros da cidade, apenas para seus dois gatos.

---

[5] LONGMAN, Jeré; RUIZ, Rebecca. Chuck Blazer, central figure in FIFA scandal, dies at 72. *New York Times*, 13 jul. 2017.

O DELATOR

Hawilla se aproximou de Chuck por meio de um amigo em comum, Carlos Alberto Torres, capitão da seleção tricampeã mundial em 1970. Torres mantinha amizade com o norte-americano desde os tempos de Cosmos, o time que abrigou muitas estrelas daquela equipe canarinho, como Pelé e o próprio Torres. No seu blog chamado "Viagens com Chuck Blazer e seus amigos", entre fotos do cartola com Nelson Mandela e a rainha britânica Elizabeth II, ele descreve o amigo Hawilla: "É um homem de caráter extraordinário. Eu diria que seu aperto de mão era melhor do que a maioria dos contratos escritos." Chuck esteve no casamento do filho do empresário, Stefano, com a modelo Isabela Fiorentino, em 2008, em São Paulo. "Eu odiaria perder o casamento do Stefano. Seu pai e eu desfrutamos de duas décadas de trabalho em conjunto."

O "trabalho em conjunto" envolveria Jack Warner, um homem negro e careca, de Trinidad e Tobago, que já presidia, desde 1983, a União Caribenha de Futebol (CFU, na sigla em inglês), uma subdivisão da Concacaf que reunia os países e territórios caribenhos. Tão ganancioso quanto Chuck, Warner saquearia a Concacaf nos mais de vinte anos em que ficou à frente da entidade. Somente para votar na África do Sul como sede da Copa do Mundo de 2010, recebeu US$ 10 milhões em propina do governo sul-africano — US$ 1 milhão foi repassado ao seu parceiro de crimes Chuck Blazer, segundo o FBI.[6]

Hawilla participou de várias reuniões com a dupla nos Estados Unidos até que, no dia 3 de outubro de 1994, a Concacaf vendeu à Traffic, por US$ 9,75 milhões, os direitos comerciais das edições da Copa Ouro de 1996, 1998 e 2000. Paralelamente, Hawilla pagou "centenas de milhares" de dólares para a dupla, por meio de bancos norte-americanos. No dia 29 de março de 1999, por exemplo, a Traffic Sports transferiu US$ 200 mil para uma conta no Barclays Bank, em Nova York, controlada por uma *offshore* de Chuck nas Ilhas Cayman. Três semanas depois, em 23 de abril, metade desse valor

---

[6] Ação penal 1:2015-cr-00252, Eastern District of New York (EUA).

foi transferido para uma conta no First Citizens Bank, em Trinidad e Tobago, em nome de Jack Warner. Novamente Hawilla se valeu dos serviços sujos do faz-tudo José Margulies. Somente em 2003 a Concacaf deixaria de renovar o acordo com a Traffic — outras empresas ofertavam subornos mais polpudos ao "senhor 10%" e seu par inseparável.

Mas, antes disso, a parceria seria replicada nas Eliminatórias para as Copas do Mundo entre as seleções filiadas à Concacaf. Até 1998, os direitos de transmissão televisiva das eliminatórias eram negociados individualmente por cada país, o que gerava distorções, já que Estados Unidos e México eram, disparadamente, as seleções mais valiosas por terem maior mercado em potencial. Então Jack Warner, que acumulava as presidências da CFU, da Concacaf e da TTFA (Associação de Futebol de Trinidad e Tobago, na sigla em inglês), passou a agrupar esses direitos em pacotes, vendendo-os antes do sorteio da próxima rodada das eliminatórias, maximizando os lucros para as entidades e também seu quinhão em propinas. Mais uma vez a Traffic USA estava lá, disposta a fazer o trabalho sujo.

O primeiro contrato entre a CFU e a empresa foi assinado em 10 de outubro de 1998, referente às Eliminatórias da Copa no Japão e na Coreia do Sul. O segundo, em 17 de julho de 2000, para as Eliminatórias da Copa na Alemanha; o terceiro, em 13 de agosto de 2005, para as Eliminatórias da Copa na África do Sul; e o quarto, em 3 de julho de 2009, para as Eliminatórias da Copa no Brasil. Todas as negociações foram feitas pessoalmente por Warner e por executivos da Traffic, capitaneados por Enrique Sanz, um colombiano naturalizado norte-americano que ocupava a vice-presidência da empresa nos Estados Unidos. Secretamente, porém, havia o acordo para o pagamento dos subornos: para cada um dos contratos oficiais foi criado um documento "espelho" em que a Traffic comprava os mesmos direitos comerciais da TTFA, de Trinidad e Tobago — o que não seria necessário, já que a federação estava subordinada à

CFU. Com base nesses acordos paralelos, parte dos valores pagos pela Traffic USA era desviada para contas bancárias indicadas por Warner.[7]

O contrato para as Eliminatórias da Copa de 2006, por exemplo, previa um pagamento de US$ 900 mil pela Traffic à CFU, enquanto no acordo paralelo a empresa repassaria US$ 800 mil à TTFA. Com base nesse último documento secreto, em 19 de abril de 2004 a Traffic USA transferiu US$ 40 mil de uma conta no Citibank em Miami para outra no Wachovia Bank e, em seguida, para uma conta denominada "LOC Germany 2006 Ltda." no First Citizens Bank em Trinidad e Tobago. Onze dias antes dessa transação, Warner enviaria e-mail ao First Citizens solicitando transferência de US$ 60 mil da "LOC Germany 2006" para sua conta pessoal. E disse que esperava um depósito de US$ 40 mil na "LOC Germany" para a semana seguinte — o dinheiro sujo da Traffic.

Nas eliminatórias para a Copa seguinte, na África do Sul, novo contrato paralelo. Pelo acordo oficial, a Traffic pagaria à CFU US$ 2,2 milhões, ao passo que, no acordo secreto, transferiria US$ 800 mil pelos mesmos direitos à TTFA — o que, repita-se, não seria necessário do ponto de vista legal, já que a TTFA estava contemplada no acordo maior com a CFU. Mas era o caminho do suborno, afinal. Em 1º de junho de 2005, a Traffic USA transferiu US$ 40 mil do Citibank para o Wachovia, e em seguida para a tal "LOC Germany 2006". Passados cinco dias, Warner transferiu o montante para uma conta bancária em seu nome. O dirigente manteve sigilo sobre essas transações em relação aos demais cartolas da CFU, que conta com 25 países-membros. Mas não se pode dizer que Warner seja ingrato com quem o ajuda. Em 2012, com a saída de Chuck Blazer da Concacaf, seu cargo foi ocupado por Enrique Sanz, o "homem da mala" da Traffic USA.

O esquema da empresa de Hawilla se repetiria na União Centro- -Americana de Futebol (Uncaf), que também era integrante da

---

[7] Idem.

Concacaf. Diferentemente das seleções caribenhas, as federações dos países centro-americanos não negociavam seus direitos em bloco, mas separadamente, por país. As propinas, portanto, teriam de ser pulverizadas. O primeiro a solicitar suborno foi o costa-riquense Eduardo Li, que presidia a federação de futebol do país, a Fedefutbol. Em 2009, Enrique Sanz começou a negociar com Li os direitos comerciais da Seleção da Costa Rica para os jogos das Eliminatórias para a Copa de 2018. O contrato foi fechado entre US$ 2,55 milhões e US$ 3 milhões, a depender do sucesso do time. Li pediu, por fora, suborno de "seis dígitos", segundo o FBI. Com o aval de Hawilla, Sanz pagou a propina.

Julio Rocha, presidente da Federação Nicaraguense de Futebol (Fenifut), também quis participar da chuva de dinheiro promovida pela Traffic USA. Assim como Li, Rocha celebrou um contrato com a empresa para a exploração dos direitos comerciais da Seleção da Nicarágua nas Eliminatórias da Copa de 2018, em valor que variava de US$ 1,13 milhão a R$ 1,28 milhão, dependendo do desempenho do time na competição. Não sem antes combinar uma polpuda propina. Em 26 de maio de 2011, sob orientação de executivos da Traffic, US$ 150 mil foram transferidos de uma conta em nome de um laranja no Banco Itaú no Brasil para outra no mesmo banco em Miami. No dia seguinte, o montante viajou novamente, dessa vez para uma conta em nome de Rocha no Bankinter, em Madri. O tal laranja, não identificado pelo Departamento de Justiça dos Estados Unidos, ficou com metade do suborno, US$ 50 mil.

O nicaraguense deixou a Fenifut em 2012, mas ainda assim continuou a solicitar subornos da Traffic para as vendas de direitos futuros da federação, onde mantinha prestígio e poder, em eliminatórias de Copa do Mundo. Em 25 de fevereiro de 2014, Julio Rocha, então contratado pela Fifa como "diretor de desenvolvimento", encontrou-se em Miami com Sanz, já secretário-geral da Concacaf. O cartola não se fez de rogado: pediu ao colombiano que contatasse executivos da Traffic para solicitar novos subornos, agora relativos

O DELATOR

à venda dos direitos comerciais da Fenifut para a Copa do Mundo de 2022. Foi atendido.

Jack Warner deixaria a presidência da Concacaf em junho de 2011, em meio a uma série de denúncias de corrupção apuradas pela Fifa. Em seu lugar assumiria, um ano depois, Jeffrey Webb, presidente da Associação de Futebol das Ilhas Cayman (CIFA, na sigla em inglês). Na época, Webb e Sanz, ainda na Traffic USA, vinham negociando as vendas dos direitos comerciais da CFU, no Caribe, por US$ 23 milhões, para as Eliminatórias das Copas do Mundo de 2018 e 2022. Já no fim das tratativas, Sanz encontrou-se na Hungria com o greco-britânico Costa Takkas, secretário de Webb na CIFA. Takkas disse a Sanz que seu patrão exigia um suborno de US$ 3 milhões para que o contrato da CFU fosse cedido à Traffic. Sanz retornou aos Estados Unidos e comentou sobre a chantagem com Aaron Davidson, presidente da Traffic USA e homem de estrita confiança de Hawilla. Davidson, um jovem advogado texano, cedeu.

Posteriormente, a Traffic transferiu metade do contrato com a CFU para a Media World, empresa de marketing esportivo espanhola cuja filial nos Estados Unidos era gerenciada por Fabio Tordin, ex-executivo da própria Traffic. No acordo estava embutida a propina para Webb: Traffic e Media World racharam ao meio o suborno de US$ 3 milhões devido ao cartola. No caso da empresa de Hawilla, o pagamento viajou o mundo. A primeira parte, US$ 1,2 milhão, foi transferida no dia 13 de novembro de 2012 da conta da Traffic International no Delta National Bank & Trust, em Miami, para outra conta no HSBC, em Hong Kong. Uma semana depois, o dinheiro saiu da cidade chinesa, passou pelo Standard Chartered Bank, em Nova York, e terminou no Fidelity Bank, nas Ilhas Cayman, em uma conta mantida por Takkas. Os US$ 500 mil restantes da Traffic foram transferidos diretamente ao Fidelity Bank no mês seguinte.

A maior parte desses US$ 1,5 milhão foi posteriormente transferida por Takkas para a conta de uma empresa construtora norte-americana. Era o pagamento pela construção de uma piscina na mansão de Jeffrey Webb na Georgia, capital de Atlanta, nos Estados Unidos. O restante foi empregado na compra de um imóvel também na cidade norte-americana.

O apetite de Webb por subornos era tão voraz quanto o da dupla Warner/Chuck. Em 27 de novembro de 2012, a Traffic pagou à Concacaf US$ 15,5 milhões pela exclusividade dos direitos comerciais da Copa Ouro de 2013 e da Liga dos Campeões de 2013 a 2015 — ambos são torneios de clubes das Américas do Norte, Central e Caribe. Webb, recém-empossado na presidência da entidade, orientou seu novo secretário-geral Sanz, ex-Traffic, a exigir nova propina, dessa vez de US$ 1,1 milhão, para assinar o contrato. Hawilla e Davidson concordaram. O problema era pagar sem levantar suspeitas. A solução da Traffic foi repassar o dinheiro a uma conta no Panamá pertencente a uma empresa de uniformes esportivos ligada a Webb e "esquentar" a quantia por meio de notas fiscais falsas.

Se pagou alguns milhões de dólares em propinas, a Traffic USA, assim como sua matriz brasileira, lucraria muitos outros milhões com esses contratos. O dinheiro que jorrava foi utilizado na abertura de mais duas empresas, Traffic Sports Investments LLC e Nasl Team Holdings LLC — essa última, a liga criada por Hawilla para concorrer com a Major League Soccer (MLS), a principal do país. Participaram da liga de Hawilla, entre outros clubes, o lendário Cosmos de Nova York, onde haviam jogado Pelé e Carlos Alberto Torres, e também o Miami FC, criado em 2006 pela Traffic USA. O Miami teve em seu elenco Zinho e Romário, ambos já em fim de carreira, e era gerenciado por Aaron Davidson, o *chairman* do Conselho de Governadores da Nasl. Em 2011, o clube mudou de nome para Fort Lauderdale Strikers e, três anos mais tarde, com o FBI no seu encalço, Hawilla o venderia para o ex-jogador e amigo Ronaldo Fenômeno. O empresário também manteve, no fim dos anos 1990, a CCN Sports Network, um canal de TV a cabo nos Estados Unidos. Mas o empreendimento seria encerrado na virada do século.

* * *

O DELATOR

Quando a Traffic USA consolidou seus esquemas comerciais (lícitos e ilícitos) nos Estados Unidos, J. Hawilla decidiu que era hora de apostar no mercado europeu. Em junho de 1995, fundou a Traffic Sports Europe B.V., em Haia, Holanda. Mas não aparecia como seu dono direto. Antes dele, havia uma "proteção" de quatro *offshores*: o empresário era diretor da Telesports Inter, que era proprietária da Continental Sports Marketing, como já explicado anteriormente. Essa última aparecia como dona de 100% das quotas da Traffic Sports International (TSI), empresa de papel criada em 1993, nas Ilhas Virgens Britânicas, para assinar boa parte dos contratos com a Conmebol — o objetivo, segundo Hawilla, era pagar menos impostos do que no Brasil e agilizar a transferência de recursos para a entidade, já que, através dos bancos brasileiros, essa operação demorava até noventa dias. "No Brasil era praticamente impossível", disse o empresário.[8] A TSI, por sua vez, controlava a Cipalli NV, outra *offshore* situada na ilha caribenha de Curaçao, que era dona, na ponta final, da Traffic Sports europeia. Em 2005, a Traffic holandesa ocupava uma sala modesta em um edifício comercial de Haia, com apenas um funcionário.[9]

Mas a aparência discreta escondia uma potência financeira.

Em 2010, a Traffic de Haia fundou a Traffic Sports Europe Lda, em Oeiras, região metropolitana de Lisboa. O objetivo era comprar o Estoril Praia, clube de futebol com pouca expressão em Portugal — seu acanhado estádio tem capacidade para apenas 6 mil pessoas — e sérias dificuldades financeiras. A Traffic pagou 300 mil euros por 74% das ações do clube.[10] O Estoril passou a contar com dezenas de jogadores brasileiros, muitos formados no Desportivo Brasil, em Porto Feliz (SP), ou emprestados pelo Strikers de Miami. Com o dinheiro de Hawilla, o time subiu para a primeira divisão do Campeonato Português e chegou a disputar duas edições da Liga Europa.

---

[8] Ação penal 1:2015-cr-00252, Eastern District of New York (EUA).

[9] Corruptiezaak Fifa heeft vertakking naar Curaçao. *BearingPoint*, 10 jun. 2015. Disponível em: <http://www.bearingpointcaribbean.com/corruptiezaak-fifa-heeft-vertakking-naar-curacao/>.

[10] Comissão do Mercado de Valores Mobiliários de Portugal.

Na época, a Traffic investia pesado na compra e venda dos direitos econômicos de jogadores de futebol. Para isso, a empresa criou uma subsidiária, a T Desenvolvimento e Educação Esportiva Ltda., que por sua vez fundou a Desportivo Brasil Participações S.A., com o CT de Porto Feliz, e a Cedro Participações S.A. Essa última foi estabelecida em 2008 no mesmo endereço da sede da Traffic e com capital social de R$ 40 milhões. Em seis meses de atividade, a Cedro já gerenciava a carreira de 33 jogadores, doze deles do Palmeiras, com quem a Traffic tinha parceria. Seus direitos federativos, somados, valiam R$ 35 milhões. Os diretores eram Flávio Grecco Guimarães, diretor financeiro da Traffic, e o alemão Jochen Losch. Entre os acionistas, Deco Verdi e Lírio Parisotto, sócios de J. Hawilla no jatinho Cessna de US$ 7 milhões, a modelo Isabela Fiorentino Hawilla, mulher de Stefano Hawilla, e a obscura Taurus Invest & Trade, mais uma *offshore* envolvida nos negócios de Jotinha. Assim como a Cedro, a Taurus foi criada em agosto de 2008, mas nas Ilhas Virgens Britânicas. O Banco Central do Brasil registra várias operações de entrada e saída de capital da Taurus, sem especificar valores. Os autores deste livro tiveram acesso a uma procuração da Taurus, registrada no 2º Ofício de Títulos e Documentos de São Paulo, nomeando Guimarães como "verdadeiro e legítimo procurador para atuar em nosso nome, lugar e vez, na mais ampla medida permitida por lei".[11]

Ao longo dos anos, porém, o capital social da Cedro minguou até chegar a R$ 2,5 milhões em 2016, ano em que as atividades da Traffic foram reduzidas a quase zero, após a delação de Hawilla vir à tona. No ano anterior, a Desportivo Brasil Participações havia sido vendida para o clube de futebol chinês Shandong Luneng Taishan. A misteriosa Taurus continuava ativa, na forma de caixa postal encravada em uma ilhota no mar do Caribe.

* * *

---

[11] Microfilme 3390432, 2º Ofício de Títulos e Documentos de São Paulo.

O DELATOR

Até a metade de 1999, a Traffic Assessoria e Comunicações Ltda. era uma empresa puramente nacional, com capital social de R$ 3,8 milhões divididos entre J. Hawilla (97%) e a mulher Eliani (3%). Tudo mudaria no dia 26 de julho daquele ano, quando o empresário deu mais um passo ousado para transformar a Traffic em potência econômica e empresarial: vendeu, por R$ 81,2 milhões (R$ 326 milhões, em valores corrigidos pelo IGP-DI) 49% das quotas da empresa brasileira para o fundo de investimentos Hicks, Muse, Tate & Furst (HMTF) — o valor, pago em um único cheque e nunca divulgado por Hawilla, consta de relatório até agora inédito obtido pelos autores deste livro no Conselho Administrativo de Defesa Econômica (Cade), vinculado ao Ministério da Fazenda.[12] Sediado em Dallas, o fundo, uma sociedade entre quatro bilionários texanos, injetava dinheiro em diversos empreendimentos mundo afora: em 1999, o investimento era de US$ 35 bilhões. Na América Latina, o HMTF tinha participação societária em empresas de mídia no México, Uruguai e Argentina — adquirindo 20% da TyC. Faltava o Brasil.

O contexto jogava a favor dos norte-americanos. A Lei Pelé, promulgada em 1998, obrigava todos os clubes de futebol do país a se transformarem em empresa até 2001. O primeiro alvo foi o Corinthians. Em abril de 1999, o clube paulista vendeu ao Hicks seu departamento de futebol, rebatizado de Corinthians Licenciamentos Ltda. O negócio foi intermediado por J. Hawilla, já de olho nos bilhões de dólares do fundo texano.

— Nunca aconteceu nada melhor no futebol brasileiro. Será a solução de todos os problemas do Corinthians — prometia o empresário.[13]

Somente naquele primeiro ano, o fundo Hicks injetou R$ 28 milhões para quitar antigas dívidas do clube e arcou com os R$ 25 milhões da

---

[12] Ato de concentração 08012.007623/99-07, Conselho Administrativo de Defesa Econômica, Ministério da Fazenda.

[13] MARANHÃO, Carlos. Jogada de milhões. *Veja*, 11 ago. 1999.

178 ALLAN DE ABREU E CARLOS PETROCILO

folha de pagamento de jogadores e comissão técnica. Com dinheiro e planejamento, o clube seria campeão brasileiro de 1999. A parceria era um exemplo de sucesso na gestão do futebol brasileiro — o fundo norte-americano chegou a adquirir, por R$ 25 milhões, uma área no quilômetro 16 da rodovia Raposo Tavares, em São Paulo, para construir o tão sonhado estádio próprio corintiano. Em julho de 1999, o HMTF firmou parceria com mais um clube brasileiro, o Cruzeiro, prometendo repasse de R$ 30 milhões para a contratação de reforços. O fundo comprara a Fox Sports e também fez ofertas pela compra do SBT e até da TV Globo, sem sucesso. O dinheiro jorrava dos cofres no Texas, e a Traffic não poderia ficar de fora.

A sociedade foi arquitetada a partir das Ilhas Cayman. A holding Pan American Sports, controlada pela Hicks, adquiriu 49% das quotas da Continental Sports Marketing Ltd. — a Telesports Inter, de Hawilla, ficou com os 51% restantes. A Continental, por sua vez, passou a ser proprietária integral da Aquisition Sub, empresa brasileira que seria a representante da nova sociedade no Brasil, controlando a Traffic paulista. O conselho de administração passava a ser composto por cinco membros, três indicados por Hawilla e dois pela Hicks. A empresa tornava-se uma potência, aumentando o seu capital social em 3.186%, de R$ 3,8 milhões em 1997 para R$ 124,9 milhões em 2001. Seu faturamento bruto anual, que era de R$ 21,9 milhões em 1998, passaria a R$ 35,1 milhões em 2001: R$ 5,2 milhões no Brasil e R$ 29,9 milhões no exterior.[14]

Não demorou para que os investimentos da Hicks propiciassem questionamentos de ordem ética por parte da mídia e do governo federal. O primeiro deles, o fato de uma mesma empresa controlar mais de um clube, o que poderia resultar em manipulações de resultados dentro de campo: HMTF mandava no Corinthians e no Cruzeiro, a ISL (a mesma das propinas para Teixeira e Havelange) havia

---

[14] Ato de concentração 08012.001235/2002-61, Conselho Administrativo de Defesa Econômica, Ministério da Fazenda.

O DELATOR

adquirido Flamengo e Grêmio, enquanto o NationsBank of America mantinha parceria com o Vasco. Hawilla rechaçava a hipótese:

— Que questão ética? Entregar uma partida? Não há essa possibilidade. Você acha que alguém chegaria para um jogador ou técnico e diria "vamos perder" ou "escale os reservas"? Uma empresa que investe milhões e milhões de dólares num negócio de tal porte sabe que, para ele dar certo, tem de ter, antes de mais nada, seriedade e credibilidade.[15]

O segundo questionamento era o risco de a Traffic, capitalizada pelo fundo, dominar completamente o setor de marketing esportivo no Brasil. Mas, sob essas críticas, havia uma briga de bastidores: a Traffic (que adquirira o controle da programação esportiva da TV Bandeirantes) e o fundo Hicks queriam montar uma liga de clubes para tirar o monopólio da TV Globo, que detinha (e ainda detém) os direitos de transmissão de todos os principais torneios do país.

— Essa é a solução para o futebol brasileiro, que hoje está nas mãos de amadores. Esses grupos [...] podem organizar o futebol de forma profissional — disse Hawilla.[16]

A Traffic adquirira o controle do departamento de esportes da TV Bandeirantes em maio de 1999, com contrato até dezembro de 2002. Ou seja: a Hicks era dona do futebol de Corinthians e Cruzeiro e sócia da Traffic, que controlava o esporte da Band. Na mesma época, o governo inglês barrou a venda do Manchester United para o magnata norte-americano Rupert Murdoch por US$ 1 bilhão pelo fato de um dos canais de TV do empresário ter o monopólio das transmissões do Campeonato Inglês. Mesmo assim, J. Hawilla negava haver risco de monopólio no Brasil:

— A Bandeirantes não terá exclusividade nas transmissões. E, se acontecer de existir mais transmissões de jogos do Corinthians, o motivo é simples: interesse na audiência.[17]

---

[15] MARANHÃO, Carlos. Jogada de milhões. *Veja*, 11 ago. 1999.
[16] COUTO, Emerson. Norte-americanos sonham em organizar torneios no Brasil. *O Estado de S. Paulo*, 24 ago. 1999.
[17] Empresário não vê monopólio no acordo Traffic-Hicks, Muse. *O Estado de S. Paulo*, 29 jul. 1999.

ALLAN DE ABREU E CARLOS PETROCILO

Esse conflito, no entanto, se materializaria meses depois, em janeiro de 2000, quando a Traffic pagou US$ 45 milhões à Fifa[18] pelos direitos comerciais do primeiro torneio mundial de clubes no Brasil, com o aval da entidade e transmissão exclusiva da Bandeirantes. Participaram oito equipes, seis delas campeãs em seus continentes, e duas convidadas, uma pela Fifa e outra pela CBF, como representante do país-sede. A primeira escolheu o Real Madrid, que vencera a Liga dos Campeões de 1998. A CBF optou pelo Corinthians do HMTF, com o argumento de que havia sido campeão brasileiro de 1998. Assim, a equipe paulista juntou-se ao Vasco, campeão da Libertadores também de 1998. A escolha dos representantes do Brasil causou polêmica e críticas de outros clubes, principalmente o Palmeiras, campeão da Libertadores de 1999 e time do coração de Hawilla. Segundo os jornalistas Juca Kfouri e Mauro Betting, o então presidente do clube, Mustafá Contursi, concordara com a exclusão do Palmeiras sob a promessa de que o time participaria da versão seguinte, em 2001. Como o torneio seria realizado no Morumbi e no Maracanã, a opção pelo Vasco garantiria um representante dos cariocas. "Era preciso garantir torcida no primeiro Campeonato Mundial de Clubes oficialmente organizado pela Fifa. Como o torneio será disputado em São Paulo e no Rio de Janeiro, tornou-se necessário inventar um critério que garantisse a inclusão de uma equipe de cada edição. [...] Em resumo, em nome do negócio do futebol, vão desmoralizar o negócio do futebol, porque o critério esportivo é relegado a segundo plano, porque, por ora ao menos, são os velhos José Hawilla, Ricardo Teixeira, Kleber Leite, Eurico Miranda, Alberto Dualib os responsáveis pela modernização", escreveu Juca Kfouri em sua coluna na *Folha de S.Paulo*.[19]

Para Mauro Betting, que, ao lado de Juca, é dos poucos jornalistas a assumir sua paixão por um clube — no seu caso, o Palmeiras —,

---

[18] Ato de concentração 08012.001235/2002-61, Conselho Administrativo de Defesa Econômica, Ministério da Fazenda.

[19] KFOURI, Juca. Por que Corinthians e Vasco no Mundial? *Folha de S.Paulo*, 20 jun. 1999.

O DELATOR

Hawilla foi muito habilidoso na escolha dos times. "O Corinthians era o time da Hicks e a menina dos olhos da Traffic, que organizou o Mundial. Ainda que o empresário seja palmeirense, para o J. Hawilla Futebol Clube foi sensacional. Foi um erro o Palmeiras ter aceito esse acordo. Com a falência da ISL, em maio de 2001, não houve o Mundial de 2001 para o Palmeiras." Na época, Betting era comentarista do Panamerican Sports Networks (PSN), canal criado pela parceria Traffic--HMTF. Recebia como pessoa jurídica. "Eu enviava minha nota fiscal para as Ilhas Cayman, embora a sede [da PSN] ficasse em Miami."

Hawilla, no entanto, sempre negou manipulação marqueteira na escolha dos clubes brasileiros:

— Por que o Palmeiras, campeão da Libertadores-1999, não jogou aquele mundial? — perguntaria o repórter da *Folha de S.Paulo*, Rodrigo Bueno, em 2007:

— O Corinthians foi campeão brasileiro [98]. O Palmeiras foi campeão no último momento, perto do fim do ano, respondeu o empresário.

— Foi em junho...

— Não dava para esperar o Palmeiras ser campeão. O torneio foi preparado um ano antes. A Fifa não podia esperar.

— Mas outros participantes saíram no final de 1999.

— Não me lembro. Foi uma questão da Fifa.

— A Traffic, então parceira de Corinthians e Fifa, não indicou o time para o Mundial?

— Não, a CBF é que é ouvida. A Traffic era parceira comercial. Acha que parceiro vai ter ascendência sobre a Fifa, a CBF? Bota o Corinthians porque sou parceiro, o que é isso? — questionou, indignado.[20]

Para alegria de Hawilla, a final do torneio, às oito da noite do dia 14 de janeiro, foi entre Corinthians (da parceria Hicks Muse) e

---

[20] BUENO, Rodrigo. "Parceiro" do Palmeiras atua até para rivais. *Folha de S.Paulo*, 21 dez. 2007.

182 ALLAN DE ABREU E CARLOS PETROCILO

Vasco, com transmissão exclusiva da Traffic, via TV Bandeirantes — a empresa de marketing exibia sua logomarca em vários painéis ao redor do gramado. Tirando o Vasco do desafeto Eurico Miranda, J. Hawilla era o dono absoluto do espetáculo. Em um Maracanã lotado com 73 mil torcedores, os paulistas venceram os cariocas nos pênaltis por 4 a 3, após um empate sem gols no tempo normal e na prorrogação. Pela primeira vez na história, a Band ultrapassaria a TV Globo em audiência, mesmo durante a exibição do *Jornal Nacional* pela emissora carioca.[21]

A Traffic fecharia novo acordo com a Fifa pelos direitos comerciais das edições do torneio em 2001, 2003 e 2005 por US$ 270 milhões. Hawilla ainda tentaria inserir o Corinthians na edição seguinte do Mundial, em 2001, na Espanha, sem sucesso. A falência da ISL, a agência de marketing da Fifa que auxiliaria na organização da competição, adiou a segunda edição do torneio para 2005, no Japão, já sem a participação da Traffic — a Fifa rescindira o contrato com a empresa brasileira. Hawilla protestou:

— O Blatter [presidente da Fifa] é uma pessoa maravilhosa, honesta, mas alguns dirigentes europeus, especialmente os ingleses, trabalham contra a gente. Eles não são humildes, nos veem de forma diferente porque somos sul-americanos.[22]

* * *

A Globo não deixaria passar em branco a surra na audiência para a Band naquela noite de 14 de janeiro de 2000. O conglomerado de mídia carioca decidiu reagir. Reportagens do jornal *O Globo* passaram

---

[21] Há quase 13 anos, 1º Mundial do Corinthians fazia Band bater Globo de forma histórica. *Uol Esporte*, 15 dez. 2012. Disponível em: <https://uolesportevetv. blogosfera.uol.com.br/2012/12/15/ha-quase-13-anos-1o-mundial-do-corinthians- -fazia-band-bater-globo-de-forma-historica/>.
[22] BUENO, Rodrigo. Entidade coloca fim na parceria com a Traffic. *Folha de S.Paulo*, 6 jul. 2001.

O DELATOR

a apontar o risco de monopólio do mercado de marketing esportivo com a aquisição da Traffic pelo HMTF e também a possibilidade de manipulação de resultados pelo fato de uma empresa ter o controle de mais de um clube brasileiro. Entre a parceira Globo e o amigo--sócio Hawilla, Ricardo Teixeira ficaria com esse último:

— Não se pode tirar dos clubes a oportunidade de serem patrocinados. Uma empresa pode patrocinar vários clubes, desde que não tenha 51% das ações. Se a empresa tiver 51%, significa que detém o controle do clube e do departamento de futebol. Deve ficar nas mãos dos clubes a contratação de técnicos e jogadores — disse Teixeira em depoimento no Congresso Nacional.[23] Mas o então ministro do Esporte, Rafael Greca, tomou as dores da emissora. Em outubro de 1999, assinou uma medida provisória proibindo uma mesma empresa de controlar mais de um clube de futebol. Três meses depois, concederia uma entrevista ao jornal *O Globo* intitulada "A briga pela honestidade nos esportes":

— O senhor acha que há risco de formação de cartel no futebol brasileiro? — perguntou o repórter.

— [...] O espírito da lei é contrário à cartelização no esporte e adéqua a legislação brasileira às normas da Fifa. Proibir que a mesma empresa administre mais de um clube se faz na Inglaterra, na Itália e na Espanha.

— Como o senhor vê os planos de algumas empresas de administrar mais de um clube?

— Há denúncia de que estão usando um artifício para burlar a lei: não compram os clubes, e sim os departamentos de futebol dos mesmos. Porém, em todos os contratos, as empresas têm se tornado donas dos passes dos jogadores e das propriedades mercadológicas. A formação de cartéis é nociva ao esporte.[24]

---

[23] Teixeira depõe em Brasília e prega alteração de MP. *Folha de S.Paulo*, 11 fev. 2000.

[24] TAVES, Rodrigo França. A briga pela honestidade nos esportes. *O Globo*, 9 jan. 2000.

184   ALLAN DE ABREU E CARLOS PETROCILO

O Conselho Administrativo de Defesa Econômica instaurou procedimento para apurar possível concentração de mercado na compra de 49% das quotas da Traffic pela Hicks. A Rede Globo foi instada a se manifestar no processo administrativo. Em resposta, Marcelo Campos Pinto, diretor do departamento de esportes da emissora, procurou evitar opiniões críticas: "A TV Globo percebe que a operação ora 'sub censura' se destina ao fortalecimento das operações da Traffic Assessoria de Comunicação S.C. Ltda., com vistas a melhor enfrentar a concorrência. Não percebemos nenhum reflexo nos mercados relevantes."[25] Em outubro de 2000, a conselheira relatora Hebe Teixeira Romano aprovou o negócio. "Os órgãos de administração que apreciaram as razões desta operação não identificaram, como não identifico, barreiras à entrada de novos *players* no mercado de prestação de serviços de marketing esportivo, sendo este um mercado altamente contestável, com a presença de diversas empresas atuantes nesse segmento", escreveu. O relatório foi aprovado por unanimidade.

Porém, a medida provisória de Rafael Greca, proibindo a concentração dos clubes nas mãos de poucas empresas, avançou no Congresso. Com relatoria do senador Maguito Vilela (PMDB-GO), fiel integrante da bancada da bola, a Lei 9.981, de 2000, tirou da Lei Pelé a obrigatoriedade da transformação dos clubes em empresas.

Com as mudanças na lei e a falência da ISL, afogada em propinas para a cartolagem sul-americana, em 2001, a onda dos clubes-empresa começou a baixar. A grave crise político-econômica na Argentina e a falta de retorno financeiro no futebol brasileiro fizeram com que a Hicks repensasse seus investimentos na América Latina. A gota d'água foi a queda de 40% na receita com direitos de transmissão televisiva no futebol brasileiro em 2001. Em março do ano seguinte, Charles Tate, um dos donos do fundo texano, veio ao

---

[25] Ato de concentração 08012.007623/99-07, Conselho Administrativo de Defesa Econômica, Ministério da Fazenda.

O DELATOR

Brasil colocar um fim nas parcerias com Corinthians, Cruzeiro e Traffic.[26] A torneira de dólares secaria para os três. Mas Hawilla não ficou no prejuízo, pelo contrário. Ele reassumiu o controle integral da holding Continental Sports Marketing — e, portanto, de todo o grupo Traffic. Em troca, cedeu à Hicks os 50% de participação da Traffic na *offshore* T&T Sports Marketing, que passaria a ser controlada pelo HMTF/Fox Sports e pela TyC. Em 2005, a Fox aumentaria sua participação na empresa para 75% das quotas. Os valores da transação são desconhecidos até hoje, mas o fato é que Hawilla ficou no lucro — o grupo Traffic, afinal, é muito maior do que a holding das Ilhas Cayman. Em 2013, o capital social da empresa no Brasil atingiria a marca dos R$ 303 milhões.

Com o dinheiro da Hicks, J. Hawilla tornara-se um homem muito rico. Mudou-se para uma mansão construída em área de 2 mil metros quadrados[27] na esquina das Ruas Costa Rica e México, no Jardim América, um dos bairros mais cobiçados pela elite paulistana — o dono da Traffic fez questão de convidar Ricardo Teixeira, o amigo--sócio, para conhecer seu novo lar, cujo valor de mercado é estimado em R$ 25 milhões. Ele ainda compraria outra mansão no loteamento Iporanga, Guarujá (SP), avaliada em R$ 15 milhões.

— Hawilla, é verdade que dinheiro não traz felicidade? — perguntou Juarez Soares em entrevista à Rádio Record, em São Paulo.

— Não traz felicidade. Compra e manda buscar — brincou o empresário.

A fortuna trouxe pedidos de auxílio por amigos em dificuldade financeira. Hawilla nunca se furtou em ajudá-los. No fim da década de 1990, decidiu montar uma creche na periferia de sua cidade natal, Rio Preto, com a ajuda de um colega de juventude, o promotor aposentado Paulo Humberto Borges. A escola de educação infantil Georgina Atra Hawilla, nome da mãe do empresário, mantinha 89

---

[26] Corinthians: parceria com Hicks agoniza. *O Estado de S. Paulo*, 14 fev. 2002.
[27] Matrícula 169.399, 4º Ofício de Imóveis de São Paulo.

crianças — uma foto dela decora a entrada do imóvel. Anos mais tarde, a prefeitura assumiu a gestão, mas manteve o nome. Em outra oportunidade, doou dinheiro para a compra de um elevador para uma ONG que atende crianças especiais em Rio Preto.

Só faltava a Jotinha dar mostras públicas de tamanha riqueza. Chegara o momento de transformar sua potência financeira em poder político. A oportunidade viria no interior paulista, pelas mãos de uma velha parceira, a TV Globo.

10

A relação com a Globo

Há muito J. Hawilla parou de ver uma partida de futebol com olhos de jornalista. Para ele, o que acontece no interior das quatro linhas é apenas entretenimento e lucro. O dono da Traffic deixou isso bem claro em entrevista à *Veja* em agosto de 1999:

— Futebol na televisão é um evento jornalístico ou é um show? — perguntou o então repórter da revista Carlos Maranhão.

— É um show, um programa de entretenimento.

— [...] Mas o torcedor não quer informação e isenção?

— Informar é com o repórter. Comentar é com o comentarista. O papel do narrador é o do animador de auditório. Sem deixar de ser honesto e dizer o que aconteceu, ele tem de torcer pelo Brasil. Do contrário, perde espectadores. E não pode, na abertura da transmissão, dizer que o jogo vai ser ruim. Quem ouve isso muda de canal.

— O senhor não fazia a mesma coisa em sua época de rádio?

— É verdade, cansei de fazer. Foram besteiras de juventude. Eu às vezes até tinha razão, pois fui escalado para muito jogo chato, mas como profissional não tinha esse direito.[1]

As palavras de Hawilla provocaram indignação no grupo de jornalistas e ex-jogadores que, segundo o empresário, consideravam

---

[1] MARANHÃO, Carlos. Jogada de milhões. *Veja*, 11 ago. 1999.

lucro "uma coisa feia" e tinham "preconceito" com quem, como ele, ganhava dinheiro com o futebol. Um deles era Tostão. Em texto para a sua coluna na *Folha*, intitulada "Animador de auditório", o comentarista criticou o dono da Traffic. "Hawilla não dissimula e fala claramente qual é o objetivo do empresário: lucro. Nada mais do que isso. Não sou contra o marketing esportivo nem contra o lucro. [...] Sou contra a manipulação de informação, a perda da independência e as transformações dos fatos jornalísticos em apenas um jogo de interesses comerciais. Uma partida de futebol não é somente entretenimento, mercado persa e show de auditório, mas, principalmente, jornalismo e cultura esportiva."[2]

A mistura de jornalismo com publicidade sempre provocou sérios conflitos éticos nas transmissões do futebol pela TV. Em 1996, três jornalistas da TV Bandeirantes, Ely Coimbra, Luciano Júnior e Octávio Muniz, criaram a empresa Sport General Business para intermediar a compra e a venda de passes de jogadores. O episódio motivou um pedido de demissão do locutor Silvio Luiz. "Nunca sabia quando as informações e comentários dos três profissionais tinham ou não segundas intenções."[3]

Na mesma época, Ciro José, logo depois de deixar a Traffic e retornar à TV Globo como diretor do departamento de esportes, fundou nova empresa na área, a BG Esporte Marketing, que, em 1996, venceu licitação da Prefeitura de São Paulo para a exploração de placas de publicidade no estádio do Pacaembu.[4] Assim, caberia ao Ciro da Globo decidir transmitir as partidas no estádio paulistano em que as placas eram do Ciro da BG...

Mesmo tendo deixado a Traffic, o diretor de esportes da TV Globo tratava de cuidar com afinco dos interesses comerciais do amigo Hawilla. No fim dos anos 1980, Juca Kfouri foi escalado pela

---

[2] TOSTÃO. Animador de auditório. *Folha de S.Paulo*, 11 ago. 1999.
[3] GRANATO, Fernando. Empresa de jornalista explora placas no Pacaembu. *O Estado de S. Paulo*, 13 mar. 1996.
[4] Idem.

O DELATOR

emissora para comentar um jogo entre Santos e América na Vila Belmiro, pelo Campeonato Paulista, com narração de Luís Alfredo.[5] Chovia muito e o gramado da Vila Belmiro, normalmente já degradado, tornara-se pura lama. Aos dez minutos do primeiro tempo, o narrador perguntou a ele:

— Então, Juca, o que você tá achando da partida?

— Eu queria avisar ao amigo da Rede Globo que vou me recusar a fazer comentários técnicos em relação a essa partida, porque é uma desumanidade com o atleta de futebol profissional criticá-lo sob essas condições. A bola vai bater na canela, o cara não vai poder fazer coisa alguma, o jogador que é jogador não olha para a bola, aqui vai ter que olhar. Se não olhar, não mata a bola. Então isso aqui não é um gramado, é um charco, um gramado nessas condições deveria ser proibido.

Ele mal acabara de falar quando recebeu um recado no fone de ouvido:

— Juca, não fala do gramado que as placas são nossas.

O comentarista apenas olhou para Luís Alfredo, que prosseguiu com a narração. Passaram-se quinze minutos e o atacante do Santos chutou para longe do gol em um lance que parecia simples. O narrador acionou novamente o comentarista:

— Juca, um gol tão fácil.

— Não é verdade, Luís Alfredo. Um gol dificílimo de fazer nessas condições de gramado.

Veio então a mesma voz no fone da dupla, agora mais irritada:

— Luís, não chama mais o Juca.

Quando a partida acabou, o comentarista saberia o motivo da censura: as placas de publicidade eram da Traffic. Juca deixaria a Globo em 1994 sem nunca saber de quem era a tal voz impositiva.

Ao longo daquela última década do século 20, a TV Globo, com Ciro José entre seus diretores, seria cliente assídua da Traffic nas

---

[5] DINES, Alberto et al. Juca Kfouri chuta o balde. *Caros Amigos*, n. 1, abr. 1997.

ALLAN DE ABREU E CARLOS PETROCILO

transmissões dos campeonatos estaduais. Entre 1995 e 1999, a empresa de marketing pagou R$ 3,4 milhões, em valores da época, às federações de futebol de Minas Gerais, Rio Grande do Sul, Paraná e Pernambuco pelos direitos comerciais dos campeonatos estaduais nesses anos, de acordo com contratos registrados em cartórios do Rio e de São Paulo.[6] Esses direitos foram depois vendidos pela empresa a emissoras de TV por R$ 6,1 milhões — uma diferença de 79% —, dos quais R$ 4,3 milhões foram pagos pela Globosat e R$ 740 mil, pela RBS, filiada da Globo no Rio Grande do Sul, para a transmissão do Campeonato Gaúcho.[7]

Nesses contratos entre a cartolagem e a Traffic, chamam a atenção dois deles, firmados entre a empresa e o então presidente da Federação Pernambucana de Futebol, Carlos Alberto de Oliveira, ex-deputado federal pela Arena no regime militar. Ambos os acordos têm data de 9 de março de 1995,[8] meses após Oliveira assumir o comando da entidade, de onde só sairia morto, vítima de infarto, em 2011. No primeiro, denominado "contrato de cessão de direitos", a Traffic comprou da federação sediada em Recife os direitos comerciais da primeira divisão do Campeonato Pernambucano, de 1995 a 1998, por R$ 769,4 mil (R$ 4,4 milhões, corrigidos pelo IGP-DI). No segundo, intitulado "contrato de intermediação", a empresa pagou outros R$ 47,5 mil (R$ 277 mil atualizados) à mesma federação com a justificativa de que esta, "representando os interesses das associações a ela filiadas, atuou como intermediária na comercialização dos direitos de transmissão por televisão dos Campeonatos Pernambucanos de Futebol", ainda que a intermediação de direitos não faça parte das

---

[6] Microfilmes 4152220, 4152221, 4152222, 4182490 e 418486, 3° Ofício de Títulos e Documentos de São Paulo.
[7] Microfilmes 1213786, 1213787, 1213788, 1213791, 1213792, 1213793, 1213794, 1213795, 1213796 e 1213797, 1° Ofício de Títulos e Documentos do Rio de Janeiro; 462767, 2° Ofício de Títulos e Documentos do Rio de Janeiro; 370321, 4° Ofício de Títulos e Documentos do Rio de Janeiro; 719007 e 719001, 6° Ofício de Títulos e Documentos do Rio de Janeiro; 4152223 e 4196133, 3° Ofício de Títulos e Documentos de São Paulo.
[8] Microfilmes 4182486 e 4182490, 3° Ofício de Títulos e Documentos de São Paulo.

O DELATOR

atribuições de uma entidade futebolística. Os dois contratos foram assinados por um procurador da Traffic, Marcos Lázaro Margulies, irmão de José Margulies, o operador de propinas de Hawilla.

* * *

O casamento Traffic-Globo sofreria um abalo em maio de 1999, quando a empresa assumiu — como já referido — o departamento de esportes da TV Bandeirantes. A emissora paulista, conhecida por apostar na transmissão de eventos esportivos, vivia forte crise financeira. Com o acordo, a Band passou a transmitir os campeonatos Paulista, Carioca, Brasileiro e Espanhol, a Copa América, a Copa do Brasil e jogos amistosos da Seleção Brasileira. A Traffic bancaria todos os custos dessas transmissões, pagaria um aluguel mensal de R$ 20 mil pelo uso das instalações da Band e mais R$ 25 mil por mês para custear o departamento de marketing. Em troca, a empresa ficaria com 90% dos lucros da parceria, contra 10% da emissora.[9] A Traffic prometia investir R$ 100 milhões no esporte da Band em 1999 (contra R$ 60 milhões gastos no ano anterior) e outros R$ 150 milhões em 2000.[10]

Com a gestão da empresa, a cobertura esportiva do canal passou por modificações radicais, sob a batuta de Hélio Sileman, diretor e produtor de TV que já havia trabalhado na emissora. É de Sileman a ideia de se criar uma mesa-redonda esportiva apenas com técnicos de futebol. "Até então, só se levava jogador nesses programas. Eu pensei: por que não qualificar o debate apenas com técnicos? Levei a ideia para o Hawilla, e ele aceitou na hora", lembra o diretor.

Hawilla se encantou ainda mais depois de um jantar, no começo de 1999, na mansão do apresentador Fausto Silva, amigo do empresá-

---

[9] Microfilme 5858132, 3º Ofício de Títulos e Documentos de São Paulo.
[10] ALVES, Milton. Certa de lucro, Traffic arrenda o esporte da Band. *O Globo*, 4 jul. 1999.

rio desde os tempos de rádio. No encontro, o dono da Traffic dividiu a mesa com alguns técnicos de futebol, entre eles Luiz Felipe Scolari — que viria a ser campeão da Taça Libertadores no comando do Palmeiras. Hawilla ficou maravilhado com as histórias do treinador. "Foi um ambiente muito descontraído, com vinho, uísque e histórias do cara [Felipão]", lembra o jornalista Milton Neves.

A escolha dele como apresentador do *Super Técnico* foi, no mínimo, ousada. O programa estreou no dia 1º de maio de 1999. Embora famoso pelos plantões esportivos da Rádio Jovem Pan, o jornalista era figura desconhecida na TV. No entanto, com seu vozeirão e sotaque caipira, o mineiro de Muzambinho decolou. Era o funcionário perfeito para os planos de Hawilla: capaz de garantir o entretenimento que tanto defendia e dar lucro com seus *spots*, já que Milton se notabilizaria por mesclar jornalismo e informes publicitários.

A relação do apresentador com determinadas marcas, porém, quase o impediu de ir para a Band, visto que ele já tinha contrato com a Antarctica e a Traffic estava acordada com a Brahma — somente na metade de 1999 as duas rivais se uniriam sob a Ambev S.A. A contratação de Milton Neves foi selada em um jantar no restaurante Rodeio, na Alameda Haddock Lobo, nos Jardins. Participaram Hélio Sileman, os treinadores Luxemburgo e Candinho, Ruy Brisolla, executivo na Traffic, e Marcos Lázaro. Hawilla, com seu estilo direto, foi logo ao ponto central do encontro, a contratação de Milton Neves para o *Super Técnico*:

— A gente do rádio fala demais, o Milton fala 25 horas na Jovem Pan e não consegue se controlar.

— O problema nem é esse — retrucou Brisolla. — Ele é Antarctica, nós somos Brahma.

— Isso eu resolvo — garantiu Jotinha.

Luxemburgo, que na época vinha sendo criticado pelo jornalista na Jovem Pan, era contra a contratação.

— Imagina o Milton Neves na televisão, vai ficar insuportável, vai querer dominar o futebol brasileiro. Não pode ser ele, de jeito nenhum.

O DELATOR

Caberia a Marcos Lázaro, uma espécie de "eminência parda" na Traffic, o veredito. O argentino, que até então se mantivera calado, parou a colher de sopa no ar, com o líquido ainda borbulhante, e sentenciou, em bom portunhol:

— *Yo* só ouço Milton Neves.

Hawilla pediu para Sileman telefonar para o jornalista. A contratação estava selada. A visibilidade na TV provocaria um salto no faturamento publicitário da Band e também de Milton. Dois meses depois de estrear o programa, o apresentador telefonou para Hawilla:

— Isso aqui está mudando a minha vida. Agora tenho contrato com publicidade profissional. Levamos para o *Super Técnico* a Bosch, rapaz! — disse, empolgado, referindo-se à fábrica de ferramentas alemã.

Antes de fechar com a Traffic, Milton Neves recebia R$ 4 mil por mês na Jovem Pan, em valores da época. Sentia-se bem de vida por possuir um apartamento de um dormitório em São Paulo, uma casa em São Vicente, no litoral paulista, e uma caminhonete. Mas nada parecido com o dinheiro que ganharia a partir do *Super Técnico*. A um dos autores deste livro, Milton apontou para a vista do fundo de sua mansão no condomínio Tamboré, vizinho a Alphaville, na Grande São Paulo, com piscina e ampla área verde:

— Isso aqui que você está vendo é um pouco do que a gente conseguiu na vida graças ao pós-1999. Sou muito grato ao Hawilla. Apesar do que ele está passando nos Estados Unidos, não muda um milímetro minha gratidão por ele.

J. Hawilla também resgatou o narrador Silvio Luiz, que já havia trabalhado na Band no início da década de 1990, e com o próprio empresário, ainda repórter, durante um curto período, no *pool* formado pela Record e pelo SBT para a transmissão da Copa do Mundo de 1986. Depois de uma passagem pela emissora de Silvio Santos, o narrador estava em busca de um novo emprego. Quem o procurou foi Ruy Brisolla. Marcaram um almoço, que ainda teve a presença de Hawilla e de Fausto Silva.

194   ALLAN DE ABREU E CARLOS PETROCILO

— Tenho uma oferta para você comentar arbitragem, disse Brisolla.

— Mas por que comentar arbitragem? Você acha que eu não tenho mais chance como narrador?

Hawilla foi direto:

— Como narrador, você acabou.

Silvio Luiz aceitou.

— É pra meter o pau! Xingar todo mundo! — completou o dono da Traffic.[11]

Sem opção, Silvio acatou. Mas duraria pouco a sua atuação como comentarista. A pedido de Luciano do Valle, que achava aquela função um desperdício para a Bandeirantes e para o próprio profissional, em algumas semanas ele voltou a narrar futebol, mas no segundo escalão. Nas Olimpíadas de Sydney, transmitidas de madrugada, ficou em *stand by* em São Paulo, caso houvesse problemas com o áudio vindo da Austrália.

Silvio recorda ainda hoje as noites em que dormiu no chão do estúdio por conta do fuso horário de dez horas entre Brasil e Sydney, na Austrália. Como a Bandeirantes possuía dois satélites, seria muito improvável uma queda de sinal para que Silvio entrasse no ar. Desolado e com a garganta falha devido a um pólipo, ele acabaria pedindo demissão meses depois. "Eu achava que pela minha amizade e por ser na época quem eu era, o Hawilla poderia ter interferido para que eu fosse para as Olimpíadas na Austrália." Encontrou o empresário no corredor da Band e foi direto ao ponto:

— E aí, turco, acabou o meu contrato?

— Você quer contrato? Isso não serve pra nada, a gente rasga.

Mas Silvio deixaria a emissora. Dois anos depois, foi a vez de a Traffic encerrar a parceria com a Band.

* * *

---

[11] WILLIAM, Wagner. *Silvio Luiz*: olho no lance. São Paulo: Best Seller, 2002.

O DELATOR

O crescimento da Band-Traffic nos índices de audiência provocaria rusgas na relação de J. Hawilla com a Globo. Em outubro de 2000, a emissora notificou a Traffic extrajudicialmente para que o site Netgol.com, do empresário, deixasse de exibir imagens de gols da Copa João Havelange, que naquele ano substituiria o Brasileirão. "A utilização em questão constitui flagrante violação de direitos, punível na forma da lei", escreveu o departamento jurídico da emissora no documento.[12] O portal acataria o pedido. Mas o casamento seria retomado meses depois, quando os interesses da Globo, da CBF e da Traffic confluíram para o que se chamou "pacto da bola". Corria o ano de 2001 e tanto a entidade quanto a empresa estavam sob a mira das CPIs da Câmara e do Senado. Para Hawilla, o principal dano era à imagem da Traffic, que já estava entre as maiores do marketing esportivo mundial. Para a emissora do Rio, o armistício importava porque nele estava embutida uma mudança radical no calendário do futebol — os campeonatos estaduais seriam esvaziados para dar lugar a torneios interestaduais, vistos pela Globo como mais rentáveis. Pela emissora, o artífice do acordo foi Marcelo Campos Pinto, advogado mestre em Direito Comparado pela Universidade de Illinois, Estados Unidos, e amigo de Teixeira — ambos têm casas de veraneio em Angra dos Reis, litoral fluminense. Marcelo, com seus olhos miúdos e óculos de aros arredondados, fora contratado como diretor jurídico da Globo em 1994. Cinco anos depois, assumiria o cargo de diretor-executivo do departamento de esportes da emissora, moldando a cobertura do canal no setor.

Marcelo reuniu-se com Ricardo Teixeira e o Clube dos 13 e fez sua proposta: seriam criadas cinco ligas regionais (Rio-São Paulo, Sul-Minas, Centro-Oeste, Nordeste e Norte), que dariam forma à Liga Nacional a partir de 2003. Para o desgastado presidente da CBF, sempre contrário à criação de ligas, não havia saída: ele tornara pública sua decisão de deixar a entidade ao fim do seu mandato,

---

[12] Microfilme 569952, 2º Cartório de Títulos e Documentos do Rio de Janeiro.

em 2002. Para dar peso ao acordo, faltava a participação do poder político. Pelé, cuja empresa de marketing vivia forte crise financeira, decidiu fazer a ponte com o presidente Fernando Henrique Cardoso e o então ministro do Esporte, Carlos Melles. No dia 13 de março de 2001, uniram-se na mesma sala do Ministério do Esporte, em Brasília, Pelé, João Havelange, Ricardo Teixeira, Fábio Koff, então presidente do Clube dos 13, e Melles. O ex-jogador assinou uma bola de futebol entregue pelo presidente da CBF. Era um símbolo do novo pacto, a "bola da paz":

— Agradeço a Deus por estar nesta mesa com os homens que podem mudar o futebol brasileiro — disse Pelé.[13]

Em troca, o ex-atleta seria contratado a peso de ouro (US$ 5 milhões) como comentarista pelo canal a cabo PSN, controlado pela Hicks Muse, o fundo parceiro da Traffic. Também recebeu R$ 1,2 milhão da CBF, em decorrência de uma disputa judicial por seus direitos de imagem relativos a um antigo álbum de figurinhas da entidade.[14]

Faltava pôr em prática os interesses imediatos da Globo. No dia 26 de junho daquele ano, com o lema "O futebol brasileiro não é mais uma caixinha de surpresas", Teixeira, Koff, Hawilla e Marcelo anunciavam o novo calendário do futebol brasileiro a partir de 2002, com o Brasileiro e os torneios interestaduais. Nele, os clubes estavam proibidos de jogar mais de duas vezes por semana. A Copa Mercosul, da Traffic, seria extinta a partir de 2002 — para a Globo, a competição atrapalhava o desempenho dos times no Brasileirão, carro-chefe do departamento de esportes da emissora do Rio.

Em vez de uma liga, porém, o Clube dos 13 impôs à TV Globo e à CBF o Brasileirão de pontos corridos, uma fórmula duramente criticada pela emissora carioca na voz do seu narrador Galvão Bueno:

---

[13] Pelé aprova "nova" extinção do passe e critica jogadores. *Folha de S.Paulo*, 14 mar. 2001.
[14] MELLO, Fernando Ferrari de Almeida. *A era Teixeira*. Trabalho de Conclusão de Curso — Escola de Comunicações e Artes, Universidade de São Paulo, São Paulo, 2003.

O DELATOR

— Se a fórmula de pontos corridos fosse boa, a Copa do Mundo seria disputada assim.[15]

Era uma rara derrota do departamento de esportes da Globo. Mas a parceria entre a emissora e a CBF seguiria sólida. Em maio de 2001, Teixeira viajou com Marcelo Campos Pinto até Zurique, Suíça, para resolver um imbróglio grave. A Globo havia entregado US$ 45 milhões à empresa de marketing ISL como parte do pagamento pelos direitos comerciais da Copa do Mundo de 2002. O problema é que o dinheiro fora depositado em uma conta paralela da ISL, secreta — era o caixa dois com que a empresa pagava propina à cartolagem,[16] Teixeira incluído. Após ter decretado falência, a ISL não reconhecia esse pagamento. O presidente da CBF, porém, seria hábil nas negociações e acabaria convencendo a empresa a admitir a transação financeira.

Semanas mais tarde, contudo, o cartola não teria a mesma habilidade no relacionamento com a própria Globo. Teixeira decidiu cutucar um vespeiro: o horário dos jogos da Seleção. No contrato de exclusividade da emissora com a CBF, uma cláusula previa que o horário das partidas deveria ser sempre compatível com a programação do canal. O objetivo era não atrapalhar sua clássica sequência — novela das sete, *Jornal Nacional*, novela das nove —, o que levava o início dos jogos invariavelmente para as dez para as dez da noite, como ocorre ainda hoje. Teixeira decidiu alterar o modelo e, além disso, abrir concorrência para outras emissoras disputarem o contrato. A Globo reagiu. Na noite do dia 17 de agosto de 2001, levou ao ar um *Globo Repórter* inteiro contra Teixeira e a CBF: "Exclusivo [...]. As revelações secretas da CPI do Futebol. Nossos repórteres acompanham a investigação oficial e revelam como o dinheiro do futebol passeia por paraísos fiscais e por que a CBF tem prejuízo,

---

[15] KFOURI, Juca. Resistir quem há de? *Folha de S.Paulo*, 6 nov. 2006.
[16] BUENO, Rodrigo. Acuada, Fifa admite pela 1ª vez corrupção. *Folha de S.Paulo*, 26 mai. 2001.

198   ALLAN DE ABREU E CARLOS PETROCILO

apesar do milionário contrato com a Nike." O programa trazia as investigações da comissão, os estranhos empréstimos da entidade no exterior e as ligações de Teixeira com empresas sediadas em paraísos fiscais.[17]

Teixeira assistiu ao programa em casa, na companhia do consultor Mário Rosa. Chegou a chorar e quase teve um enfarte — dias depois, passou por uma angioplastia de emergência. Mas não se fez de rogado. Contatou o poderoso presidente da AFA, Julio Grondona, e pediu para alterar o horário do amistoso que seria disputado entre os dois países no dia 5 de setembro: de quinze para as dez para as oito da noite. A mudança provocou um prejuízo milionário à Globo, que deixou de veicular publicidade no seu horário mais nobre. Anos depois, ele comentaria à repórter da revista *Piauí*, Daniela Pinheiro, sua estratégia de vingança: "Pegava duas novelas e o *Jornal Nacional*. Você sabe o que é isso?"[18]

Mas a guerra duraria pouco. Passados alguns dias, Teixeira selaria a paz com a emissora. Só voltaria a ser alvo de reportagens críticas da Globo a partir de 2015, quando já deixara o comando da CBF e estava no olho do furacão das investigações do FBI. Antes disso, o cartola fora fundamental em dois momentos-chave da carreira de Marcelo à frente do departamento de esportes da Globo. O primeiro, em 2006, quando a Fifa, após forte lobby de Teixeira, escolheu o canal para transmitir, no Brasil, os jogos das Copas de 2010 e 2014, mesmo tendo oferecido US$ 100 milhões a menos que a TV Record. Na época, o cartola brasileiro integrava o Comitê Executivo da entidade, a quem cabia a escolha final.

Cinco anos depois, os interesses da Globo foram novamente ameaçados, agora pelo Clube dos 13. A entidade, que reunia os principais times do Brasil, queria fazer licitação com todas as emissoras para vender os direitos comerciais do Campeonato Brasileiro nos

---

[17] RIBEIRO JR., Amaury et al. *O lado sujo do futebol*. São Paulo: Planeta, 2014.
[18] PINHEIRO, Daniela. O presidente. *Piauí*, jul. 2011.

anos seguintes. Novamente, a Globo corria sério risco de perder a transmissão da competição para a Record. Marcelo decidiu agir nos bastidores. Convenceu o então presidente do Corinthians, Andrés Sanchez, aliado de Teixeira e amigo de Hawilla, a fechar um acordo diretamente com a emissora. Os outros integrantes do Clube dos 13 repetiram o Corinthians e correram em manada em direção à Globo, implodindo a entidade. Naquele mesmo ano de 2011, Teixeira, Marcelo, Hawilla e Julio Mariz, então executivo da Traffic, foram fotografados em um camarote durante partida da Copa América na Argentina. Quando Teixeira deu lugar a José Maria Marin no comando da CBF, a proximidade continuou — Hawilla o chamava de "governador", pelo fato de ter comandado o estado de São Paulo em 1982 e 1983, durante o regime militar. Em maio de 2015, quando Marin acabara de ser substituído no posto por Marco Polo Del Nero, Marcelo discursou em evento de premiação aos melhores jogadores do Campeonato Paulista daquele ano:

— Presidente Marin, em nome do grupo Globo, em meu nome, eu gostaria de agradecer todo o carinho, toda a atenção com a qual o senhor sempre nos brindou, sempre aberto a discutir os temas que interessam ao futebol brasileiro.[19]

Assim como as da CBF, as portas da Conmebol sempre estiveram abertas a Marcelo Campos Pinto. Foram inúmeros contratos firmados com a entidade pelos direitos de transmissão das copas América e Libertadores. Esse último torneio era altamente lucrativo para a emissora brasileira, com ótima audiência de um lado — o que era sinônimo de lucro certo — e um baixíssimo custo. Para efeito de comparação, a Globo pagou à Conmebol cerca de US$ 13 milhões pelos direitos da Libertadores de 2015 a 2018, conforme contrato anexado em ação cível que a emissora moveria contra a entidade sul--americana em 2015. Pelo Campeonato Paulista no mesmo período,

---

[19] RANGEL, Sérgio. Acusado de ser agente da propina, ex-Globo criou modelo da emissora. *Folha de S.Paulo*, 19 nov. 2017.

a TV pagara o dobro do valor.[20] Segundo o argentino Alejandro Burzaco, dono da TyC — que, assim como Hawilla, fechou acordo de delação com a Justiça dos Estados Unidos —, essas relações eram regadas a suborno. Em depoimento como testemunha de acusação na Corte de Nova York, nos dias 13 e 14 de novembro de 2017, Burzaco garantiu que a TyC, a Globo e a emissora mexicana Televisa pagaram US$ 15 milhões em propinas para Julio Grondona, dinheiro depositado no banco suíço Julius Bär, em garantia aos direitos de transmissão das Copas do Mundo de 2026 e 2030 no Brasil, caso da Globo, e na América Latina, caso da Televisa.

— Entre os três parceiros, fizemos um acordo para distribuir o encargo de pagar US$ 15 milhões em subornos.

— Para quem? — perguntou o procurador Samuel Nitze.

— Para Julio Grondona.

O empresário também afirmou que, em junho de 2012, participou de jantar no restaurante Tomo Uno, na Avenida 9 de Julho, centro de Buenos Aires, e um dos mais caros e elegantes da capital argentina, com Marin, o novo presidente da CBF, seu fiel escudeiro Del Nero e Marcelo. Ao término do jantar, na versão de Burzaco, todos pactuaram que, daquele momento em diante, Globo e TyC pagariam a propina antes destinada a Teixeira para Marin e Del Nero, em troca dos direitos comerciais das copas Libertadores e Sul-Americana.[21]

Segundo o delator, um novo encontro entre o argentino e Marcelo ocorreria em Copacabana, Rio, no dia 7 de julho de 2014, durante a Copa do Mundo no Brasil. Na pauta do café da manhã, o interesse da Globo na eleição do paraguaio Napout à presidência da Conmebol, no lugar de Eugenio Figueredo, e a intenção da

---

[20] MATTOS, Rodrigo. "Ladrões de bola." São Paulo: Panda Books, 2016,

[21] BENSINGER, Ken; ARAGÃO, Alexandre. Globo pagou propina por direitos da Libertadores e da Sul-americana, diz delator do caso Fifa. *Buzzfeed*, 14 nov. 2017. Disponível em: <https://www.buzzfeed.com/kenbensinger/globo-pagou-propina-por-direitos-de-transmissao-do-futebol?utm_term=.xjornoEj5#.qe6Bw5eYL>.

O DELATOR

emissora de estender os contratos com a entidade para as copas Libertadores e Sul-Americana para além de 2022. A TV Globo, segundo o argentino, pagava propinas aos dirigentes da Conmebol via T&T, a empresa que já fora de Hawilla e que naquele momento era da TyC de Burzaco.

— Não queríamos que essa estrutura mudasse — disse o argentino no depoimento.[22]

Os autores deste livro tiveram acesso com exclusividade a um contrato assinado entre Marcelo e o presidente da Conmebol Nicolás Leoz. Pelo acordo, datado de 10 de julho de 2010, a entidade em Assunção cedeu à Globo os direitos de transmissão, para o Brasil, dos jogos da Copa América de 2015. Em troca, a emissora se comprometeu a pagar a Leoz US$ 30 milhões. O acordo é regido pelas leis suíças, e não brasileiras ou paraguaias, e a sede para qualquer eventual litígio judicial são as câmaras de arbitragem de Zurique. Não se sabe se esse dinheiro ingressou nos cofres da Conmebol, uma vez que a contabilidade da entidade só seria divulgada a partir de 2016. Antes disso, era uma caixa-preta. Procurada, a assessoria da confederação silenciou.

Em nota, a emissora carioca negaria o pagamento de suborno à cartolagem sul-americana. "O Grupo Globo afirma veementemente que não pratica nem tolera qualquer pagamento de propina. Esclarece que após mais de dois anos de investigação não é parte nos processos que correm na Justiça americana. Em suas amplas investigações internas, apurou que jamais realizou pagamentos que não os previstos nos contratos."

No fim de 2015, seis meses após estourar o escândalo do Fifagate, a Globo demitiu Marcelo. Depois disso, o advogado abriu sua própria empresa de marketing esportivo e mantém contato estreito com a cartolagem. Os autores deste livro tentaram contato com ele

---

[22] MARTÍ, Silas. Globo e grupo do México deram US$ 15 milhões em propinas por Copas, diz delator. *Folha de S.Paulo*, 15 nov. 2017.

por um aplicativo de celular. "Muito obrigado pelo convite, mas não tenho interesse [em conceder entrevista]", disse, antes de bloquear a conversa.

* * *

Diferentemente de Burzaco, em seu depoimento como delator e testemunha de acusação, Hawilla nada disse sobre a TV Globo. Ao menos não publicamente.

O dono da Traffic é um admirador de magnatas da comunicação como Roberto Marinho e Assis Chateaubriand. As famílias Hawilla e Marinho mantêm relações comerciais sólidas por meio da TV TEM, uma rede de emissoras no interior paulista que retransmite o sinal da Globo. Um negócio heterodoxo, que os autores deste livro conseguiram destrinchar, de maneira inédita, com o auxílio de especialistas em direito empresarial.

Tudo começou no início de setembro de 2002, quando a Globo anunciou a venda para J. Hawilla e seu filho Stefano de suas três emissoras no interior paulista: as TVs Progresso (em São José do Rio Preto), Aliança (em Sorocaba) e Bauru. O objetivo era capitalizar em US$ 135 milhões a Globopar, *holding* do grupo que gerencia todas as empresas dos Marinho.[23] O negócio foi divulgado em nota do jornal *O Globo* no dia 4 daquele mês.[24] Apenas dois dias depois, em 6 de setembro, J. Hawilla e a mulher Eliani compraram a empresa JCI Componentes por valor não revelado. Criada em maio de 1998, a JCI era uma sociedade dos advogados Orlando Giácomo Filho, já morto, e Oswaldo Leite de Moraes Filho, do escritório Demarest & Almeida, um dos mais conhecidos na área de direito empresarial na capital paulista, com cerca de trezentos

---

[23] FRANCO, Carlos. Família Marinho vende três emissoras do interior de SP. *O Estado de S. Paulo*, 4 set. 2002.

[24] Família Marinho vende ações em emissoras de TV. *O Globo*, 4 set. 2002.

O DELATOR

advogados. A sede da JCI ficava em sala comercial de um edifício antigo na Rua Líbero Badaró, Centro de São Paulo, e seu objeto social era a comercialização de "artefatos de couro" e "quaisquer componentes automotivos". O capital social era modesto: R$ 10 mil, ou R$ 43,8 mil em valores corrigidos para novembro de 2017. Hawilla ficou com 7 mil quotas da empresa, e Eliani, com 3 mil. A primeira medida dos novos donos foi alterar a sede da JCI para a Rua Bento de Andrade, 700, mesmo endereço da Traffic, torná-la uma *holding*, com "administração de bens próprios" e "participação em outras sociedades", e nomear o assessor jurídico da Traffic, José Geraldo de Góes, como seu gerente-geral.

Procurado pelos autores deste livro, o advogado Moraes Filho negou ter sido dono da JCI. "Nunca ouvi falar dessa empresa, deve ser de algum homônimo". Confrontado com documentos da Junta Comercial do Estado de São Pulo, que traziam a sua exata identificação, com RG e CPF, disse: "Às vezes constituíamos empresas de prateleira, que jamais operavam de fato. Todos os escritórios de advocacia faziam isso, porque era muito difícil abrir uma firma na época."

No mês seguinte, em 9 de outubro de 2002, Hawilla e Eliani assinaram nova alteração no contrato social da JCI, com um aumento brutal no capital social da empresa. O dono da Traffic e sua mulher injetaram R$ 27,9 milhões na companhia, em dinheiro vivo, sempre em valores da época.

Paralelamente, no dia 12 de setembro, o empresário criou outra *holding*, a Plus Investimentos e Participações, com o próprio Hawilla e a JCI como sócios e capital social de apenas R$ 5 mil. Dois meses mais tarde, nova injeção milionária de dinheiro vivo: R$ 55,6 milhões da JCI e mais R$ 1,7 milhão do dono da Traffic. Assim, do dia para a noite, a Plus torna-se uma *holding* abastada, com capital social de R$ 57,3 milhões. Houve ainda um último aumento de capital na JCI, de R$ 848,5 mil, vindo do casal, em 31 de janeiro de 2003.

Para fechar a compra das três emissoras, outras duas *holdings* seriam criadas pela família Hawilla em setembro de 2002: a Bonanza e a Lunar, sociedade dos filhos de Jotinha, Stefano e Renata, com capital social de R$ 5 mil e R$ 10 mil, respectivamente. Já no mês seguinte, o capital da Bonanza passaria para R$ 45 milhões, e o da Lunar, para R$ 31,3 milhões. Tudo em *cash*. Estranhamente, o aporte de capital nas três empresas não consta no site da Junta Comercial — o documento está arquivado em papel, na sede do órgão, ao contrário dos demais, disponíveis gratuitamente no site da Jucesp. Mas a questão principal é: qual a origem de tanto dinheiro em espécie, um total de R$ 218,8 milhões, ou R$ 592 milhões, em valores corrigidos pelo IGP-DI?

Em fevereiro de 2003, o negócio seria concretizado: os ativos da Plus e da JCI foram utilizados na compra das TVs Bauru (R$ 14,6 milhões) e São José do Rio Preto (R$ 13,6 milhões) — a Plus seria extinta na operação, e a JCI, de Hawilla e Eliani, ficou como sócia majoritária das duas emissoras. Flávia e Paulo Daudt Marinho, netos de Roberto Marinho, ficaram, respectivamente, com 11% da emissora de Bauru e com 17% do canal de Rio Preto.

Em Sorocaba, operação semelhante seria feita com as *holdings* Bonanza e Lunar, na compra da TV Aliança por R$ 20,9 milhões — a Bonanza foi extinta no negócio. João Roberto Marinho, filho de Roberto, ficou com 10% das quotas. Na mesma época, a Lunar se tornaria sócia minoritária da Novo Interior Comunicações Ltda., dona da TV Itapetininga — nesse caso, não consta o valor da transação na Junta Comercial. Estava formada a TV TEM, acrônimo de Traffic Entertainment & Management, retransmissora do sinal da Globo para 49% dos municípios paulistas, uma população de 8,2 milhões de habitantes.[25] Em agosto de 2010, os três membros da família Marinho venderam sua participação nas três emissoras, em valores não revelados. O mesmo faria, em 2014, a sócia da emissora de Itapetininga, Myrian Nivea de Andrade Ortolan, que repassou

---

[25] Disponível em: <http://redeglobo.globo.com/sp/tvtem/noticia/2013/09/confira-
-area-de-cobertura-da-tv-tem.html>.

O DELATOR

sua participação na empresa para filho caçula de Hawilla, Rafael, o último da família a ser contemplado com o seu quinhão no império televisivo. Em 2016, o valor de mercado de toda a rede girava em torno de R$ 500 milhões, segundo o próprio empresário informou ao FBI.[26]

As TVs não seriam o único negócio entre Hawilla e a Globo. Em 2009, ele comprou da família Marinho o *Diário de S. Paulo*, um tradicional jornal da capital paulista — o valor do negócio não foi divulgado. Para o dono da Traffic, o periódico compunha uma estratégia para sua rede de jornais Bom Dia ingressar no mercado publicitário paulistano. A rede, com jornais em São José do Rio Preto, Bauru, Sorocaba e Jundiaí, havia sido criada em 2005, inspirada em um antigo projeto da Rede Globo, trazendo algumas inovações para o interior paulista, como a diagramação que valorizava fotos e infográficos e a aposta em colunistas já consagrados, como Arnaldo Jabor e José Simão. Contra a vontade dos filhos, Hawilla sempre encarou a Rede Bom Dia como um projeto pessoal, desejoso de transformar seu poder financeiro em influência política, sobretudo no PSDB paulista, assim como fizera com a TV TEM. Costumava aparecer na redação do jornal em Rio Preto nas noites de sexta-feira, sem seguranças, dirigindo uma caminhonete Chevrolet Captiva, de bermudas e sapato mocassim. No início demonstrava empolgação com a rede de jornais, algo inédito no Brasil. Mas o tempo passou e o lucro não vinha, pelo contrário. O rombo nas contas, coberto pela Traffic, só crescia — Hawilla teria um prejuízo estimado em R$ 100 milhões com a rede. As redações começaram a ser enxugadas e a qualidade do produto despencou.

O *Diário de S. Paulo* vivia realidade semelhante. A Globo havia adquirido o *Diário Popular* do ex-governador Orestes Quércia em 2001, por R$ 200 milhões.[27] Mudou o nome para *Diário de S. Paulo*

---

[26] Ação penal 1:2015-cr-00252, Eastern District of New York (EUA).
[27] Globo vende "Diário de S. Paulo" para Traffic. *Folha de S.Paulo*, 16 out. 2009.

e buscou repaginar a publicação. Não deu certo: o jornal passou a amargar severo prejuízo financeiro e quedas sucessivas na tiragem. Por isso, a compra pela Traffic parecia ser a última chance de recuperação do veículo.

Não foi.

Para Leão Serva, jornalista convidado por Hawilla para assumir a direção do *Diário*, o empresário errou em não retomar o antigo nome da publicação, *Diário Popular*, muito conhecido em São Paulo. Serva também criticou o fato de o jornal ter reduzido de tamanho (virou berliner, formato um pouco maior do que o tabloide) e não ter tido um bom entrosamento com a Rede Bom Dia no interior do Estado. Em 2013, convencido pelos filhos, Hawilla desistiu da empreitada. Vendeu o jornal paulistano e também a rede no interior para o Grupo Cereja por R$ 203 milhões. O *Diário de S. Paulo* decretaria falência em janeiro de 2018 e deixaria de circular.

O fracasso de J. Hawilla na mídia impressa parecia uma preliminar da tempestade que atingiria a Traffic a partir de 2010, quando Ricardo Teixeira deixaria de ser o amigo-sócio de todas as horas.

11

Novas/velhas práticas

Foram dois dias de uma festa inesquecível em Punta del Este, a cidade dos VIPs no litoral uruguaio. A balada começou já no entardecer do dia 16 de novembro de 2012 no restaurante Parador La Huella, especializado em culinária mediterrânea, passou para a praia logo em frente e se estendeu madrugada afora, com a animação de DJs. Para todos os convidados, mimos de grifes: um par de sandálias Schutz e um lenço da Iódice, tudo personalizado com o nome dos noivos: Bito, o apelido de infância de Rafael Hawilla, e Dri, abreviação de Adriana Helu, arquiteta e filha do famoso advogado paulistano Waldir Helu. Casar na praia era um sonho antigo dos dois. A decoração, com muitas flores roxas e lilases, a cargo de José Antônio de Castro Bernardes, ficou "a cara de Punta", segundo Adriana.[1]

Na tarde do dia seguinte, um sábado de sol e clima ameno, Bito e Dri se casaram de frente para o mar, na praia de Manantiales. O noivo e o pai, J. Hawilla, assim como todos os convidados homens, trajavam roupas quase idênticas: ternos casuais na cor bege, com camisas brancas — Ricardo Teixeira foi uma ausência comentada. Eliani, a mãe, chamava a atenção com seu vestido longo azul-

---

[1] Disponível em: <http://www.constancezahn.com/adriana-helu-rafael-hawilla/>. Acesso em: 10 dez. 2017.

-turquesa. Após a celebração na areia, os convivas seguiram para o Fasano Las Piedras, hotel cinco estrelas com diárias de no mínimo R$ 1,5 mil por pessoa. Fotos da festa invadiram as redes sociais. A mídia uruguaia calcula que os Hawilla tenham gasto ao menos US$ 1,5 milhão no casamento memorável. Nas fotos, o dono da Traffic aparece sempre sorridente e feliz. Se a família era motivo de alegria, os negócios vinham trazendo dor de cabeça ao empresário.

Hawilla aproveitaria a viagem ao Uruguai para cuidar dos interesses da sua empresa-mãe. A Traffic, definitivamente, não vivia um bom momento. As receitas vinham caindo e demissões no quadro de funcionários foram inevitáveis. A empresa havia sido enxotada da Conmebol e perdia sucessivos contratos com a CBF — justamente as duas galinhas dos ovos de ouro de J. Hawilla. O casamento de interesses, tão intenso outrora, de repente estava seriamente ameaçado. Como a situação chegara àquele ponto?

Para entender a crise,[2] é necessário voltar dez anos no tempo. No fim de 2001, auge das CPIs do futebol no Congresso, Hawilla se ressentia do estrago que a investigação vinha provocando na imagem da Traffic por conta da associação da empresa com Ricardo Teixeira. Também ficara contrariado com a atuação do presidente da CBF na decisão da Conmebol em extinguir a Copa Mercosul. Já Teixeira reclamava que o empresário não o defendera nos seus depoimentos às CPIs.

— Ele tirou o dele da reta e eu fiquei sozinho na parada — dizia o cartola aos amigos mais próximos.

A primeira vítima colateral do estremecimento entre os dois seria a Coca-Cola. A multinacional, levada por Hawilla até a CBF no início dos anos 1990, se negava a acatar o pedido da entidade para dolarizar o contrato. De 1997, quando fora assinado o último acordo, a 2001, o real havia se desvalorizado 50% em relação ao

---

[2] MUÑOZ, Diego; ZECCA, Emiliano. *Figueredo, a la sombra del poder*. Montevidéu: Penguin Random House, 2016.

O DELATOR

dólar. Como as despesas da CBF eram na sua maioria na moeda norte-americana, devido aos jogos da Seleção fora do país, o déficit nas contas da confederação era cada vez maior. Em maio de 2001, Teixeira rescindiu o acordo com a Coca-Cola e assinou patrocínio com a Ambev. No novo contrato, válido por 18 anos — até maio de 2019 —, a multinacional do ramo de bebidas pagaria à CBF US$ 10 milhões já no primeiro ano do acordo. Nos seguintes, o pagamento seria associado ao crescimento da Ambev no mercado nacional de refrigerantes: se a participação da empresa ficasse em até 15% desse mercado, o valor se manteria em US$ 10 milhões, mas poderia dobrar caso esse quinhão subisse para mais de 26%. O documento repetia algumas das exigências marqueteiras da Nike, como "exigir da CBF todos os esforços necessários no sentido de contar com a presença de, pelo menos, cinco membros da Seleção no camarote da Brahma no Carnaval".

A Traffic, pela primeira vez, estava fora da jogada.

Em depoimento na CPI da CBF/Nike, Ricardo Teixeira garantiu que, daquela vez, o acordo não tinha intermediários. Seria desmentido semanas depois pela imprensa: em um contrato paralelo, a Ambev pagaria US$ 500 mil por ano à MB Associados, do empresário Renato Tiraboschi, amigo de longa data do presidente da CBF e sócio dele no restaurante El Turf, no Rio. Segundo a reportagem "O contrato muy amigo da CBF", da *Folha de S.Paulo*, a MB "praticamente não participou da negociação" e estava sediada em endereço inexistente no Rio. "Na linguagem do futebol, pode-se dizer que a MB Consultoria Ltda., do empresário Renato Tiraboschi, só entrou na partida milionária entre CBF e Ambev aos 44 minutos do segundo tempo para constar na súmula. E que, ainda assim, garantiu o maior 'bicho' entre todos os jogadores", escreveram os repórteres Fernando Mello e José Alberto Bombig.[3]

---

[3] MELLO, Fernando; BOMBIG, José Alberto. O contrato muy amigo da CBF. *Folha de S.Paulo*, 8 jul. 2001.

210 ALLAN DE ABREU E CARLOS PETROCILO

Escanteado, Hawilla reclamaria publicamente:

— Faltou fidelidade com a Traffic, que sempre intermediou os contratos com a CBF — disse em depoimento à CPI da CBF/Nike.

O divórcio, contudo, não estava consumado. A empresa ainda detinha os direitos comerciais dos jogos da Seleção nas Eliminatórias para as Copas de 2006 e 2010, pelos quais pagaria à CBF US$ 900 mil por partida, o que totalizaria US$ 16,2 milhões, conforme acordo assinado em março de 2000. Se Teixeira havia batido na Traffic ao excluí-la do contrato com a Ambev, em janeiro de 2002 resolveu assoprar a ferida: alegando "os efeitos e consequências que a crise mundial do mercado publicitário vêm acarretando à comercialização dos eventos do futebol", a CBF aceitaria reduzir em 30% os valores pagos pela Traffic no contrato, o que diminuiria a receita da entidade para US$ 11,3 milhões. Quatorze meses mais tarde, Teixeira e Hawilla assinaram novo aditamento no contrato, reduzindo em mais 20% o repasse da Traffic, que dessa vez caiu para US$ 8,2 milhões. A justificativa: "Ao contrário do que se esperava, a crise do mercado publicitário mundial, principalmente no tocante à falta de investimentos em publicidade de televisão, vem se agravando cada vez mais."[4]

A redução foi alvo de críticas do *Jornal dos Sports*, do Rio, na reportagem "US$ 8 milhões voando: CBF faz liquidação do futebol pentacampeão do mundo, desconto de 50% para a Traffic". Michel Assef, advogado de Teixeira, ingressou com um pedido de direito de resposta registrado no 5º Ofício de Títulos e Documentos da capital fluminense. Nele, afirma que os patrocínios para as Eliminatórias da Copa do Mundo da Alemanha haviam caído 68%, sem citar valores de dólares ou reais. "A redução nos contratos firmados entre CBF e Traffic não provocou nenhum favorecimento imoral para a Traffic, mas resulta de situação de mercado que se encaixa na teoria da imprevisão. As partes, quando contrataram, não podiam imaginar

---

[4] Microfilme 6460294, 3º Ofício de Títulos e Documentos de São Paulo.

que o mercado fosse sofrer uma baixa brutal como ocorreu", alegou o advogado.[5]

O convívio social seria restabelecido. Na noite de 30 de junho de 2002, o presidente da CBF comemorou a conquista do pentacampeonato no Japão, após vitória do Brasil sobre a Alemanha por 2 a 0, em um restaurante de Yokohama. Entre os convidados na mesa, apenas os filhos e amigos mais próximos, entre eles Jotinha. Mas o relacionamento nunca mais teria a harmonia e a confiança mútua de outrora. Hawilla seria duramente traído pelo presidente da CBF. Quando o empresário resolveu trucar a investida do cartola, selaria um enredo longe de um final feliz.

* * *

Entre 2000 e 2009, a Traffic foi a intermediária exclusiva da CBF para a negociação dos direitos comerciais da Copa do Brasil. No dia 22 de janeiro de 2009, a empresa assinou contrato com a entidade pelos direitos de marketing da competição até 2014, pelos quais desembolsaria R$ 55 milhões. Em troca desse direito, Hawilla pagou propinas em série para o amigo Teixeira, segundo o FBI.

Se com o então presidente da CBF as relações comerciais aparentemente iam bem, na Conmebol o dono da Traffic enfrentava um motim. Os presidentes das federações de Equador, Colômbia, Venezuela, Peru, Paraguai e Bolívia resolveram rebelar-se contra a Traffic. Liderados pelo equatoriano Luís Chiriboga, um senhor de nariz saliente e cabelos grisalhos e espetados, protestavam contra o pagamento de propinas mais gordas a Teixeira e Grondona. Por isso, pressionavam Leoz a romper com a Traffic e fechar novo acordo com a Full Play, outra empresa de marketing argentina, concorrente da TyC, fundada em 1998 por Hugo Jinkis e seu filho Mariano. A Full Play era uma empresa mais modesta do que a de Hawilla, mas

---

[5] Microfilme 624253, 5º Ofício de Títulos e Documentos de São Paulo.

oferecia aos cartolas sul-americanos o que mais apreciavam: gordas propinas, em cifras mais altas do que as normalmente pagas pela Traffic.

No novo contrato, a Full Play ganhou exclusividade nos direitos da Copa América de 2015, 2019 e 2023. Dessa vez, a intermediária não pagava um valor fixo, mas se comprometia a repassar à Conmebol uma comissão das quotas de patrocínio vendidas — e garantia à entidade um lucro mínimo de US$ 40 milhões em cada edição do torneio.[6] "A nós parecia justo um contrato de comissão e não de compra de direitos. Ninguém sabia qual era o valor real dos direitos, a melhor forma de saber era vendê-los em comissão, porque quem vende vai ganhar o justo e os donos dos direitos também vão ganhar o justo. Esse foi o projeto que interessou aos dirigentes do futebol. Era um grupo de dirigentes que queria mudar a estrutura dos negócios, e isso iria significar mais ingressos [de dinheiro]", disse Mariano Jinkis.[7] Parte do contrato foi cedida posteriormente à TyC. Para salvar o antigo acordo, o dono da Traffic foi à Copa do Mundo na África do Sul, em 2010, para se reunir com os cartolas. O primeiro abordado, em Joanesburgo, foi Leoz. Mas o paraguaio saiu pela tangente:

— Fui forçado a assinar o contrato [com a Full Play] — alegou.

— Por quê?

— Porque, se eu não assinar, vão me tirar da presidência.

Era um golpe de Estado branco na cúpula da Conmebol, segundo o dono da Traffic. Leoz seguia à frente da entidade, mas quem mandava eram os seis. Procurados por Hawilla, Teixeira e Grondona confirmaram a versão do paraguaio.

— O que você quer que eu faça? — questionou o argentino.

---

[6] ITRI, Bernardo; FERNANDEZ, Martín. Traffic pode perder Copa América. *Folha de S.Paulo*, 11 fev. 2011.

[7] MUÑOZ, Diego; ZECCA, Emiliano. *Figueredo, a la sombra del poder*. Montevidéu: Penguin Random House, 2016.

O DELATOR

— Quero que marque uma reunião com essas pessoas para que me expliquem por que assinaram um contrato com outra empresa se existe um contrato válido com a minha.

— Vou marcar essa reunião ainda hoje.

O encontro foi em um hotel cinco estrelas de Joanesburgo. Do grupo dos seis encontravam-se Chiriboga e o boliviano Carlos Chávez. O equatoriano estava agressivo:

— Eu vou ser muito direto, para não perdermos tempo. Nós agora mandamos na Conmebol. E a Traffic está fora de todos os eventos. Não queremos mais vocês. Você sempre acertou com os três [Leoz, Grondona, Teixeira]. Nós sempre ficamos de fora, tanto na parte financeira quanto nas tomadas de decisão.

— O contrato é nosso. Você não pode simplesmente rasgar um contrato válido e assinar outro com o mesmo objeto.

— Eu posso e já fiz isso.

— Não é você que vai decidir isso. Nós vamos brigar na Justiça.

O que Hawilla não sabia é que Teixeira, Grondona e Leoz estavam por trás do complô — embora, diante do empresário, fizessem papel de vítimas. A trama para tirar a Traffic da Conmebol havia sido costurada pouco antes da Copa, durante encontro entre os três no lobby de um hotel no centro de Buenos Aires.

— A casa do Hawilla vai cair. Ele vai ficar louco quando souber — disse Teixeira, de acordo com um dos presentes no encontro.

O empresário saberia da concretização do acordo da Conmebol com a Full Play por um acaso. No dia 4 de maio de 2011, o então executivo da empresa brasileira Enrique Sanz levou um susto ao abrir sua caixa de e-mails. Viu uma mensagem de Mariano Louzan, executivo da empresa argentina, oferecendo os direitos de transmissão da Copa América de 2015 para o Canal 12, do Equador. Sem querer, Louzan enviara a mensagem ao destinatário errado. Àquela altura, a Full Play já havia assinado contratos para a transmissão da Copa América com a argentina TyC, a Al Jazeera, do Catar, e a Globo.[8]

---

[8] Ação cível 2011-038881-CA-01, Miami-Dade County Court (EUA).

Hawilla não deixaria barato. A Traffic International Inc. e a Traffic Sports USA enviaram carta a 81 canais de TV das Américas informando que o conglomerado detinha os direitos comerciais da Copa América, e não a Full Play. As empresas também ingressaram com ação judicial na Flórida contra todos os dirigentes das federações sul-americanas. Alegavam que os direitos comerciais da edição de 2015 pertenciam ao grupo, que ainda teria preferência para negociar as próximas edições. "Solicitamos uma medida cautelar urgente para evitar uma violação intencional, flagrante e deliberada de contrato", alegaram os advogados da Traffic.

A guerra estava declarada.

No dia 14 de dezembro, o diretor jurídico da CBF, Carlos Eugênio Lopes, encaminhou uma notificação a Hawilla. No documento, revelado neste livro com exclusividade, Lopes cita a ação da Traffic na Flórida contra a CBF e demais federações como justificativa para romper o contrato de cessão de direitos comerciais na Copa do Brasil. "Não nos parece possível manter uma contratação com pessoas que, ao mesmo tempo, litigam judicialmente com a CBF num foro estrangeiro. A incompatibilidade das duas posições é absolutamente inegável, tornando insustentável a contratação celebrada entre a CBF e a Traffic Assessoria, ante a quebra de confiança resultante da iniciativa partida do Grupo Traffic."[9]

Seis dias antes, a CBF já havia cedido à Klefer, de Kleber Leite, o antigo parceiro da Traffic, os direitos comerciais das edições da Copa do Brasil entre 2015 e 2022 por R$ 128 milhões, mais do que o dobro do valor ofertado por Hawilla. Mas aqueles direitos já haviam sido comercializados pela Traffic com a Ambev — o contrato fora dado em garantia para um empréstimo de R$ 3,5 milhões feito pela Traffic no Banco Itaú.[10]

Com os clubes, a relação da Traffic também azedava. A parceria com o Palmeiras seria encerrada em 2011, após Hawilla criticar

---

[9] Microfilme 8788004, 3º Ofício de Títulos e Documentos de São Paulo.
[10] Microfilme 517557412, 4º Ofício de Títulos e Documentos de São Paulo.

O DELATOR

publicamente o afastamento do meia Diego Souza da equipe. Em agosto daquele ano, a empresa suspendera o pagamento do salário, de R$ 750 mil mensais, do atacante Ronaldinho Gaúcho no Flamengo depois que o clube deixou a empresa de fora da intermediação do contrato de patrocínio master na camisa rubro-negra.[11] Além disso, em julho de 2012, a Coca-Cola rescindiria o contrato de imagem com o atacante, intermediado pela Traffic, depois de Ronaldinho se deixar fotografar com latas de refrigerante da Pepsi.[12]

A traição ao empresário paulista vinha por todos os lados.

O grupo Traffic estava abalado financeiramente. Com exceção dos lucros milionários da TV TEM, perdia em série contratos de marketing no futebol e amargava prejuízos com a rede de jornais. Na época, o grupo francês Lagardère demonstrara interesse na compra da Traffic, oferecida por Hawilla por cerca de US$ 200 milhões,[13] mas desistiu depois de auditar os balancetes financeiros da empresa.[14] As demissões se intensificavam, incluindo o executivo Julio Mariz, exonerado após desentendimentos com o patrão, e um funcionário que emitia duplicatas falsas para desviar dinheiro da empresa. O prejuízo da Traffic nesse caso foi estimado em R$ 330 mil.[15] Demitido, o rapaz tornou-se réu em ação penal, não julgada em abril de 2018, pelo crime de duplicata simulada, previsto no Código Penal.

O supersticioso Hawilla vivia seu inferno astral.

Apesar do abalo, ele ainda tinha dinheiro e poder para sustentar uma vingança e dar a volta por cima. Mas concluiu que intensificar a guerra lhe traria ainda mais prejuízos, pois dependia das entidades do futebol para lucrar. Hawilla era um escravo da cartolagem, e sabia disso.

---

[11] Microfilme 889632, 4º Ofício de Títulos e Documentos do Rio de Janeiro; e No "vai ou racha", Fla e Traffic têm reunião decisiva. *O Globo*, 15 dez. 2011.

[12] Microfilme 1364872, 5º Ofício de Títulos e Documentos de São Paulo.

[13] Ação penal 1:2015-cr-00252, Eastern District of New York (EUA).

[14] KFOURI, Juca. Tráfego pesado. *Folha de S.Paulo*, 24 mai. 2011.

[15] Boletim de ocorrência 6805/2012, Secretaria de Estado da Segurança Pública.

A saída era transigir.

Primeiro, com Kleber Leite.

No dia 15 de agosto de 2012, a Klefer concordou em dividir com a Traffic o contrato com a CBF — em troca, Hawilla repassaria R$ 12 milhões à empresa carioca. Faltava, no entanto, ajustar a corrupção embutida no acordo. Na versão de Hawilla ao FBI, Kleber Leite disse a ele que, no início daquele ano, havia estado na Flórida, onde Teixeira morava na ocasião, para discutir o valor da propina: R$ 1,5 milhão por ano. Mas logo em seguida o cartola deixou a presidência da CBF, dando lugar a José Maria Marin, acompanhado de seu fiel escudeiro Marco Polo Del Nero. Por isso, o valor da propina aumentara, atingindo R$ 2 milhões anuais,[16] dos quais R$ 1 milhão ia para o bolso de Teixeira — mesmo já fora da CBF, o cartola ainda mantinha influência na entidade — e a outra metade seria dividida igualmente entre Marin e Del Nero. A mudança de planos foi comunicada por Kleber a Hawilla em mensagem de celular: "Jotinha, tentei falar com você. O telefone fica tocando [e ninguém atende]. Estou com Serginho [funcionário da Klefer]. Quanto ao assunto por nós discutido no telefone, o passado foi com 1,5. Combinando o passado e o futuro deu 2,0 como pagamentos de fato. Beijos, Kleber."

Como se lê, o ex-presidente do Flamengo costumava demonstrar afeto nas suas mensagens. Em e-mail de abril de 2012 apreendido pela Polícia Federal no computador de Del Nero durante a Operação Durkheim, que investigou crimes contra o sistema financeiro, o dono da Klefer era só carinho com o futuro presidente da CBF: "[...] Tenha a certeza de que, o mais importante para mim, além de preservar, é 'regar com amor' a nossa amizade, e ao longo da vida representar para você solução e, nunca problema [sic]. Aguardo. Beijo, Kleber Leite."[17]

---

[16] Ação penal 1:2014-cr-00609, Eastern District of New York (EUA).

[17] ROMÁRIO. *Um olho na bola, outro no cartola*: o crime organizado no futebol brasileiro. São Paulo: Planeta, 2017.

O DELATOR

Mas Hawilla questionava o parceiro de negócios sobre a divisão da propina:

— Você me falou, com absoluta clareza, que você tinha acertado 1,5 milhão [de reais], que era 500 [mil] pro Ricardo, 500 [mil] pro Marco Polo, 500 [mil] pro Marin.

— Hawilla, não fala isso, não. Vai devagar. É complicada essa merda [de telefone], bicho.

— Eu tô nos Estados Unidos. Cê tá na serra [fluminense].

— Mas aqui não é Estados Unidos, Hawilla. Isso aqui é um perigo filho da puta. Você tudo bem, eu, não! Aqui é foda. [...] Deixa eu te falar: houve efetivamente uma modificação. Tinha uma coisa acertada antes e que foi refeita em função dos fatos novos. Então tivemos de modificar alguma coisa em relação ao passado, diminuindo e acrescentando. Eu não tenho aqui na cabeça [o número] exato porque são tantas coisas... Eu fui lá na Klefer exclusivamente pra isso, chamei o Serginho e ele falou 'não, pode ficar tranquilo que eu tô me entendendo com o menino da Traffic, já passei tudo pra ele'. [...] Não é possível, pô! Alguma coisa tá errada!

— É lógico que tá errado. Ele mandou 2 milhões [de reais, em propina]. E o Flávio [possivelmente Flavio Grecco Guimarães], que tinha instrução que era 1,5 milhão...

— Eu não lembro.

— Mas eu tô te falando pra você se lembrar, querido.

— Eu não lembro o número que era. Se era um ponto oito, dois... Eu lembro que foi feita uma equação pra inclusão de mais gente. Ponto, acabou.

— Deixa eu refrescar sua memória. Você tinha acertado 1 [milhão de reais] com o RT [Ricardo Teixeira], aí entraram os dois [Del Nero e Marin], você baixou pela metade e deu a mesma quantia [dividida] pros outros dois. Foi isso o que você me falou, não foi outra coisa. Agora ele [Serginho] vem lá, não sei qual é a dele, dando uma de esperto.

— Não tem esperto nenhum, Hawilla. O Serginho é um menino do caralho. Não vai fazer sacanagem.

— Então ele tá mal-informado.

___ Ele tá completamente bem informado. Até porque ele que tem acesso a isso, ele que move esse troço [propinas] lá.

— [...] Então você precisa ver onde é que tá o furo.

— [...] Eu tenho impressão que antes era 1,5, e esse [valor] reduziu pra 1 pra ter mais 1 por outros caras.

— Não, não é — insistia o dono da Traffic.

— Mas, Hawilla, quem fez [o acordo] fui eu, não você. Como você diz que não é?

— Presta atenção: você tem vários negócios [com a CBF]. Eu só tenho esse. Tá muito vivo na cabeça isso que você me falou.

— Lá [na sede da Klefer] eu tenho um cofrezinho, no meu cofre lá tá anotado.

Em outra conversa, Hawilla voltou a questionar a divisão da propina acertada por Kleber Leite com os três cartolas:

— Klebinho, o Marin e o Del Nero sabem que você está pagando mais para o Ricardo?

— Claro que sim! [...] Como eles dividem, não faço a menor ideia. Isso foi decidido antes e eles não reclamaram.

Durante um jantar em Miami, no dia 30 de abril de 2014, o dono da Traffic sentou-se ao lado de Marin. Em dado momento, perguntou ao cartola se era realmente necessário manter o suborno a Teixeira:

— Agora, Copa do Brasil, tem que dar 1 milhão [de reais] pro Ricardo? Fala pra mim.

— Eu acho, presta bem a atenção, que pelo que já fizemos e estamos fazendo era pra chegar pro nosso lado — respondeu Marin, que dois anos antes embolsara uma medalha durante entrega do troféu à equipe júnior do Corinthians.[18] — Já era tempo de trazer pra nós, não é verdade?

— Lógico, lógico. Esse dinheiro tinha que ir pra vocês. Não é pra ele.

---

[18] BASTOS, Moreno; BATISTA, Daniel. Dirigente da CBF embolsa medalha e rouba a cena na premiação da Copinha. *O Estado de S. Paulo*, 25 jan. 2012.

O DELATOR

— É isso mesmo, é isso mesmo[19] — respondeu satisfeito o cartola, sem saber que Hawilla, com seu gravador ambulante, já era um espião a serviço do FBI.

J. Hawilla concordou em dividir o suborno ao meio com a Klefer. No dia 5 de dezembro de 2013, de acordo com as investigações do FBI, US$ 500 mil saíram da conta da Klefer no Itaú Unibanco em Nova York para outra conta no JP Morgan Chase, também na cidade norte-americana, e de lá viajaram para a conta de uma fabricante de iates de luxo no HSBC em Londres. Passados dezoito dias, a Traffic International repassou US$ 450 mil de sua conta no Delta National Bank & Trust, em Miami, para a conta da Klefer, no Itaú em Nova York. Coincidência ou não, no final do ano seguinte, Del Nero passou a se exibir nas praias de Angra dos Reis (RJ) e Guarujá (SP) com um luxuoso iate Sunseeker de 52 pés e três cabines, avaliado em R$ 2,1 milhões. A fábrica Sunseeker é inglesa.[20]

Passada a tempestade na CBF, faltava resolver de vez o imbróglio na Conmebol. Por meio de Kleber Leite, Hugo Jinkis contatou Hawilla e propôs um acordo entre eles e a TyC.

— Por que a Torneos? — perguntou Hawilla a Hugo.

— O Grondona quer. É uma exigência dele. Tem que colocar um para ele.[21]

As tratativas teriam sequência naquele novembro de 2012, no Uruguai, no casamento do filho Rafael, e em 13 de março de 2013, na sede da Full Play, em Buenos Aires. Na capital portenha se encontraram Burzaco, Hugo e Mariano Jinkis, além de Hawilla e seu filho Stefano — a reunião precisou ser interrompida devido à comemoração dos argentinos pela escolha do novo papa, o conterrâneo Francisco. Hawilla aceitou a trégua. Pelo acordo, o brasileiro retirava a ação judicial movida na Flórida contra as duas empresas argentinas

---

[19] Ação penal 1:2015-cr-00252, Eastern District of New York (EUA).
[20] LIMA, Maurício. O iate e os depósitos. *Veja*, 11 fev. 2017.
[21] Ação penal 1:2015-cr-00252, Eastern District of New York (EUA).

e todos os representantes das federações da América do Sul. Em troca, a Traffic, a TyC e a Full Play formariam um *pool* denominado Datisa S.A.,[22] que, dali em diante, cuidaria dos direitos comerciais da Copa América: a Full Play se responsabilizava pela venda dos direitos de transmissão na TV; a Traffic, pelas placas de publicidade no gramado; e a TyC, pelas "relações políticas" com a Conmebol.[23]

No fim da reunião, já tarde da noite, Mariano e Burzaco disseram que precisavam falar com Hawilla a sós. O empresário brasileiro estava acostumado àqueles encontros — logo intuiu que tratariam de propinas. Os argentinos disseram que já vinham subornando os dirigentes sul-americanos e pediram US$ 10 milhões à Traffic para quitar esse "passivo". "Eu não queria me envolver mais com isso. Aquilo me incomodava muito e eles esperaram até o último minuto [da reunião] para dizer isso. Eu não queria ouvir mais nada a respeito, porque estava no meio da coisa toda — não estou me eximindo da culpa. Eu errei. [...] Me arrependo muito disso, porque eu devia ter parado ali", disse Hawilla em depoimento à Justiça. O empresário brasileiro anuiu com esse primeiro pagamento ilícito e os demais que viriam.

— Eu cuidei de todos. Está tudo bem — garantiu Mariano na porta da sede da Full Play, antes de se despedir de Hawilla e Stefano. O recado estava nas entrelinhas: não havia por que se preocupar, todos os cartolas seriam regiamente subornados.

A Datisa S.A. foi formalmente criada em 21 de maio de 2013 em Montevidéu, Uruguai. Nela, Traffic, TyC e Full Play teriam, cada uma, um terço das ações. Apenas quatro dias depois, a Conmebol cedeu à nova empresa, por meio de um contrato assinado em Londres, os direitos comerciais (e não um percentual de comissão, como vinha defendendo a Full Play) das edições da Copa América

---

[22] Para informações sobre os ilícitos cometidos pela Datisa, ação penal 1:2014-cr-00609, Eastern District of New York (EUA).
[23] MUÑOZ, Diego; ZECCA, Emiliano. *Figueredo, a la sombra del poder*. Montevidéu: Penguin Random House, 2016.

O DELATOR

de 2015, 2016, 2019 e 2023, em troca de US$ 317,5 milhões, valores muito maiores do que os oferecidos até então apenas pela Traffic. A propina à cartolagem sul-americana, naturalmente, também seria inflacionada: US$ 20 milhões no ato da assinatura e US$ 20 milhões para cada edição do torneio, totalizando US$ 100 milhões, de acordo com o FBI. Dessas "parcelas" de US$ 20 milhões, o presidente da Conmebol, da CBF e da AFA ficariam, cada um, com US$ 3 milhões; os comandantes das demais federações, com US$ 1,5 milhão cada; e US$ 500 mil iriam para um "alto funcionário" da Conmebol não identificado pelo Departamento de Justiça dos Estados Unidos. "Hoje, olhando retrospectivamente, o acordo é o culpado de tudo o que está acontecendo porque a condição de Hawilla era que não queria ser 'comissionista' da Conmebol, ele queria comprar os direitos", disse Mariano Jinkis.[24] Mesmo assim, o trio embolsaria um lucro fabuloso, conforme o próprio argentino disse ao dono da Traffic:

— Vendemos [os direitos] à Univision [TV norte-americana] por 71 milhões [de dólares] apenas [para transmissão] em espanhol. [...] Agora estamos pedindo mais 30 milhões para a Fox. Quero dizer: serão 100 milhões apenas dos Estados Unidos. [...] Cada Copa [América] vai dar um lucro de 100 milhões [de dólares] para a empresa, mais ou menos — calculava Mariano Jinkis.[25]

O poder financeiro da nova empresa contrastava com sua estrutura física: a sede da Datisa S.A. era uma sala comercial acanhada na Avenida Dr. Luis Alberto de Herrera, no bairro do Buceo, em Montevidéu. Mas, para os reais propósitos da nova empresa — lucrar alto corrompendo a cartolagem —, a sala bastava. Segundo o dono da Traffic diria em depoimento à Justiça de Nova York, o jovem Mariano era "demagogo" e parecia se orgulhar em subornar a cartolagem:

---

[24] Idem.
[25] Ação penal 1:2015-cr-00252, Eastern District of New York (EUA).

222 ALLAN DE ABREU E CARLOS PETROCILO

— Eu quero tornar todos os presidentes ricos e coexistir com eles — disse a Hawilla certa vez.[26]

O dono da Full Play tinha o apoio declarado do conterrâneo Burzaco:

— O melhor para nós é continuar pagando 20 milhões [de dólares em propinas] porque quando eles virem que nós ganhamos 100, 110, 120 [milhões de dólares], corremos o risco de pedirem mais para nós.[27]

Juan Ángel Napout foi um dos beneficiados diretos desse "*pool* da corrupção", segundo o FBI. O paraguaio, ligeiramente mais jovem do que a média de idade da cartolagem corrupta sul-americana, chegou à presidência da Conmebol após um breve mandato do uruguaio Eugenio Figueredo, vice de Leoz que precisou assumir a cadeira máxima da entidade quando o longevo dirigente paraguaio foi pressionado a renunciar ao posto, no início de 2013 — na época, vieram à tona as milionárias propinas pagas a ele pela ISL na Suíça. Napout ingressara na cartolagem no fim dos anos 1980, no clube Cerro Porteño. Em 2007, assumiu a presidência da Associação Paraguaia de Futebol (APF) e, em agosto de 2014, o comando da Conmebol com o discurso de mudar velhas e obscuras práticas na entidade. As mudanças, no entanto, não passariam de promessas vazias. A obscuridade continuaria por mais algum tempo na entidade, simbolizada pelo poder nas mãos do espanhol Gorka Villar, uma eminência parda que operou nos corredores do palacete de Luque durante anos. Diretor jurídico da confederação nos mandatos de Leoz e Figueredo, o advogado, especialista em direito esportivo, ascendeu ao posto de diretor-geral tão logo Napout assumiu o comando da confederação. Em 2013, Gorka, filho do poderoso Ángel María Villar, presidente da Federação Espanhola de Futebol e vice-presidente da Fifa, pressionou os clubes uruguaios a desistirem de uma ação judicial no país em

---

[26] Idem.
[27] Idem.

O DELATOR

que acusavam a Conmebol de ignorar propostas comerciais mais vantajosas oferecidas por empresas de marketing pelos direitos de transmissão dos torneios sul-americanos, o que prejudicava o caixa das agremiações. Conseguiu, segundo diria depois Figueredo em seu acordo de delação com a Justiça uruguaia:

— O senhor G.V., aproveitando as articulações que tem graças a seu pai, utilizava a influência de seu pai para que a Fifa respaldasse com notas coercitivas contra a AUF. Vinha uma nota da Conmebol e uma ratificação da Fifa, dizendo que poderiam ser suspensos os times [uruguaios] e até a AUF.[28]

Quando estourou o Fifagate, Gorka advogou por breve período para o cartola brasileiro José Maria Marin. Em julho de 2016, o advogado espanhol deixaria a entidade e regressaria à terra Natal, onde seria detido com o pai exatamente um ano depois, ambos acusados de desviar dinheiro da federação espanhola — eles seriam liberados dias depois, sob fiança.

Foi Gorka quem, sempre das sombras, incentivou Napout a manter as negociações iniciadas pelo uruguaio Figueredo com a Full Play e, depois, com a Datisa. Após aquele primeiro pagamento de US$ 10 milhões em março de 2013, J. Hawilla realizou outros quatro em junho e setembro, que totalizaram US$ 13,33 milhões, para subornar os cartolas. Nos três primeiros, o dinheiro saiu da conta da Traffic no Delta em Miami sob a justificativa de pagamento a "consultorias", fez escala em outra conta da empresa no Citibank e no JP Morgan Chase em Nova York e terminou em contas na Suíça mantidas pela Cross Trading (coligada da Full Play) e pela FPT Sports (ligada à TyC). De lá, foi pulverizado para contas dos dirigentes e seus laranjas. O quarto pagamento foi consumado por meio de uma conta recém-

---

[28] FERNANDEZ, Martín. Acusado no Uruguai, Gorka Villar é quem manda na "nova Conmebol". *Globo Esporte*, 3 fev. 2016. Disponível em: <http://globoesporte. globo.com/futebol/futebol-internacional/crise-na-fifa/noticia/2016/02/acusado--no-uruguai-gorka-villar-e-quem-manda-na-nova-conmebol.html>.

-aberta pela Datisa no banco Hapoalim, em Zurique, diretamente para a Cross Trading.

O trabalho sujo, conforme o FBI, seguia com a Bayan Group S.A., uma *offshore* panamenha, com conta no mesmo banco Hapoalim, criada pelos Jinkis com a função única de pagar propinas. Entre 31 de janeiro e 23 de julho de 2014, por exemplo, US$ 700 mil foram transferidos da conta da Bayan no banco suíço para contas controladas pelo presidente da Federação Venezuelana de Futebol, Rafael Esquivel, em bancos na Flórida.

Assim como a Traffic, a Datisa também se valeu dos préstimos do argentino José Margulies. De dezembro de 2013 a agosto de 2014, a Full Play transferiu US$ 3,8 milhões para uma das contas nos Estados Unidos pertencentes às *offshores* de Margulies. Logo em seguida, o operador transferiu mais de US$ 2 milhões para a mesma conta da Bayan junto ao Bank Hapoalim em Zurique, Suíça, que por sua vez transferiu o dinheiro para contas de Esquivel.

— Queremos fazer um pagamento negro, mas queremos fazê-lo parecer branco. E é assim que as coisas são — disse Mariano Jinkis a Hawilla.[29]

O mesmo esquema foi empregado para subornar os dirigentes da Concacaf em relação à Copa América Centenário, em 2016 — pelo fato de a sede ser nos Estados Unidos, a entidade teria direitos comerciais no torneio. A Datisa concordou em pagar US$ 35 milhões por esses direitos e também um suborno de US$ 10 milhões ao presidente Weffrey Webb e seu novo secretário-geral e ex-executivo da Traffic, Enrique Sanz.[30] Em março de 2014, logo após a assinatura do contrato entre a Datisa e a Concacaf para a Copa América Centenário, em reunião no bairro do Queens, em Nova York, o presidente da Traffic USA Aaron Davidson disse a Hawilla que Mariano Jinkis havia lhe telefonado na semana anterior para saber como pagaria as propinas a Webb.

---

[29] Ação penal 1:2015-cr-00252, Eastern District of New York (EUA).
[30] Idem.

O DELATOR

— Eu o interrompi na hora. Não queria conversar sobre esse assunto por telefone — disse o executivo a Hawilla. — Pedi para conversarmos pessoalmente quando ele estiver em Miami.

As propinas da Datisa, tanto as que já foram pagas quanto as previstas, podem ser resumidas nesta tabela:

Edição da Copa América	País sede	Valor do contrato	Suborno
2013 (assinatura do contrato)			US$ 20 milhões (pagos)
2015	Chile	US$ 75 milhões	US$ 20 milhões (pagos)
2016	Estados Unidos*	US$ 112,5 milhões	US$ 30 milhões
2019	Brasil	US$ 80 milhões	US$ 20 milhões
2023	Equador	US$ 85 milhões	US$ 20 milhões
Total		US$ 352,5 milhões	US$ 110 milhões

* Inclui Conmebol e Concacaf.

O primeiro pagamento da Datisa à Concacaf pelos direitos da Copa Centenário, no valor de US$ 7 milhões, foi depositado na conta da entidade no JP Morgan Chase, em Miami, no dia 7 de abril de 2014. No mês seguinte, em 1º de maio, Eugenio Figueredo e Jeffrey Webb comandaram uma coletiva de imprensa no hotel Saint Regis, em Miami, para anunciar o torneio.

— A América é uma só, é o homem que cria fronteiras. Eu acredito em uma única América em um contexto de trabalho com a Concacaf, e nós alcançamos algo real que continuará em 2016 — disse Figueredo.

O logo da Datisa — *We are, we match* — estava lá, em vários materiais promocionais da Copa América Centenário distribuídos aos jornalistas e na bancada onde se sentaram Figueredo e Webb Hawilla, Burzaco e os Jinkis também marcavam presença. No dia anterior eles haviam se reunido no hotel Aqualine, na capital da Flórida. Logo após o fim do evento, depois de Hawilla posar para foto ao lado de Jeffrey Webb, Enrique Sanz e do troféu do torneio, Burzaco confidenciou aos dois parceiros de crime:

— Todos podem se ferrar por causa disso... Todos nós vamos para a prisão.

A frase do argentino foi premonitória. Hawilla sabia a resposta à possibilidade de cadeia aventada por Burzaco, mas não poderia abrir a boca. Àquela altura, já era um delator a serviço do FBI, prestes a implodir os dois sócios e toda a cartolagem das Américas.

* * *

A Datisa se envolveu, direta ou indiretamente, em outros esquemas suspeitos na Argentina e no Paraguai. O futebol argentino fora estatizado pela então presidente do país, Cristina Kirchner, em 2009. Até então, o grupo Clarín e a TyC detinham exclusividade na transmissão das partidas de futebol dos clubes e da Seleção Argentina. O problema é que os jogos eram exibidos pelo duopólio apenas na TV a cabo. Um ano antes, a presidente iniciara uma guerra com o grupo de mídia Clarín, a quem acusava de apoiar uma greve geral no país. Então, em agosto de 2009, Cristina ofereceu 600 milhões de pesos dos cofres públicos para a AFA em troca dos direitos de transmissão, um valor bem acima dos 268 milhões pagos pelo Clarín e pela TyC. Grondona então rescindiu o contrato com as duas empresas e fechou acordo com o governo argentino. A partir daí, os jogos passaram a ser transmitidos gratuitamente pela TV estatal do país. Nascia o programa Futebol para Todos.

— O governo não quer fazer negócios com o futebol. Quer promover o esporte e ajudar os clubes que geram negócios milionários e são cada vez mais pobres. Te sequestram os gols até aos domin-

O DELATOR

gos. [...] Não quero mais uma sociedade de sequestros, quero uma sociedade cada vez mais livre — disse Cristina na solenidade de anúncio do programa.

Em 2011, a Chefatura de Gabinete do governo Cristina Kirchner decidiu terceirizar os direitos de transmissão para a TyC International, sem licitação, pagando à empresa US$ 3,2 milhões, sem nem mesmo retenção de impostos. Como dois anos mais tarde a mesma TyC criaria o *pool* Datisa com a Traffic e a Full Play, a vereadora de Buenos Aires e ex-ministra María Graciela Ocaña denunciou o caso à Justiça para que se investigasse se fora desviado dinheiro público para as empresas por meio do programa Futebol para Todos. "Resta claro que a Chefatura de Gabinete de Ministros celebrou um acordo e desembolsou uma importante soma de dinheiro, proveniente do erário público [*sic*], com empresas envolvidas em práticas corruptas e denunciadas nos Estados Unidos: Traffic Sports e seu presidente José Hawilla e TyC International e seu presidente Alejandro Burzaco", escreve Ocaña na denúncia. Em abril de 2018, a ação penal por lavagem de dinheiro, em que nem Hawilla nem a Traffic são réus, ainda não havia sido julgada.[31]

No Paraguai, as relações da cartolagem com a Datisa eram ainda mais obscuras. Em maio de 2007, apenas dois meses depois de assumir a presidência da Associação Paraguaia de Futebol, Juan Ángel Napout anunciou a cessão dos direitos comerciais dos jogos da seleção do país nas Eliminatórias da Copa do Mundo de 2010 para a Traffic por US$ 5,5 milhões. Mas já em setembro daquele ano o mesmo Napout declararia que esses mesmos direitos haviam sido repassados à Ciffart (Traffic ao contrário) Sport S.A., uma obscura empresa criada, em maio daquele ano no Panamá, pelo escritório Mossack Fonseca, com capital social de apenas US$ 10 mil e cujos reais donos eram desconhecidos. Apenas em junho de 2015, quando as investigações do FBI já eram públicas, a APF anunciou que

---

[31] Ação penal 4995/2014, Primero Juzgado de Buenos Aires.

228 ALLAN DE ABREU E CARLOS PETROCILO

a Ciffart pertencia a Antonio Vierci, um empresário de mídia do Paraguai.[32] Naquele ano, Luis Galeano, que se dizia representante da empresa, ofereceu por US$ 20 mil às rádios paraguaias os direitos de transmissão das partidas da seleção local na Copa América, no Chile — esses direitos, na época, eram da Datisa S.A. No e-mail enviado às emissoras, constava um anexo com a minuta do contrato. No documento, ao qual os autores deste livro tiveram acesso, a Ciffart afirma ter adquirido da Datisa os direitos da Seleção Paraguaia na Copa América em 27 de abril de 2015. Além disso, na cláusula 12ª, a Ciffart afirma que "a validade e eficácia deste contrato está sujeita ao consentimento por escrito da empresa Datisa S.A".[33] Quando o contrato veio à tona na imprensa paraguaia, a Ciffart negou ter os direitos comerciais da Copa América. "Os direitos [...] pertencem Conmebol, e Ciffart nunca celebrou nenhum acordo com a Conmebol", disse a empresa em nota.[34] Sobre as relações com a Datisa, nenhuma palavra.

O fato é que a Traffic e seu dono J. Hawilla estavam enredados em uma complexa e misteriosa teia de empresas, siglas de federações e interesses escusos. Na primavera de 2013, nos Estados Unidos, a rede criminosa começaria a se desmanchar, justamente a partir do ex-radialista esportivo do interior paulista que um dia sonhou tornar-se milionário com o futebol.

---

[32] VELÁZQUEZ, Marcos. Fuerte vínculo de APF con empresas investigadas. *ABC Color*, 8 jun. 2015.
[33] Modelo de contrato de cessão de espaços radiais, datado de 8/5/2015.
[34] VELÁZQUEZ, Marcos. Ofreció los derechos que no tenía. *ABC Color*, 10 jun. 2015.

12

Nas garras do FBI

Brickell Key é uma ilha artificial em formato triangular construída no fim do século 19 na foz do rio Miami. Pequena, com menos de 140 mil metros quadrados, abriga arranha-céus deslumbrantes, entre eles o luxuoso hotel cinco estrelas Mandarin Oriental, com piscina de borda infinita, spa e quatro restaurantes gourmet, além de uma vista privilegiada para o bairro de Brickell e a área central da capital da Flórida. J. Hawilla era um hóspede contumaz do hotel por dois motivos: o conforto único e a proximidade com a sede da Traffic, também na ilha, separada do Mandarin por apenas uma avenida.

Naquele início de maio de 2013, provavelmente no dia 2 ou 3, passara pouco das seis da manhã e o sol ainda nem apontara na linha do horizonte quando o telefone tocou na suíte onde dormia o poderoso dono da Traffic e sua mulher, Eliani.

— Sr. Hawilla, muito bom dia. Dois policiais do FBI estão aqui na recepção e querem falar com o senhor.

O empresário levou um susto. Pediu só alguns minutos para se arrumar e desceu até o lobby do hotel, com seu pé-direito muito alto decorado em tons pastel. Ainda não se recuperara totalmente do cansaço do voo do Brasil até a Flórida, na companhia de Eliani, que saíra de Guarulhos às nove e vinte da manhã do dia 1º. Hawilla

230 ALLAN DE ABREU E CARLOS PETROCILO

não sabia, mas aquela viagem marcaria o início de um longo exílio em solo norte-americano.

A dupla de agentes foi cortês. Cumprimentou o brasileiro, exibiu suas credenciais, praxe entre os policiais norte-americanos, e passou a fazer uma bateria de perguntas.

— O senhor é o proprietário da Traffic?

— Sim, sou eu.

— Temos a informação de que o senhor pagou subornos a dirigentes esportivos da América do Sul para obter direitos comerciais de torneios de futebol. Isso é verdade?

— Não, de modo algum.

— O senhor não pagou propina ao brasileiro Ricardo Teixeira quando ele era presidente da CBF, nem ao senhor Julio Grondona, da AFA, nem a Nicolás Leoz, presidente da Conmebol?

— Nunca.

O empresário convidou os policiais para tomar café da manhã. Educadamente, a dupla recusou o convite, mas aguardou enquanto Hawilla bebia uma xícara de café preto.

— Não sei de nenhum pagamento de suborno, isso eu garanto a vocês — disse o brasileiro, que já dominava razoavelmente a língua inglesa. — Minha empresa sempre conduziu seus negócios corretamente.

A conversa foi rápida.[1] Cerca de quinze minutos depois, os dois policiais se despediram e deixaram o hotel. O dono da Traffic desesperou-se. Quem o dedurara à polícia? Só poderia ser Chuck Blazer, concluiu, por quatro motivos: ele era norte-americano e poderia estar sendo investigado pelo FBI, havia entregado provas de fraude na eleição para a presidência da Fifa ao Comitê de Ética da entidade dois anos antes, era falastrão por natureza e havia recebido US\$ 500 mil em suborno da Traffic, em 2000. Pálido de preocupação, Hawilla subiu até sua suíte, contou a Eliani sobre a conversa com os

---

[1] Ação penal 1:2015-cr-00252, Eastern District of New York (EUA).

O DELATOR 231

policiais, pegou seu celular e telefonou para o ex-secretário-geral da Concacaf, aquele que dizia valorizar o aperto de mão do brasileiro mais do que muitos contratos assinados.

— Chuck, agora há pouco dois agentes do FBI me procuraram aqui no hotel onde estou, em Miami. Você tem algo a ver com isso?

— Não! — respondeu o norte-americano. Mas vou receber alguns policiais hoje à tarde.

— Por favor, não fale daquele empréstimo de 2000, nem cite o meu nome ou o da minha empresa, tudo bem?

— Ok, Hawilla. Tudo bem.

O dono da Traffic caíra em uma arapuca. Não sabia, mas Chuck Blazer era um grampo ambulante — semanas antes, fechara acordo de colaboração com o FBI. A conversa com os dois agentes no lobby do Mandarin também fora registrada por gravadores escondidos nas roupas dos policiais. O FBI analisou os dois diálogos e concluiu: havia provas suficientes para solicitar à Justiça a prisão do empresário pelo crime de obstrução de Justiça, que nos Estados Unidos é punido com até 20 anos de detenção. Na tarde do dia 9 de maio de 2013, uma quinta-feira, os dois agentes voltaram ao hotel e novamente pediram para Hawilla ir até a recepção. Quando chegou ao lobby, o empresário escutou o que jamais imaginara ouvir na vida:

— José Hawilla, o senhor está preso.

* * *

O ex-presidente Bill Clinton mal disfarçou o semblante de decepção quando as urnas da quarta e última rodada de votação foram abertas pelo presidente da Fifa, Joseph Blatter, na sede da entidade, em Zurique, na tarde do dia 2 de dezembro de 2010. O Catar, um minúsculo emirado no Oriente Médio, cercado de areia, com apenas 1,6 milhão de habitantes, vencera o país mais poderoso do mundo, com Clinton como embaixador, por catorze votos a seis, na esco-

232 ALLAN DE ABREU E CARLOS PETROCILO

lha para a sede da Copa do Mundo de 2022. Nem o fato de o país registrar temperaturas superiores a 40 graus nos meses de junho e julho, um risco à saúde dos jogadores, impediu a goleada de votos. Somente meses mais tarde o governo norte-americano começaria a entender os reais motivos da derrota: o emirado árabe, riquíssimo em petróleo, havia comprado o voto da maioria dos integrantes do Comitê Executivo da Fifa, responsável pela escolha. Era o sintoma da podridão que cercava a gestão do futebol mundial. O governo norte-americano decidiu agir.

A iniciativa de abrir a caixa-preta da corrupção na cartolagem mundial viria do escritório do FBI em Nova York, mais precisamente de um agente de porte alto, cabelos pretos e olhos muito azuis. Diferentemente da maioria dos jovens norte-americanos, Jared Randall, agente da corporação, sempre gostou de futebol — quando criança, esteve em alguns jogos da Copa do Mundo de 1994, nos Estados Unidos.[2] Em 2011, ele e um grupo de agentes do escritório decidiram assumir a tarefa de decifrar aquele quebra-cabeça da corrupção, começando pela peça mais próxima: o compatriota Chuck Blazer. Em poucas semanas de investigação os agentes fisgaram o cartola. Apesar de ostentar um padrão de vida milionário, Chuck não havia declarado imposto de renda nos três últimos anos. Também sonegara impostos na Concacaf. Confrontado com os dados da investigação, o cartola viu-se sem saída — para piorar, o antigo amigo Jack Warner, que havia deixado a entidade após denúncias de corrupção feitas por Chuck, vingou-se e conseguiu derrubar o norte-americano da secretaria-geral da confederação. Segundo seus advogados, a perspectiva era de que fosse condenado a 75 anos de prisão, o que para ele, com 66 anos e vítima de câncer, significaria a prisão perpétua. Só havia uma solução: confessar seus crimes. O cartola admitiu ter recebido um total de US$ 11 milhões em propinas em troca dos votos para a escolha das sedes das Copas de 1998 e de 2010, além

---

[2] ASSAEL, Shaun; FORREST, Brett. The FBI vs. Fifa. *ESPN The Magazine*, 16 fev. 2016.

O DELATOR

de subornos em contratos comerciais para torneios da Concacaf. Também admitiria ter sonegado US$ 1,9 milhão em impostos.[3]

Mas Randall e os demais agentes do FBI queriam mais do que uma confissão. Chuck deveria se tornar um delator e um espião da polícia na máfia da cartolagem. O dirigente concordou. Pelo acordo, ele se comprometia a revelar tudo o que soubesse sobre os esquemas de corrupção no futebol e concordava em "participar de forma secreta de atividades que tivessem a instrução específica dos agentes da Justiça" sem revelar a ninguém seu status de colaborador. Entre dezembro de 2011 e maio de 2013, Chuck gravou dezenas de telefonemas e de encontros pessoais com dirigentes, incluindo dezoito reuniões do Comitê Executivo da Fifa. Em todas, o norte-americano colocava discretamente um molho de chaves sobre a mesa. Os cartolas não desconfiavam, mas uma daquelas chaves escondia um microgravador. O foco do FBI era a compra de votos na escolha das sedes das Copas e as propinas pagas em acordos comerciais de torneios nas Américas. Chuck abriu seu baú de confidências e jogou na lama praticamente todos os presidentes de federações de futebol das Américas do Norte, do Sul, Central e Caribe, além de vários empresários corruptores, Hawilla incluído. Não havia como o brasileiro escapar.

Naquele mesmo dia 9 de maio, o dono da Traffic foi levado de avião para Nova York, onde ficou em uma prisão no Brooklin — o US Marshals, responsável pelo traslado de presos nos Estados Unidos, confirmou aos autores deste livro apenas o bairro onde o brasileiro ficou detido, sem especificar o presídio. De repente, Hawilla trocara o conforto e o luxo extremo de um hotel cinco estrelas de Miami por uma cela fria da maior cidade do país. Avisados por Eliani, os filhos foram às pressas para os Estados Unidos para se reunirem com os advogados da Traffic. A família não economizou na defesa do patriarca. Contratou a peso de ouro o escritório nova-iorquino

---

[3] CHADE, Jamil. *Política, propina e futebol*. Rio de Janeiro: Objetiva, 2015.

Cleary Gottlieb Steen & Hamilton, um dos mais poderosos dos Estados Unidos. A sede da empresa — há filiais em mais de dez países — ocupa onze andares de um arranha-céu no centro financeiro da metrópole.

Lewis J. Liman, um dos advogados do escritório, é um homem de meia-idade, cabelos grisalhos e sorriso largo. Ex-procurador, especializou-se em crimes de colarinhos branco, como o Fifagate. Ele analisou o caso e foi objetivo: o FBI e os procuradores do Departamento de Justiça tinham provas suficientes para pedir a condenação do empresário a vários anos de prisão. E uma sentença desfavorável era quase certa. Provavelmente Hawilla, prestes a completar 70 anos, ficaria atrás das grades pelo resto da vida. A única saída era repetir Chuck, confessar seus crimes e tornar-se um delator. A proposta foi feita pelo FBI, interessado em ter entre seus colaboradores um integrante ativo na máfia do futebol — diferente de Chuck, que já deixara a Concacaf, Hawilla seguia à frente da Traffic e da recém-criada Datisa, com seus respectivos "propinodutos".

O brasileiro estava entre a cruz e a espada. Com opções tão estreitas, escolheu delatar. Após algumas semanas, assinou um termo de colaboração com o Departamento de Justiça, teve o passaporte confiscado e deixou a prisão no Brooklin com uma tornozeleira na perna direita. Daquele momento em diante, estava proibido de deixar o país e seria monitorado 24 horas pela polícia. De escravo da cartolagem corrupta, Hawilla era agora um serviçal do FBI. Pelo acordo, o Departamento de Justiça só aceitaria a delação futuramente se o dono da Traffic cooperasse de fato com as investigações. Foram mais de quarenta encontros entre ele, agentes e procuradores. O empresário entregou pilhas de documentos de suas empresas mundo afora e deu dezenas de horas de depoimentos. No início, escondeu parte dos crimes que cometera. Mas, pressionado, acabou revelando toda a verdade.

A ordem era manter sua rotina normal de empresário. Como Chuck, Hawilla passou a participar de reuniões com outros em-

O DELATOR

presários e dirigentes com um gravador escondido. Antes desses eventos, ele se encontrava com agentes do FBI e recebia orientações sobre quem abordar e o que perguntar a cada um deles. Sempre à paisana, policiais acompanhavam alguns desses encontros, como aquele de Hawilla com Teixeira em Miami, retratado no início deste livro. Gravadores de voz também foram instalados nos telefones do empresário. A partir daquele momento, o dono da Traffic era um homem-bomba, em contagem regressiva para implodir os esquemas que ele próprio havia protagonizado.

Foram horas e horas de gravações com Kleber Leite, Marin, Del Nero, Teixeira, Hugo e Mariano Jinkis, Burzaco, Aaron Davidson, Enrique Sanz — os trechos mais relevantes dessas conversas estão transcritos no capítulo anterior. Mariano foi um dos alvos mais grampeados devido às tratativas para a formação da Datisa S.A. Hawilla dizia querer vender a rede Traffic e deixar o *pool* com a Full Play e a TyC, o que contrariava o argentino:

— Meu medo é ficar preso com um parceiro que não consegue pagar as recompensas e ficar de mãos atadas. Precisarei pagar sozinho. Não vou mais ter os 33% [de participação na Datisa] — disse Mariano.

— Vá jogar golfe, fazer amizades — respondeu Hawilla, irônico.[4]

Certo dia, o empresário recebeu um pedido estranho dos agentes do FBI: deveria exibir ao presidente da Traffic USA, Aaron Davidson, sua tornozeleira. O brasileiro não entendeu: fazia parte do acordo não revelar a ninguém sua condição de delator.

— Por que eu tenho que mostrar isso?

— Nós sabemos por quê — respondeu um dos agentes, com cara de poucos amigos.

Dias mais tarde, o dono da Traffic encontrou-se com seu CEO no aeroporto LaGuardia, em Nova York. Em certo momento da conversa, sem nada dizer, Hawilla ergueu a barra da calça e exibiu para

---

[4] Ação penal 1:2015-cr-00252, Eastern District of New York (EUA).

236 ALLAN DE ABREU E CARLOS PETROCILO

Davidson sua tornozeleira na perna direita. O executivo assustou-se, mas não disse nada.

O brasileiro também avisaria de sua condição de delator a Enrique Sanz, ex-executivo da Traffic que se tornara secretário-geral da Concacaf. Dessa vez, porém, ele não obedecia ordens do FBI. Queria proteger seu ex-funcionário. "Sempre gostei muito dele e gosto até hoje. É uma pessoa em quem confio muito. Eu tenho ele e o Davidson como meus filhos", disse Hawilla em depoimento à Justiça. Nesse caso, a desobediência quase custou-lhe o fim do acordo de cooperação.

— Você não deveria ter feito isso — disse um policial, com tom de voz alterado.

— Desculpe. Fique tranquilo, vou colaborar 100% com o governo.

O empresário foi perdoado e seguiu com sua delação por longos dezenove meses. Nesse período, viu a Traffic envolvida indiretamente em mais um escândalo no Brasil, o da venda de ingressos para a Copa do Mundo de 2014. Meses antes do evento, sua empresa, em sociedade com Wagner Abrahão, comprou, por US$ 40 milhões, da Match Hospitality, a representação exclusiva no Brasil para a venda de ingressos VIP da Copa. Com o negócio, Hawilla e Abrahão faturaram US$ 152 milhões.[5] Durante o evento, porém, o britânico Ray Whelan, diretor-executivo da Match, foi preso, acusado de desviar ingressos VIP de federações nacionais, inclusive a CBF, e revendê-los para cambistas no Rio de Janeiro. No total, a Polícia Civil indiciou onze por cambismo, associação criminosa e lavagem de dinheiro — ninguém da Traffic foi incriminado. Em entrevista ao repórter Eduardo Ohata, da *Folha de S.Paulo*, foi econômico nas palavras:

— Estou com zero de medo. Só fomos vendedores. Os ingressos não passam pela minha mão.[6]

---

[5] Relatório alternativo da CPI do Futebol no Senado Federal, novembro de 2016.
[6] OHATA, Eduardo. Aliados de Teixeira são parceiros da Match. *Folha de S.Paulo*, 10 jul. 2014.

O DELATOR

Foi uma de suas raras entrevistas no período de delação. O sumiço de Hawilla no Brasil era atribuído pela família ao tratamento do câncer debaixo da língua nos Estados Unidos — a justificativa era falsa; a doença, verdadeira. Em dezembro de 2014, o Departamento de Justiça fez um balanço dos benefícios da colaboração do empresário para as investigações e concordou em formalizar judicialmente o acordo. A tornozeleira foi retirada, mas seu passaporte continuou confiscado. Pelo acordo, ele deixaria de ser denunciado pelo Departamento de Justiça em vários episódios de corrupção. Também teria de pagar US$ 151 milhões, estimativa do montante que a Traffic lucrara ilicitamente, dos quais US$ 25 milhões seriam pagos no ato de formalização do acordo, e confessaria espontaneamente os crimes de formação de quadrilha, fraude eletrônica, lavagem de dinheiro e obstrução de Justiça, pelos quais seria indiciado. Por fim, Hawilla teria de vender a Traffic.

Enquanto isso, no Brasil, os filhos e a mulher Eliani desapareceram das colunas sociais. Em fevereiro de 2015, Renata, a filha do meio, casou-se com Antônio de Mata Pires, filho de Cesar Mata Pires, dono da empreiteira OAS, investigada na Operação Lava Jato, e neto do senador baiano Antônio Carlos Magalhães, o ACM, já morto. Curiosamente, assim como o pai da noiva, o grande ausente da cerimônia, o do noivo também tornou-se delator, mas da Lava Jato brasileira, revelando o pagamento sistemático e milionário de propinas para políticos em troca de obras públicas Brasil afora. Cesar morreu em agosto de 2017, vítima de infarto. A cerimônia na mansão dos Hawilla no Jardim América, em São Paulo, foi discretíssima. Diferentemente do casamento do irmão mais novo, Rafael, pouco mais de dois anos antes, nenhuma foto da noiva vazou nas redes sociais.

* * *

— Bom dia, senhor. Aqui é da recepção. Desculpe incomodar tão cedo, mas gostaria de pedir que o senhor descesse até o lobby do hotel. Algumas pessoas estão aguardando e temo que, se o senhor não descer, irão até o quarto. Eles são da polícia.[7]

Dessa vez, o alvo não era J. Hawilla. O hotel em questão também estava bem longe da Flórida, embora fosse tão luxuoso quanto. Só o horário da blitz policial se repetia: seis e dez da manhã. Ainda na madrugada daquele dia 27 de maio de 2015, a polícia suíça, em acordo com o FBI norte-americano, cercara o hotel Baur au Lac, em Zurique, onde presidentes das federações de futebol de todo o mundo se reuniam para mais um congresso da Fifa, em que seria escolhido o novo presidente da entidade. Sem sirenes nem algemas, os policiais faziam história, rompendo muitas décadas de corrupção e impunidade na cartolagem do mundo todo. Um a um, os dirigentes desciam de suas suítes e se entregavam. Os que não saíam dos quartos recebiam a visita dos policiais à paisana, com as chaves dos aposentos fornecidas pela recepção do hotel. Alguns dos agentes chegaram a esperar que os alvos fizessem a barba antes de deixarem suas suítes. Os cartolas pareciam transtornados. Entre os presos estava o brasileiro José Maria Marin, ex-presidente da CBF. Ao sair do hotel escoltado pela polícia, ele levava uma pasta com o símbolo da confederação. Outros seis cartolas foram detidos: Jeffrey Webb e seu faz-tudo, Costa Takkas; Eduardo Li, da federação costa-riquenha; o venezuelano Rafael Esquivel; o nicaraguense Julio Rocha; e o ex-presidente da Conmebol, Eugenio Figueredo. Naquele mesmo dia, todos seriam indiciados pelo Departamento de Estado norte-americano por corrupção, lavagem de dinheiro, fraude, conspiração e extorsão. Funcionários do hotel improvisaram lençóis brancos, muito limpos, para esconder os cartolas e impedir que fossem fotografados pela imprensa no caminho entre a porta de entrada do hotel e os carros da polícia.[8]

Marin seria extraditado para os Estados Unidos em novembro de 2015. Após pagar fiança de US$ 15 milhões, passou para prisão

---

[7] CHADE, Jamil. *Política, propina e futebol*. Rio de Janeiro: Objetiva, 2015.
[8] Idem.

O DELATOR

domiciliar em seu apartamento na Quinta Avenida, um dos endereços mais caros de Nova York. O mesmo ocorreu com os outros seis presos naquela manhã de maio em Zurique — para pagar sua fiança de US$ 10 milhões, Jeffrey Webb entregou à Justiça norte-americana onze relógios de grife, três carros de luxo, incluindo uma Ferrari, e um anel de diamante dado de presente de noivado à mulher.[9]

Não havia ordem de prisão contra Del Nero, o comandante da CBF que também estava no Baur au Lac. Mesmo assim, ele deixou rapidamente o hotel e, dias depois, tomou o primeiro voo em direção ao Brasil. Seria sua última viagem internacional — desde então, até abril de 2018, o presidente da CBF não saiu mais do Brasil, onde se sente protegido, já que o país não extradita seus cidadãos, ainda que sejam acusados de cometer crimes graves no exterior. Em dezembro de 2015, sete meses depois da blitz no Baur au Lac, ele também seria indiciado pelo governo norte-americano pelos crimes de corrupção, formação de quadrilha e enriquecimento ilícito, na companhia de Ricardo Teixeira — que também não saiu mais do Brasil desde então —, do equatoriano Luis Chiriboga, do boliviano Carlos Chávez e do peruano Manuel Burga. Com exceção deste último, preso em Lima e enviado aos Estados Unidos em 2016, os demais seguiam em seus países. No início de 2018 Chiriboga foi sentenciado a dez anos de prisão pela Justiça do Equador por lavagem de dinheiro,[10] e Chávez seguia preso preventivamente em Santa Cruz de la Sierra.[11] Após o escândalo, todos deixaram o comando de suas respectivas federações, menos um: o brasileiro Del Nero. Ele só sairia do cargo

---

[9] Por fiança, cartola da Fifa entregou Ferrari, relógios e até anel de noivado da esposa. *ESPN*, 21 jul. 2015. Disponível em: <http://www.espn.com.br/noticia/529073_por-fianca-cartola-da-fifa-entregou-ferrari-relogios-e-ate-anel-de-noivado-da-esposa>.

[10] MEDINA, Fernando. Luis Chiriboga es condenado a 10 años por lavar USD 6 millones. *El Comercio*, 20 nov. 2016.

[11] Diagnostican cáncer a Carlos Chávez. *Los Tiempos*, 28 nov. 2017. Disponível em: <http://www.lostiempos.com/deportes/futbol/20171128/diagnostican-cancer-carlos-chavez>.

por decisão do Comitê de Ética da Fifa, que o baniu em definitivo de qualquer atividade ao futebol.[12]

A operação não se limitou ao hotel mais luxuoso de Zurique. Enquanto policiais prendiam os cartolas no Baur au Lac, procuradores invadiam a sede da entidade, um prédio de mármore avaliado em US$ 230 milhões, para confiscar nove terabytes de documentos, o equivalente a 600 milhões de páginas, que embasariam a investigação do FBI. Uma análise preliminar da Procuradoria suíça encontraria 104 transações financeiras suspeitas nas contas bancárias da Fifa. A estimativa era de que, no período de 24 anos, a cartolagem do futebol tivesse embolsado US$ 150 milhões em propinas. "O indiciamento sugere que a corrupção é desenfreada, sistêmica e tem raízes profundas tanto no exterior como nos Estados Unidos. [...] Os executivos do futebol, supostamente, abusaram de suas posições de confiança para obter milhões de dólares em subornos e propinas", disse a então procuradora-geral de Justiça norte-americana, Loretta Lynch, em entrevista coletiva aos jornalistas nos Estados Unidos.[13] Enquanto isso, um atônito Joseph Blatter se via sem outra saída que não apoiar as investigações. "Não vamos tolerar essa atitude", declarou em nota à imprensa. "Este é um bom dia para a Fifa."[14] Blatter seria reeleito para o comando da entidade, mas renunciaria ao posto um mês depois e, em dezembro de 2015, acabaria banido do futebol por ao menos seis anos pelo comitê de ética da Fifa.

Hawilla assistiu a tudo pela TV. Sabia que muitos daqueles cartolas e empresários de marketing só estavam presos por causa dele. Aaron Davidson foi detido no mesmo dia 27 nos Estados Unidos e indiciado pelo Departamento de Justiça. Deixou a cadeia sob fiança dias depois e admitiu seus crimes com o objetivo de reduzir sua

---

[12] CHADE, Jamil. Por corrupção, Fifa suspende Marco Polo Del Nero por 90 dias. *O Estado de S. Paulo*, 15 dez. 2017.

[13] ROMÁRIO. *Um olho na bola, outro no cartola*: o crime organizado no futebol brasileiro. São Paulo: Planeta, 2017.

[14] CHADE, Jamil. *Política, propina e futebol*. Rio de Janeiro: Objetiva, 2015.

O DELATOR

pena.[15] Sanz foi demitido do cargo de secretário-geral da Concacaf e banido do futebol pela Fifa — no fim de 2017, fazia tratamento contra uma leucemia. Nem os filhos de Hawilla nem a mulher Eliani foram implicados diretamente no Fifagate. Os funcionários da Traffic brasileira também não foram indiciados nos Estados Unidos, ao menos até abril de 2018.

Já os sócios do empresário na Datisa não tiveram a mesma sorte. Alejandro Burzaco estava no Baur au Lac naquele 27 de maio. Quando soube que havia um mandado de prisão contra ele, fingiu-se de turista, misturou-se aos hóspedes comuns do hotel no amplo salão onde era servido o café da manhã e de lá fugiu pela porta dos fundos. Viajou para a Itália, onde se entregaria treze dias mais tarde, por sugestão do seu advogado. Foi extraditado para os Estados Unidos e, como Hawilla, também tornou-se um delator para escapar de uma quase certa condenação, pagando multa de US$ 21,6 milhões. A partir de dezembro de 2015, passou ao cumprir prisão domiciliar em Nova York. Na Argentina, Burzaco responde a duas ações penais por lavagem de dinheiro e evasão fiscal. Hugo Jinkis e seu filho Mariano chegaram a ser presos em Buenos Aires, em junho de 2015, mas foram soltos semanas depois após pagarem US$ 1 milhão de fiança e, desde então, seguem em liberdade, com a condição de não saírem de Buenos Aires. A Justiça argentina negou pedido de extradição de ambos feito pelo governo norte-americano.[16]

Kleber Leite também seria alvo da operação. Naquele mesmo dia 27 de maio, a Polícia Federal brasileira, atendendo a um pedido do Departamento de Justiça dos Estados Unidos, invadiu a sede da Klefer no Rio e apreendeu dezenas de documentos no tal cofre citado por Kleber nas conversas com Hawilla gravadas pelo FBI. Entre os papéis, anotações de supostas propinas pagas pelo ex-presidente

---

[15] Who are the indicted Fifa officials? *BBC*, 6 jan. 2016. Disponível em: <http://www.bbc.com/news/world-latin-america-32897171>.

[16] Hugo y Mariano Jinkis no aceptaron ser extraditados. *La Nación*, 6 ago. 2015.

do Flamengo e ex-parceiro de negócios de Hawilla. Uma delas é um bilhete: "MPM — Copa do Brasil — R$ 1 milhão". O outro está digitado:

Copa do Brasil
Partes: Klefer
Período: 2013-2022
MPM: R$ 1 milhão por ano

Outras duas anotações dizem respeito à Copa América. A primeira cita nominalmente a Traffic:

MPM
Copa América
Partes: Full Play — Traffic — Torneos
Período: 2015-2023
MPM US$ 3 milhões para cada Copa América disputada + US$ 3 milhões para assinatura do contrato

Já a segunda é mais detalhada:

MPM: US$ 3 milhões para cada Copa América disputada + US$ 3 milhões pela assinatura do contrato.
Já pagos US$ 4 milhões — US$ 3 milhões para MPM e US$ 1 milhão para Miami.
US$ 2 milhões + US$ 6 milhões pendentes.[17]

Para o Departamento de Justiça norte-americano, MPM significa Marco Polo e Marin. Já Miami é uma referência a Ricardo Teixeira, que na época morava na capital da Flórida. O Tribunal Regional Federal

---

[17] FERNANDEZ, Martín. EUA revelam documentos que podem ligar Del Nero, Marin e Teixeira a propina. *Globo Esporte*, 3 dez. 2017. Disponível em: <https://globoesporte.globo.com/futebol/futebol-internacional/noticia/eua-revelam--documentos-que-ligam-del-nero-marin-e-teixeira-a-propina.ghtml>.

O DELATOR 243

da 2ª Região, no Rio de Janeiro, chegou a anular a ordem de busca e apreensão, mas a medida foi posteriormente revertida pelo Ministério Público Federal no Superior Tribunal de Justiça. Só assim os documentos puderam ser enviados aos Estados Unidos e apresentados no júri de Marin, no início de dezembro de 2017. Apesar das provas, até esse último mês Kleber Leite não figurava no rol de indiciados do Fifagate.

Assim como o brasileiro Del Nero, Luís Bedoya, então presidente da Federação Colombiana de Futebol, deixaria o hotel Baur au Lac discretamente, sem ordem de prisão. Semanas mais tarde, porém, entregou os pontos: viajou aos Estados Unidos e propôs voluntariamente um acordo de delação em troca de uma pena menor. Ele repetiria a saga de J. Hawilla ao gravar secretamente uma reunião do Comitê Executivo da Fifa em São Petersburgo, Rússia. Na volta à Colômbia, fez escala na embaixada dos Estados Unidos em Roma para relatar aos agentes do FBI tudo o que vira e ouvira no encontro. Após confessar seus crimes, seguiu para prisão domiciliar na Flórida, com os custos bancados pelo governo norte-americano. Em depoimento à Justiça em Nova York, disse que sua mulher não sabia nada das propinas que recebia.

— Você confiava mais em outros dirigentes de futebol do que em sua própria mulher? — perguntou uma advogada.

— Para esses assuntos, sim.[18]

O uruguaio Figueredo acabaria extraditado pela Justiça suíça para sua terra natal em dezembro de 2015. Em Montevidéu, fechou acordo de delação com a Justiça do Uruguai e confessou seus crimes. "Tudo isso [escândalo de corrupção] nasce das declarações de J. Hawilla", desabafou em depoimento na vara judicial especializada em crime organizado da capital uruguaia, às vésperas do Natal daquele ano. Em seguida, passou a cumprir prisão domiciliar.

---

[18] FERNANDEZ, Martín. Delator do caso Fifa confiava mais em outros cartolas do que na própria mulher. *Globo Esporte*, 29 nov. 2017. Disponível em: <https://globoesporte.globo.com/futebol/futebol-internacional/noticia/delator-do-caso--fifa-confiava-mais-em-outros-cartolas-do-que-na-propria-mulher.ghtml>.

O paraguaio Napout, presidente da Conmebol, foi preso em 3 de dezembro de 2015 em Zurique, Suíça, e extraditado para os Estados Unidos. Oito dias depois ele renunciaria ao comando da entidade sul-americana. Pagou fiança de US$ 20 milhões e também passou a cumprir prisão domiciliar em Nova York. Seu conterrâneo Nicolás Leoz também está proibido de deixar sua mansão na Rua Guido Spano, no bairro San Cristóbal, um dos mais nobres da capital paraguaia. Os autores deste livro estiveram no endereço em abril de 2016. Era possível notar movimentação de pessoas dentro da casa, mas ninguém atendeu a campainha. Em novembro de 2017, a Justiça do Paraguai aceitou o pedido de extradição de Leoz, feito pelo governo norte-americano, mas o ex-dirigente recorreu.[19]

No fim de 2015, o paraguaio Alejandro Domínguez assumiu a presidência da Conmebol e decidiu retirar a imunidade diplomática da entidade, tão elogiada por Leoz e Havelange dezoito anos antes. Um pouco depois, no início da tarde do dia 7 de janeiro de 2016, a pedido do Departamento de Justiça dos Estados Unidos, o Ministério Público do Paraguai cumpriu mandado judicial de busca e apreensão de documentos na sede da Conmebol em Luque. Funcionários da Promotoria em Assunção, comandados por Hernán Galeano, promotor especializado em lavagem de dinheiro, ficaram postados em todas as salas para impedir que funcionários da entidade tocassem em algum papel ou computador. Galeano deixou o prédio por volta da meia-noite com cerca de 7 mil páginas de documentos, empilhados em doze caixas, além de um notebook. Entre os papéis, contratos da Traffic, da Datisa e da TV Globo, além de e-mails entre dirigentes, extratos de contas bancárias e balancetes contábeis. Tudo foi copiado e enviado ao FBI. Posteriormente, o Ministério Público descobriria a existência de outros documentos da Conmebol no prédio de Leoz que abriga o Banco do Brasil, no centro de Assunção. "Havia um total descontrole contábil e administrativo, porque sabiam que a polícia

---

[19] FERREIRA, Márcia. Leoz apela extradición. *ABC Color*, 4 dez. 2017.

O DELATOR

e o Ministério Público não poderiam entrar lá devido à imunidade diplomática", diz Galeano.

Entre os documentos apreendidos pela Promotoria paraguaia estava um contrato confidencial firmado entre a Conmebol e a Datisa, em 21 de outubro de 2015, cinco meses após a deflagração da operação do FBI. No documento, a que os autores deste livro tiveram acesso, Juan Ángel Napout rescindia o acordo da entidade com a empresa para a Copa América Centenário, nos Estados Unidos, mas mantinha o contrato para as demais edições do torneio, em 2019 e 2023, prevendo que a Conmebol indenizasse a empresa formada pela Traffic, TyC e Full Play em US$ 40,2 milhões pelos patrocínios já acordados no torneio norte-americano. Em depoimento à Justiça uruguaia, o presidente interino da entidade, Wilmar Valdez, que sucedeu Napout no cargo, defendeu o acordo com a empresa: "[...] Os contratos celebrados pela Datisa com terceiros de boa-fé, tanto de transmissão quanto de patrocínio, seriam respeitados, reconhecendo-se à Datisa uma participação percentual nos ditos acordos celebrados por ela (sendo esse o único caminho possível para celebrar sua rescisão)."[20] De acordo com os advogados de defesa de Napout, o contrato foi assinado com a anuência do Departamento de Justiça dos Estados Unidos.[21] No entanto, em ofício de 6 de abril de 2016 endereçado ao juiz Raymond Dearie, responsável por julgar as ações penais do Fifagate, o procurador Robert Capers afirma que os documentos apreendidos na sede da Conmebol trouxeram "potenciais novos privilégios", embora não cite expressamente o novo contrato com a Datisa.[22] O acordo entre a entidade e a firma uruguaia integrada por Hawilla só seria rompido em novembro de 2017.

---

[20] Depoimento à Vara Penal Especializada em Crime Organizado de 2º Turno de Montevidéu.
[21] VELÁZQUEZ, Marcos. Governo de EE.UU. autorizó el acuerdo Datisa/Conmebol. *ABC Color*, 14 jul. 2016.
[22] Ação penal 1:2015-cr-00252, Eastern District of New York (EUA).

Nesse mesmo ano, a Conmebol encomendou à empresa Ernest & Young uma auditoria nos documentos e balancetes da entidade nas gestões de Leoz, Figueredo e Napout, a que os autores deste livro tiveram acesso. No levantamento, os auditores revelam ter encontrado dezenas de transferências bancárias da conta oficial da Conmebol para contas particulares de Leoz e de sua empresa NL Stevia S.A., em desvios que chegam a US$ 28 milhões no período de 2000 a 2009, sem contar transferências da mesma conta da entidade para outras não identificadas pelos auditores — uma soma de US$ 33,2 milhões. O pente-fino também encontrou transferências bancárias que totalizam US$ 58 milhões para empresas *offshore* diretamente envolvidas com pagamento de propinas, entre elas a Arco Business (da TyC), Yorkfields (Full Play), Cross Trading S.A. (Datisa) e Somerton (Traffic), sem respaldo documental dos serviços prestados. A Ernest & Young localizou ainda ao menos quatro repasses de verba da T&T diretamente aos clubes sem registro na contabilidade da Conmebol, entre maio de 2001 e fevereiro de 2002, período em que a Traffic participava da empresa: US$ 525 mil para o Flamengo, outros US$ 525 mil para o Vasco, US$ 100 mil para o boliviano The Strongest e US$ 210 mil para o argentino River Plate. Em relação às seleções, a auditoria exibiu uma carta de Hawilla a Leoz datada de 20 de junho de 2011 em que o brasileiro informava que iria pagar um valor adicional de US$ 7 milhões à Conmebol pelos direitos da Copa América daquele ano, na Argentina, além dos US$ 15 milhões já pagos, e outros US$ 3 milhões à AFA e à CBF, cada uma. Por fim, Hawilla afiançava que já havia quitado um adicional de US$ 2 milhões às entidades brasileira e argentina em relação à Copa América de 2007. A carta não justifica o motivo desses pagamentos adicionais.[23] A auditoria embasou denúncia da própria Conmebol ao Ministério Público paraguaio para que se investiguem os crimes

---

[23] Confederación Sudamericana de Fútbol, análisis forense, reporte final. *Ernest & Young*, 21 fev. 2017.

O DELATOR

de apropriação, lesão de confiança, associação criminosa e lavagem de dinheiro, previstos no Código Penal do país. Em abril de 2018 o inquérito instaurado não havia sido concluído.

* * *

No Brasil, o escândalo do Fifagate redundaria em mais duas CPIs no Congresso, a exemplo do que ocorrera quinze anos antes por conta do nebuloso contrato da CBF e da Traffic com a Nike. A primeira comissão foi criada no Senado em julho de 2015, por iniciativa do ex-jogador e agora senador Romário (então no PSB-RJ). Na Câmara, a CPI seria instalada em março do ano seguinte a partir de requerimento do ex-judoca e deputado federal João Derly (PCdoB-RS). Dessa vez, no entanto, o trabalho da "bancada da bola" seria facilitado por dois motivos: a perda de credibilidade das CPIs perante a mídia e a opinião pública e a grave crise política e econômica vivida pelo país, com as investigações da Lava Jato sobre um megaesquema de propinas na Petrobras, a escalada da inflação e o impeachment da presidente Dilma Rousseff. Com o país em chamas, havia pouco espaço para se discutir corrupção no futebol.

Ainda assim, as comissões avançavam, principalmente a do Senado. A CPI obteve a quebra dos sigilos bancário e fiscal de Del Nero, à época licenciado da CBF, e do empresário Wagner Abrahão, parceiro de negócios de Hawilla. Del Nero depôs na comissão em dezembro de 2015:

— Por que o senhor não viajou mais ao exterior, nem com a Seleção, depois da prisão de Marin? — perguntou o senador Randolfe Rodrigues (Rede-AP), membro da CPI.

— Fui aconselhado por meus advogados.

— Tinha medo de ser preso?

— Não há motivo para eu ser preso.

— O senhor tem conta no exterior? — perguntou Rodrigues.

— Não tenho conta no exterior.[24]

Quatro meses depois, a CPI aprovou nova convocação de Del Nero, depois que os senadores descobriram contas dele no exterior, além do ex-presidente da CBF, Ricardo Teixeira. No entanto, Ciro Nogueira (PP-PI), integrante da "bancada da bola", questionou o quórum da votação que aprovara os requerimentos. Renan Calheiros (PMDB-AL), presidente do Senado, concordou com Nogueira e determinou nova votação "para garantir o contraditório". Randolfe Rodrigues recorreu então à Comissão de Constituição e Justiça (CCJ), que tinha prazo de dois dias para analisar o pedido, mas nunca deu resposta, o que paralisaria os trabalhos da CPI. Os membros da comissão só voltariam a se reunir sete meses mais tarde, para aprovar o relatório final.

Enquanto isso, na CPI da Câmara, o presidente Laudívio Carvalho (SD-MG) e o relator Fernando Monteiro (PP-PE) queriam convocar Stefano Hawilla para depor e planejavam viajar até os Estados Unidos para ouvir seu pai, J. Hawilla, e o cartola José Maria Marin a respeito dos esquemas de corrupção no futebol brasileiro. Também estava na pauta convocar Teixeira e Del Nero. Mas a comissão falhou fragorosamente: nos quatro meses em que funcionou, realizou apenas dezessete sessões e não aprovou nem um requerimento sequer. "Não havia quórum para votar nada", recorda-se Carvalho. Enquanto Monteiro finalizava seu relatório sem indiciar ninguém, o presidente da CPI tentava prorrogar o prazo da comissão por mais seis meses. Em vão. O então presidente da Casa, Rodrigo Maia (DEM-RJ), rejeitou o pedido, e a CPI terminou sem relatório final. Foi o 7 a 1 da bancada da bola.

Sobrava a comissão do Senado.

Em novembro de 2016, Romero Jucá (PMDB-RR), relator da CPI, apresentou o relatório final da comissão. Um documento apenas

---

[24] ROMÁRIO. *Um olho na bola, outro no cartola*: o crime organizado no futebol brasileiro. São Paulo: Planeta, 2017.

O DELATOR

protocolar, burocrático, que não indiciava ninguém, apenas sugeria "aperfeiçoamentos legislativos com o intuito de modernizar o futebol brasileiro". Romário e Rodrigues se adiantaram e apresentaram um relatório paralelo, lastreado sobretudo nas quebras de sigilo bancário e fiscal de Del Nero, Teixeira e Wagner Abrahão aprovadas pela CPI. Entre outras irregularidades, os senadores apontavam que, em 2014, Abrahão deu cheque de R$ 65 mil como parte do pagamento de um automóvel de luxo da Mercedes-Benz adquirido por Del Nero. No mesmo ano, o dono do grupo Águia vendeu um apartamento em condomínio de alto padrão do Rio de Janeiro para uma empresa de Marin e Del Nero por R$ 1,6 milhão, metade do valor de mercado. No caso de Teixeira, o relatório trouxe um depósito de R$ 316,5 mil na conta dele feito pela Rodobens Administradora de Consórcios Ltda., de Waldemar Verdi Júnior, o amigo de infância de J. Hawilla que havia comprado a mansão do então presidente da CBF nos anos 1990.

"Estamos absolutamente convictos, diante de todas as evidências factuais coletadas, de que existia, e ainda existe, uma organização criminosa dentro da Confederação Brasileira de Futebol a comandar um grande esquema de desvio de recursos que deveriam ser alocados no desenvolvimento do nosso futebol, mas foram parar no bolso de cartolas e empresários do ramo de publicidade esportiva, cujo conluio acabou por drenar investimentos e gerar a maior crise de nossa história esportiva, dentro e fora do campo", argumentam Romário e Rodrigues no relatório final. Nele, sugerem à Procuradoria-Geral da República o indiciamento de nove pessoas, entre elas Del Nero, Marin, Teixeira, Hawilla e Kleber Leite, pelos crimes de estelionato, associação criminosa, lavagem de dinheiro e crime contra a ordem tributária, embora o relatório não traga fatos novos envolvendo os dois últimos empresários. O relatório baseou pedido de inquérito da Polícia Federal contra o grupo, que por alguns meses tramitou no STF pelo fato de um dos implicados, o vice-presidente da CBF, Marcus Antonio Vicente, ser deputado federal. Em abril de 2018, no entanto o ministro Celso de Mello decidiu enviar o caso para a Justiça Federal do Rio de Janeiro, com exceção do parlamentar.[25] A investigação não havia sido concluída em abril de 2018.

Para J. Hawilla, o empenho da Polícia Federal brasileira parecia o menor dos problemas. Antes, deveria passar pelo constrangimento de atuar como uma testemunha delatora no centro de um rígido tribunal penal nova-iorquino.

---

[25] Inq. 4530, Supremo Tribunal Federal.

Epílogo

Diante do júri

— Chame sua próxima testemunha.

A juíza Pamela Ki Mai Chen, uma norte-americana de 56 anos, descendente de chineses, tinha a voz serena e segura naquela manhã fria de 4 de dezembro de 2017, na Corte do Distrito Leste de Nova York, no bairro do Brooklin. A toga negra contribuía para dar o tom formal típico de um tribunal penal nos Estados Unidos. Chen assumira o julgamento contra o brasileiro Marin, o paraguaio Napout e o peruano Burga no lugar do antigo titular, Raymond Dearie, afastado por motivos de saúde.

— O governo chama José Hawilla — respondeu em bom som o procurador Sam Nitze, um homem alto de cabelos castanhos e semblante afável.

O relógio na parede marcava dez horas, horário local, quando Hawilla entrou no salão. O terno azul impecável vestia um homem extremamente debilitado. Pela primeira vez em décadas, deixara a barba grisalha crescer — justo ele, que sempre prezara por escanhoar o rosto diariamente. Das narinas saíam dois pequenos tubos transparentes até um balão de oxigênio portátil. Aquelas canaletas forneciam a Hawilla o ar que ele não conseguia mais puxar com seus frágeis pulmões. A hipertensão pulmonar se agravara nos últimos meses — se, no fim de 2014, o empresário utilizava o balão apenas para dormir, agora dependia do aparelho 24 horas.

A testemunha sentou-se, em um nível propositadamente mais baixo, entre a mesa da juíza e o compartimento em forma de caixa onde ficaram os doze jurados. Em seguida, a pedido de Chen, ergueu-se, esticou o braço direito e, solenemente, jurou dizer a verdade. A imprensa acompanhava tudo, proibida apenas de fotografar e de gravar a sessão em áudio ou vídeo.

— Bom dia, Sr. Hawilla — cumprimentou Nitze, circunspecto.

— Bom dia — respondeu o empresário, que tinha ao lado uma tradutora.

O depoimento começou didático. O empresário soletrou seu nome pausadamente e foi inquirido pelo promotor sobre os tempos de radialista e os primórdios da Traffic. Reconheceu fotos de Ricardo Teixeira, Julio Grondona, Nicolás Leoz, além de documentos assinados por ele e pelos dirigentes da Conmebol apresentados pelo procurador. Narrou a primeira propina paga a Leoz, depois os subornos a Teixeira e Grondona, sempre entremeado com frases de arrependimento.

— Eu não concordo com essa prática, mas infelizmente você é forçado a fazer isso.

Depois de uma pausa de quinze minutos, Hawilla passou a narrar em detalhes a rebelião do "grupo dos seis" na Conmebol que resultaria na criação da Datisa S.A. À uma da tarde, pausa para o almoço. Um pouco após as duas horas, a juíza, os promotores, os advogados e a testemunha J. Hawilla entraram novamente no salão, seguidos pelos jurados.

— Sentem-se, todos. Bem-vindos de volta, senhoras e senhores. Espero que tenham tido uma boa pausa para o almoço. Vamos continuar com o depoimento da testemunha — disse a juíza.

Hawilla narrou em detalhes o depoimento que deu aos agentes do FBI no lobby do hotel Mandarin em Miami, a conversa comprometedora com Chuck Blazer e logo em seguida sua prisão. O promotor Nitze passou a exibir aos presentes trechos das gravações feitas por Hawilla a pedido do FBI. Foram quase dez áudios. O dono da

O DELATOR

Traffic demonstrava cada vez mais cansaço, com frequentes lapsos de memória.

— Quando Mariano [Jinkis] diz: "São mais de cem porque há mais para a Concacaf, isso é apenas para a Conmebol. Há mais dez para a Concacaf", a que você acredita que ele esteja se referindo? — perguntou o promotor.

— Não tenho certeza. Estou confuso — respondeu o empresário.

Chen notou os sinais de abatimento da testemunha:

— Deixe-me ver... como o senhor está? — perguntou, dirigindo-se a Hawilla. — Se seguirmos por mais meia hora, o senhor vai ficar bem?

— Se pudermos parar, seria melhor para mim.

— Tudo bem, concordou a juíza. — Faremos isso. Eu percebi que a testemunha parecia cansada ao longo do dia. Então vamos terminar um pouco mais cedo e prosseguir amanhã de manhã às nove e meia.

A magistrada dirigiu-se então aos jurados:

— Não falem sobre o caso com ninguém, não façam nenhuma pesquisa, não leiam nada e mantenham uma mente aberta.

Alguns minutos após os jurados deixarem a sala, Hawilla levantou-se e também saiu, carregando nas mãos seu pequeno aparelho de oxigênio. Em seguida, Chen voltou-se aos promotores e advogados para comentar a saúde do brasileiro:

— Logo após o almoço ele me parecia um pouco confuso. Não sei qual a sua atual condição de saúde, mas vou inserir no registro [da audiência] que ele testemunhou o dia todo conectado a um tubo de oxigênio. Claramente há um problema de respiração. Eu não sei quais são os problemas de saúde subjacentes, mas ele me parecia cada vez mais cansado ao longo do dia. É por isso que eu concluí a audiência um pouco mais cedo do que o habitual.

Na manhã seguinte, antes da entrada dos jurados e de Hawilla, o promotor Nitze abordou a juíza:

— Meritíssima, a testemunha tem uma condição pulmonar bastante comprometida. Ontem os níveis de oxigênio dele caíram substancialmente. Ele tem um dispositivo que lhe permite verificar o nível da substância. Não queremos mencionar isso ao júri, mas se pudermos ter pausas mais prolongadas, ele teria tempo para verificar seu nível de oxigênio.

Chen concordou e em seguida determinou a entrada de Hawilla. O brasileiro exibia a mesma barba cerrada e os pequenos tubos abastecidos com oxigênio nas narinas. De diferente, apenas o terno, desta vez cinza-claro. Naquele segundo dia, o empresário foi confrontado com trechos das gravações que ele mesmo fizera com Kleber Leite e José Maria Marin. Na primeira pausa da manhã, após os jurados deixarem o salão, a juíza pediu para Hawilla permanecer:

— No início da sessão de hoje o governo [Promotoria] pediu que eu alongue as pausas da audiência para que o senhor tenha a oportunidade de verificar discretamente o seu nível de oxigênio. Então, minha sugestão é que, durante esses intervalos, o senhor não precisa se levantar e se esforçar, mas nesses momentos deve verificar o seu nível de oxigênio para garantir que esteja suficientemente oxigenado durante o seu testemunho.

— Eu controlo aqui — respondeu Hawilla, apontando para o aparelho portátil.

— Depois de cada uma dessas pausas, vamos verificar [suas condições de saúde]. Se por algum motivo precisar de uma pausa, me avise.

— Obrigado.

Hawilla explicou ao promotor Nitze os termos do seu acordo com o Departamento de Justiça norte-americano: em troca de uma carta à Justiça em que o governo exaltava a importância da cooperação do brasileiro para a elucidação do megaesquema de corrupção no futebol e que serviria para um possível abatimento de sua pena, o empresário pagou US$ 25 milhões de multa ao governo em dezembro de 2014, quando se declarou culpado de quatro crimes (formação de quadrilha, fraude eletrônica, lavagem de dinheiro e obstrução de Justiça), e deveria pagar US$ 75 milhões no fim de 2015 e mais US$

O DELATOR

255

51 milhões restantes em dezembro de 2018 ou antes, na sentença judicial. Parte desse dinheiro, previa o acordo, viria da negociação de todo o grupo Traffic, já que Hawilla terá de vender o conglomerado até dezembro de 2018 por exigência do governo dos Estados Unidos — se o valor do negócio exceder US$ 126 milhões, 75% deveriam ser repassados ao Fisco dos Estados Unidos.

No entanto, o empresário não conseguiu cumprir o prazo da segunda parcela alegando dois motivos: a Justiça bloqueou US$ 45 milhões em contas bancárias da empresa no país norte-americano, em decorrência das investigações do Fifagate, e a política econômica brasileira entrou em colapso.

— A economia [do Brasil] estava uma merda e está até hoje. Há uma possibilidade de melhorar agora. E a pior parte foi quando a investigação foi tornada pública, com grande repercussão. Foi um escândalo. E a empresa que tinha... tinha um bom valor de mercado, foi a zero. Se antes existiam interessados, acabou. Além disso, os bancos fecharam as portas para as nossas empresas.

O acordo original previa que, caso a venda da Traffic não fosse possível ou arrecadasse poucos recursos, Hawilla deveria dispor de parte de seu patrimônio. "Caso o réu não entregue qualquer quantia e/ou propriedades conforme exigido por este acordo, incluindo a não disponibilização de qualquer documento para o mesmo fim em tempo oportuno, isso constituirá quebra material deste acordo."[1] Dois adendos no acordo original estenderam os prazos iniciais previstos. Mesmo assim, segundo amigos do empresário, o risco de ter o acordo de delação rompido pelo governo era motivo de grande angústia por parte de Hawilla no fim de 2017. O empresário orgulhoso do próprio sucesso de outrora, exemplo característico de um *self-made man* brasileiro, tinha a autoestima em frangalhos naquele início de dezembro. Para preocupação do promotor e da juíza, o brasileiro permanecia confuso e até irritado em alguns momentos:

---

[1] Ação penal 1:2014-cr-00609, Eastern District of New York (EUA).

— Tudo o que você está dizendo foi há quatro, quatro anos e meio — disse ao advogado Charles Stillman, defensor de Marin, que lhe perguntava sobre contratos da Traffic. — Eu não... eu não sou advogado e não entendo a lei americana, eu não leio... Eu não, eu não sei como ler exatamente aquilo que é colocado na minha frente. Eu não posso... eu não posso responder com absoluta precisão suas perguntas.

O advogado procurava desmerecer a fidedignidade da delação de Hawilla, base da acusação contra Marin. Para Stillman, o dono da Traffic não era digno de confiança porque, durante seu testemunho naqueles dois dias, reconheceu ter mentido ao FBI, já que pagara propina por meio da Datisa depois de iniciar negociação para o seu acordo de delação premiada. O advogado também procurava convencer os jurados do papel marginal do ex-presidente da CBF no esquema de corrupção.[2] Não adiantou. No dia 22 de dezembro de 2017, Marin e Napout ganharam os piores presentes de Natal que poderiam receber: os jurados condenaram por unanimidade o brasileiro por fraude financeira, associação criminosa e lavagem de dinheiro, e o paraguaio, pelos dois primeiros crimes. Já naquele dia, logo após o fim do júri, ambos saíram detidos do Tribunal e, por ordem da juíza Chen, trocaram a confortável prisão domiciliar por presídios federais.[3] Até abril de 2018 as penas de Marin e Napout não haviam sido divulgadas. O peruano Burga foi inocentado pelos jurados.

Quando, no meio da tarde, a bateria de perguntas para Hawilla se encerrou e a juíza Chen o liberou do salão do júri, o outrora poderoso e temido dono do império Traffic estava exausto física e emocionalmente. Hawilla não sabia qual seria sua pena — após

---

[2] MARTÍ, Silas. Defesa de Marin acusa Del Nero e tenta desqualificar testemunhas. *Folha de S.Paulo*, 14 dez. 2017.
[3] MACHADO, Camilo Pinheiro et al. Marin é considerado culpado em 6 das 7 acusações feitas nos EUA e vai para a prisão. *Globo Esporte*, 22 dez. 2017. Disponível em: <https://globoesporte.globo.com/futebol/noticia/marin-e-considerado--culpado-em-6-das-7-acusacoes-feitas-nos-eua.ghtml>.

O DELATOR

sucessivos adiamentos, a sentença está prevista para as dez horas da manhã do dia 2 de outubro de 2018.[4] Mesmo se o resultado for o melhor possível, com sua absolvição, é muito provável que o empresário seja expulso dos Estados Unidos e proibido de regressar ao país que sempre admirou. A Traffic, que na virada do século chegou a figurar entre as maiores empresas de marketing esportivo do mundo, tornara-se uma companhia em estado pré-falimentar. Três ex-funcionários da Traffic USA, Marcelo Radice, Miguel Prazcabrales e Matthew Neidl, ingressaram na Justiça com pedido de ressarcimento por danos morais. Eles foram demitidos logo após a divulgação do Fifagate, em maio de 2015, quando haviam acabado de fechar polpudos contratos de patrocínio para a Copa Ouro, da Concacaf, com multinacionais como Coca-Cola, McDonald's, Visa e InBev, no valor total de US$ 11,5 milhões. Mas, após a operação no hotel Baur au Lac, os patrocinadores rescindiram seus contratos:

— A Traffic é como uma praga. Não podemos nem mencionar essa palavra agora — disse um dos patrocinadores ao ex-funcionário Radice, nas palavras desse último.[5]

Mesmo assim, o fim da empresa que elevou a vida do radialista do interior a um patamar financeiro nunca imaginado não significa a derrocada do império de J. Hawilla no Brasil. No fim de 2017, a família aparecia nos registros da Jucesp como proprietária de quarenta empresas no estado de São Paulo. Além da rede de TVs, o empresário mantinha suas fazendas recheadas de gado e pés de seringueira, a mansão nos Jardins, em São Paulo, a casa de praia no Guarujá (SP) e, em São José do Rio Preto (SP), sua terra natal, outra mansão no condomínio de luxo Débora Cristina. A construtora da família, Hdauff (palíndromo que homenageia o pai de Jotinha, Fuad Hawilla), é dona de cinco empreendimentos imobiliários:

---

[4] Disponível em: <https://www.justice.gov/usao-edny/file/799016/download>. Acesso em: 23 dez. 2017.

[5] Ação penal 1:2014-cr-00609, Eastern District of New York (EUA).

apartamentos em Moema e Pinheiros, na capital paulista, e, em Rio Preto, o Georgina Business Park (homenagem à mãe de Hawilla), um complexo hoteleiro e empresarial de 130 mil metros quadrados avaliado em R$ 500 milhões, o Quinta do Golfe, conjunto de três condomínios de luxo, e o Residencial Lago Sul, condomínio de classe média. À frente dos negócios estão Stefano e Rafael, herdeiros da parte juridicamente sadia do império que o patriarca tenta a todo custo preservar como legado aos filhos. No fim de 2017, ele e a mulher Eliani viviam em um condomínio de luxo na ilha Fisher Island, em Miami Beach, onde um imóvel não vale menos de US$ 6 milhões. Ao governo norte-americano, o empresário declarou gastar uma média de US$ 400 mil anuais no país, o que equivale a R$ 106 mil mensais. Aventurou-se e pescarias com o filho Rafael nas águas geladas do Alaska e, no início de 2017, foi visto com familiares no luxuoso restaurante Garwood Lounge & Piano Bar, em Fisher Island, Miami.

Apesar do conforto em Miami, o degredo privou Hawilla de momentos capitais de sua família em solo tupiniquim, sejam eles felizes — como o batizado de seus três netos mais jovens, um de Renata e dois de Rafael (um deles se chama José em homenagem ao avô) —, sejam tristes, como a morte da irmã Leila. Em 4 de fevereiro de 2018, um domingo, Hawilla retornou ao Brasil, mesmo antes de sua sentença nos Estados Unidos. "Voltei de vez", disse ao repórter Fábio Victor, recusando-se a dar mais informações. "Não posso dar entrevista. Estou proibido pelos advogados de falar. Não vai tentar arrancar coisa minha que você vai me comprometer."[6] Detalhes do acordo que possibilitou seu retorno à terra natal não foram divulgados pelo Departamento de Justiça norte-americano — a única exigência revelada é a de que o brasileiro esteja em Nova York no dia do seu julgamento.

Em 2016, Hawilla disse aos autores deste livro que, quando retornasse ao Brasil, uma de suas primeiras medidas seria contratar um

---

[6] VICTOR, Fábio; ABREU, Allan de. Pivô de escândalo Fifa volta ao Brasil "de vez". *Piauí*. 8 fev. 2018.

consultor para melhorar sua imagem, o que não havia ocorrido até abril de 2018. Recluso e muito abatido, o empresário tem alternado temporadas em Rio Preto e São Paulo.

No Brasil, J. Hawilla também tem contas a prestar com a Polícia Federal, no inquérito que tramita na Justiça Federal do Rio de Janeiro em decorrência da CPI do Futebol no Senado, e com o Ministério Público Federal, que recebeu dezenas de documentos da Traffic apreendidos pelo promotor paraguaio Hernán Galeano na sede da Conmebol e instaurou inquérito sigiloso contra o empresário em São Paulo. Como a legislação brasileira não prevê o crime de corrupção entre entidades privadas, como a Traffic e a CBF, a apuração do MPF trata dos crimes de estelionato (lastreado no Estatuto do Torcedor), lavagem de dinheiro e evasão de divisas. A estratégia será rastrear os fluxos financeiros das empresas da família Hawilla para detectar eventuais casos de lavagem e evasão de capital. Os procuradores envolvidos não descartam a hipótese de propor ao dono da Traffic um acordo de delação premiada, a exemplo do que ocorreu nos Estados Unidos.

Aproxima-se do fim uma saga sem precedentes.

Principal corruptor da cartolagem nas três Américas, espião a serviço do FBI, ancião arrependido, J. Hawilla personifica o tortuoso processo de modernização do futebol latino-americano, com suas virtudes, mas também seus graves vícios. O radialista caipira, que ganhou o mundo vendendo a imagem do futebol às margens da lei e da ética, chega ao fim da vida refém de seus próprios pecados.

* * *

Na manhã do dia 25 de maio de 2018, quando este livro já estava na gráfica prestes a ser impresso, J. Hawilla morreu no Hospital Sírio-Libanês, na capital paulista, em decorrência dos seus graves problemas pulmonares. Seu corpo foi sepultado no mesmo dia, no Cemitério Gethsêmani, em São Paulo.

Agradecimentos

Narrar uma trajetória pessoal e profissional tão rica e complexa como a de J. Hawilla exigiu dos autores deste livro um esforço considerável, em meio às demandas rotineiras de uma redação jornalística, local de trabalho de ambos, além de uma rede de colaboradores no Brasil e no exterior. Sem essa teia de pessoas interessadas e engajadas, seria impossível dar conta de um projeto tão ambicioso: dar luz ao personagem-chave do escândalo de falcatruas que a partir de maio de 2015 varreria o futebol mundial.

Dos que podemos nomear, nossos agradecimentos ao apoio dos jornalistas que há muito tempo militam pela moralização do esporte no Brasil: os decanos Juca Kfouri, Luiz Carlos Azenha e Roberto Pereira de Souza, fontes perenes de inspiração no ofício da reportagem, além de Leandro Cipoloni, Eduardo Ohata, Ricardo Perrone, João Carlos Assumpção, Marcel Rizzo, José Alberto Bombig, Fernando Torres, Vicente Seda e Rubens Valente. Graças a eles, *O delator* ganhou corpo e riqueza documental. Ao jornalista Fernando Mello: muito obrigado pela generosidade em apontar caminhos para a nossa apuração. A Carlos Andreazza, Duda Costa e a toda a equipe da Editora Record, nossos sinceros agradecimentos por acreditarem neste projeto quando ele ainda estava no plano das ideias e pela coragem de levá-lo adiante.

Este livro não seria possível sem a ajuda imensa e despretensiosa de Michelle Aio nas traduções dos documentos em inglês. Nos Estados Unidos, nosso agradecimento ao jornalista Ken Bensinger e ao assessor de comunicação do Departamento de Justiça, John Marzulli. No Paraguai, a ajuda generosa dos jornalistas Marcos Velázquez e Mabel Rehnfeldt e do promotor Hernán Galeano tornou estes escritos mais completos. Na Argentina, os préstimos dos jornalistas Sergio Levinsky e Alejandro Casar, além da vereadora e ex-ministra Graciela Ocaña, foram valiosíssimos; o mesmo ocorreu no Uruguai com o repórter Fabián Werner.

Por fim, agradecemos a nossas famílias pela compreensão nos muitos momentos de ausência. Este trabalho seria impossível sem o amor e a paciência de vocês.

Bibliografia e fontes consultadas

CHADE, Jamil. *Política, propina e futebol*. Rio de Janeiro: Objetiva, 2015.

CONN, David. *The fall of the house of Fifa*. Londres: Yellow Jersey, 2017.

JENNINGS, Andrew. *Jogo sujo*. São Paulo: Panda Books, 2011.

———. *Um jogo cada vez mais sujo*. São Paulo: Panda Books, 2014.

KFOURI, Juca. *Por que não desisto*. Barueri: Disal, 2009.

———. *Confesso que perdi*: memórias. São Paulo: Companhia das Letras, 2017.

LEOZ, Nicolás. *Pido la palabra*. Buenos Aires: Ediciones Salvucci, 2001.

LEVINSKY, Sergio. *AFA*: el fútbol pasa, los negocios quedan. Buenos Aires: Autoria Sherpa, 2016.

MARTINS, Paulo Serra. *Nas ondas da B8*. São José do Rio Preto: THS Editora, 2007.

MATTOS, Rodrigo. *Ladrões de bola*. São Paulo: Panda Books, 2016.

MELLO, Fernando Ferrari de Almeida. *A era Teixeira*. Trabalho de Conclusão de Curso — Escola de Comunicações e Artes, Universidade de São Paulo, São Paulo, 2003.

MUÑOZ, Diego; ZECCA, Emiliano. *Figueredo*: a la sombra del poder. Montevidéu: Penguin Random House, 2016.

NORIEGA, Maurício. *Rivellino*. São Paulo: Contexto, 2015.

RIBEIRO JR., Amaury et al. *O lado sujo do futebol*. São Paulo: Planeta, 2014.

ROMÁRIO. *Um olho na bola, outro no cartola*: o crime organizado no futebol brasileiro. São Paulo: Planeta, 2017.

ROSSI, Jones; MENDES JÚNIOR, Leonardo. *Guia politicamente incorreto do futebol*. Rio de Janeiro: Leya, 2014.

SILVA, Fernando de Barros (org.). *Tempos instáveis*. São Paulo: Companhia das Letras, 2016.

WANIEZ, Philippe; BRUSTLEIN, Violette. Os muçulmanos no Brasil: elementos para uma geografia social. *Revista Alceu*, v. 1, n. 2, jan./jul. 2001.

WILLIAM, Wagner. *Silvio Luiz*: olho no lance. São Paulo: Best Seller, 2002.

Arquivos

Arquivo Público de São José do Rio Preto.
BVI Financial Services Commission, Registry of Corporate Affairs (Ilhas Virgens Britânicas).
Câmara dos Deputados (Brasil).
Cartórios de Registros de Imóveis de São Paulo e São José do Rio Preto (SP).
Cartórios de Registro Civil de Taiúva (SP), Catanduva (SP) e São José do Rio Preto.
Cartórios de Registros de Títulos e Documentos de São Paulo e do Rio de Janeiro.
Cayman Islands Government General Registry (Ilhas Cayman).
Comissão do Mercado de Valores Mobiliários (Portugal).
Conselho Administrativo de Defesa Econômica (Brasil).
Curaçao Commercial Register.
Diário Oficial do Estado de São Paulo.
Florida Department of State / Division of Corporations (EUA).
Junta Comercial do Estado de São Paulo.
Kamer van Koophandel (Holanda).
Public Access to Court Electronic Records (PACER) (EUA).
Senado Federal (Brasil).
Superior Tribunal de Justiça (Brasil).
Supremo Tribunal Federal (Brasil).
Tribunal de Justiça de São Paulo.
Tribunal Regional Federal da 4ª Região (Brasil).

Periódicos nacionais

A Notícia (São José do Rio Preto)
Caros Amigos
Carta Capital
Diário da Região (São José do Rio Preto)
Época
Exame
Folha de S.Paulo
IstoÉ
IstoÉ Gente
Jornal da Tarde
Jornal do Brasil

O DELATOR

Jornal dos Sports
Piauí
Placar
Playboy
Poder
O Estado de S. Paulo
O Globo
Rede Bom Dia
Veja

Periódicos estrangeiros

ABC Color (Paraguai)
Clarín (Argentina)
El Comercio (Equador)
ESPN The Magazine (Estados Unidos)
La Nación (Argentina)
La Republica (Peru)
Los Tiempos (Bolívia)
New York Times (Estados Unidos)

Sites

www.bbc.com
www.bearingpointcaribbean.com
www.buzzfeed.com
www.capsulas.com.co
www.constancezahn.com
www.espn.com.br
www.futebolinterior.com.br
www.glamurama.uol.com.br
www.globoesporte.globo.com
www.justice.gov
www.portalimprensa.com.br
www.terceirotempo.bol.uol.com.br
www.traffic.com.br
www.trivela.uol.br
www.uol.com.br

Este livro foi composto na tipografia Palatino
LT Std, em corpo 11/16, e impresso em
papel off-white no Sistema Cameron da
Divisão Gráfica da Distribuidora Record.